禅城区基础教育人才特殊支持计划资助出版

基于化学学科核心素养的介入式教学案例研究

张道年◎著

安徽师范大学出版社
ANHUI NORMAL UNIVERSITY PRESS
· 芜湖 ·

图书在版编目(CIP)数据

基于化学学科核心素养的介入式教学案例研究 / 张道年著. —芜湖:安徽师范大学出版社,2021.3

ISBN 978-7-5676-4716-9

Ⅰ.①基… Ⅱ.①张… Ⅲ.①中学化学课 - 教学研究 Ⅳ.①G633.82

中国版本图书馆 CIP 数据核字(2020)第 265780 号

基于化学学科核心素养的介入式教学案例研究 张道年◎著

策划编辑:李　玲

责任编辑:李　玲　　责任校对:舒贵波

装帧设计:张　玲　　责任印制:桑国磊

出版发行:安徽师范大学出版社

芜湖市北京东路1号安徽师范大学赭山校区

网　　址:http://www.ahnupress.com/

发 行 部:0553-3883578　5910327　5910310(传真)

印　　刷:江苏凤凰数码印务有限公司

版　　次:2021年3月第1版

印　　次:2021年3月第1次印刷

规　　格:700 mm × 1000 mm　1/16

印　　张:13.5

字　　数:245千字

书　　号:ISBN 978-7-5676-4716-9

定　　价:49.80元

自　序

——介入式教学模式研究

一、什么是介入

所谓“介入”，即“插进其中进行干预”，意指外界力量加入打破平衡，促进其向预想的方面发展。现代医学经常使用“介入”一词，如介入治疗学是近年来迅速发展起来的一门融合影像诊断和临床治疗的新兴学科。它是在数字减影血管造影机、超声和磁共振等影像设备的引导和监视下，利用穿刺针、导管及其他介入器材，通过人体自然孔道或微小的创口将特定的器械导入人体病变部位进行微创治疗的一系列技术的总称。可见，介入是一种手段，从人已知的知识出发，循序渐进、逐步深入地解决未知的问题。当然这种手段必须是人依靠现有知识所能接受和理解的，不能偏离人的主观意识太远，否则就难以引起人的共鸣。

二、化学学科核心素养与课堂教学

化学学习中学生必定会遇到不少问题，当然需要教师指导。化学属于理科，学习过程中，逻辑思维能力非常重要，但是在教学实践中并非每位学生的逻辑思维都很强，所以教师要以学生为主体进行指导。教师的指导根本上源于思维的引领，思维的引领还需要选取合适的素材。“一点就透”是教师较为推崇的，但也是理想化的，其过程实际上较为困难。因此，在教学过程中特别需要找到能够搭建起教学内容与化学学科思维之间桥梁的教学素材。

从三维目标“一路走来”，部分教师还局限于知识的介绍，认为讲知识更实在，有东西可讲，学生能看懂。随着经济社会的不断发展，社会对人能力的要求已经高于对知识本身的要求了，因此对教师备课的内容和内涵的要求也更高了。目前化学学科核心素养已经落地实施，对于能够提升学生素养和能力的教学设计、教学方法还在不断研究之中，正在逐步适应基础教育改革的实际。因此，在研究课堂教学的基础上深入研究基于化学学科核心素养的课堂教学设计非常必要。

三、介入式教学模式内涵

介入式教学模式是笔者在长期教育教学实践中逐步总结出的一种教学模式，是一种崭新的尝试，它是基于目前教学方式尚不能完全适应化学学科核心素养要求的现状而提出的。一方面，目前部分教学仍比较注重知识的传授，这主要是受应试教育的影响，但是在当前新课标、新高考、新教材以及“教、学、评”一体化的新形势下，考试方式越来越侧重于素养方面，只靠死记硬背越来越难获得高分，因此亟须以学生为主体、教师为主导的教学新范式。另一方面，《普通高中化学课程标准（2017年版）》要求教学设计侧重于情境化、问题化，因此一线教师要适应时代的需要和历史的潮流，在教学设计上多下功夫。

化学是在原子、分子水平上研究物质的组成、结构、性质以及变化规律的基础科学。这一特点决定了其知识庞杂，学生记忆起来难度很大。如果指导学生死记硬背，最终将顾此失彼。虽然化学知识是庞杂的，但是仍然符合自然规律，因此在教学设计中应遵循化学学科的逻辑规律。例如，有些化学知识抽象性强，学生的想象力偏弱，因此化抽象为形象非常重要，如可用老鼠夹和乒乓球模拟核裂变反应。化学学科的特征之一是在微观水平上研究物质，很多研究对象都是难以直观可见的，表述其性质有难度，所以应该化微观为宏观，通过调整教学方法，促进学生“从微观走向宏观，再从宏观回到微观”。如上所述，介入式教学模式就是通过教师的努力，将对学生来说较为抽象、零碎的化学知识，以实验方法介入、思维模型介入、实物模型介入等方式对课堂教学进行新的设计。

四、本书主要内容

典型的课例教学设计及其理论基础是培养学生化学学科核心素养的重要载体，因此本书第一部分精选了五篇教学设计，包括人教版必修教材中的内容《来自石油的基本化工原料乙烯》，也包括对学生来说思维挑战性很强的《化学平衡移动的影响因素与勒夏特列原理》《化学平衡移动方向与反应物转化率的关系、弱电解质的电离程度》，还涉及结构与性质的关系，如《金属晶体》《分子间作用力和氢键》等。

化学是一门以实验为基础的学科，实验对于培养学生化学学科核心素养非常重要，因此本书第二部分收录了以学生为主体、教师为主导的实验探究活动，以作为培养学生素养的载体，如思辨价值观浓厚的“Fe^{3+}与SO_3^{2-}反应类型探究”“少量OH^-与NH_4^+、HCO_3^-反应类型探究”等。在教学过程中还可利用“另类”实验现象作为教学素材，如“久置硅酸钠溶液的‘另类’现象”等。

第三部分是典型习题解析，包括《化学学科核心素养的高路径迁移形成路径研究》《基于化学学科核心素养建构角度的试题评析》等，从思维、素材、题目的表征形式等方面分析学生的解题思路，培养学生的化学能力，促进学生化学学科思维的发展。发展学生的化学学科思维需要多元化的方式，不能仅仅局限在课堂上、教室中。

最后一部分是化学学科思维较强的内容，涉及“模型认知”“平衡限度观”“物质转化观”“化学计算能力”等。

本书是广东省教育科研“十三五”规划2018年度研究课题“基于提升高中学生化学学科核心素养的教学课例研究”（课题批准号：2018YQJK131）的成果，省级课题组核心成员佛山市第一中学苏华虹老师对本书亦有贡献，在此一并感谢。期望本书能够给广大教师以启发，更期望大家在化学学科核心素养培养、化学教学和学生思维培养等方面有更多的交流。

著　者

2020年10月

目　录

课例教学设计及其理论基础

实验探究活动

典型习题解析

化学学科思维探究

课例教学设计及其理论基础

来自石油的基本化工原料乙烯

【教学设计】

一、教学目标

（1）通过搭建实物模型，更好地理解乙烯的平面结构。

（2）从乙烯碳碳双键结构出发，理解乙烯易于发生加成反应、加聚反应等化学性质。

（3）了解乙烯可通过发生加成反应合成其他物质，因此在工业上是一种需求量很大的原料。

二、内容分析

乙烯是典型的有机化合物，是高一化学必修内容的重要知识点，也是高中化学合格性考试的重要考点。本节内容涉及实验、模型、推理等，是化学学科核心素养的重要载体，主要包括以下几方面：

（1）证据推理与模型认知：以球棍模型的方式考查学生的空间想象能力。

（2）科学探究与创新意识：化学是一门以实验为基础的学科，学生通过观察实验现象得出科学结论，进而能够自主设计并完成探究实验。

（3）宏观辨识与微观探析：通过“通入足量乙烯的溴水褪色”证明发生了加成反应，进而说明乙烯分子结构的特点决定了乙烯的化学性质。

（4）科学态度与社会责任：以“乙烯的产量可以用来衡量一个国家的石油化工发展水平”和“石油化工工业制取乙烯”等知识，培养学生的社会责任感。

三、教学重难点

（1）乙烯的结构与性质之间的关系。

（2）乙烯作为中间产物在合成塑料中的重要作用。

四、学情分析

在既往的教学中，学生更多地注重知识的学习，孤立地看待加成反应、氧化反应等，因此其逻辑推理能力、整体观念都不是很强。在本节课中，教师指导学生重新审视乙烯。乙烯是“石油—乙烯—塑料”环节中的重要一环，我们可以将乙烯看作一种重要的“中介物质”，其在化工生产中有着非常广泛的应用。

五、教学过程

环节一：乙烯分子的结构

表1 “乙烯分子的结构”教学设计

	学习任务及评价	学生活动	教师活动
主要内容	【学习任务】学习乙烯的官能团——碳碳双键，认识乙烯分子的平面结构。 【评价】学生能通过甲烷分子的正四面体结构，推知碳原子的四个键呈正四面体形，进而通过模型推出乙烯分子的平面结构。	实践上，学生完成必修课程中学生必做实验“搭建球棍模型认识有机化合物分子结构的特点”； 思维上，学生通过实物模型认识到乙烯分子的平面结构和乙烯分子中的碳碳双键并非两个碳碳单键的简单加和。	引导学生复习旧知，碳原子的四个键呈正四面体形，所以乙烯的球棍模型只能是平面结构； 引导学生识别常见物质的模型，在化学事实和理论模型之间建立关联并合理匹配。

设计意图：甲烷分子的正四面体构型是有机分子结构的基础，也是学生学习有机化学的起点，因此复习甲烷分子的结构后，从“实践”和“思维”两个方面引导学生体会乙烯分子与甲烷分子在结构和化学性质上的不同，培养“证据推理与模型认知”素养。

环节二：乙烯的化学性质

表2　“乙烯的化学性质”教学设计

	学习任务	学生活动	教师活动
主要内容	【学习任务】乙烯分子的碳碳双键并非两个碳碳单键的简单加和，易被氧化；有一个键较为薄弱，易断裂，故乙烯可发生加成反应。 【评价】学生能书写乙烯分别与H_2O、HCl、Cl_2、Br_2等发生加成反应的化学方程式，以及乙烯发生加聚反应的化学方程式。	实验1：将乙烯通入盛有酸性$KMnO_4$溶液的试管中，观察试管内溶液颜色的变化。 实验2：将过量乙烯通入盛有溴的四氯化碳溶液的试管中，观察试管内溶液颜色的变化。在反应后的溶液中加入经硝酸酸化的$AgNO_3$溶液，观察现象。	指导学生进行分组实验、由现象推导本质并书写化学方程式，培养学生“理论→实践”“宏观现象→微观本质”的化学学科思维路径。

设计意图：此部分运用化学学科思维“结构决定性质、性质反映结构”，在课堂上采用学生分组实验法，让学生自行观察现象，并在教师的引导下逐步掌握加成反应这一重要的有机反应类型，培养学生的“科学探究与创新意识”和“宏观辨识与微观探析”素养。

环节三：大量乙烯的来源和乙烯在生产、生活中的应用

表3　“大量乙烯的来源和乙烯在生产、生活中的应用”教学设计

	学习任务	学生活动	教师活动
主要内容	【学习任务1】乙烯的工业来源。 【评价1】学生认识到矿物质的综合利用。	观察石蜡油的分解实验，将分解产生的气体通入溴水、酸性高锰酸钾溶液，收集多余气体并点燃。	实验展示，引导学生得出实验产物是乙烯，进而得出乙烯等基本化工原料来自煤和石油等矿物质。
	【学习任务2】实践活动：在塑料袋中放一个成熟的苹果，再放些青香蕉，将袋口密封，每天观察水果的变化。 【评价2】学生认识到乙烯可以作为水果催熟剂。	观察，认识乙烯在生活中的应用。	引导学生认识化学在生活中的广泛运用。
	【学习任务3】为什么把乙烯的产量作为一个国家石油化工发展水平的衡量标志？ 【评价3】学生了解乙烯等烯烃的加聚反应在工业中的应用。	思考，认识乙烯在生产中的广泛应用。	引导学生了解乙烯等烯烃的加聚反应在工业中的应用。

设计意图：此部分以“乙烯在生产、生活中的应用”培养学生的“科学态度与社会责任”素养。

【理论基础】

从乙烯的结构看乙烯的“中介作用”

人教版必修教材《化学2》中有机化学部分是对有机物（从甲烷、乙烯、乙醇和乙酸，到糖类、油脂和蛋白质等）基本知识的学习，让学生初步掌握分子空间结构与物质性质之间的关系。乙烯除了在结构上与甲烷有较大区别外，由于其存在碳碳双键这个官能团，在化学性质上与甲烷也相差甚远，因此在学习时我们不但要寻找结构与性质之间的关系，还要寻找官能团与性质之间的关系。

一、问题的提出

化学学科核心素养是指学生通过化学学习而逐步形成的正确的价值观、必备品格和关键能力，包括“宏观辨识与微观探析”“变化观念与平衡思想”“证据推理与模型认知”“科学探究与创新意识”“科学态度与社会责任”5个方面。化学学科核心素养将知识与技能、过程与方法、情感态度与价值观三维目标进行了有机整合，更注重“教、学、评”一体化。教学设计应能体现对学生化学学科核心素养的培养。本文以“乙烯”为例，展开基于发展化学学科核心素养的教学设计，将核心素养融入教学活动中，将发展学生核心素养落到实处。

本节课是《化学2》第三章第二节《来自石油和煤的两种基本化工原料》的第一课时，主要内容包括乙烯的物理性质、分子结构、化学性质和用途。

在本章第一节“甲烷”的学习中，学生已掌握了简单饱和烃的结构和主要性质，能初步从组成和结构的角度认识烷烃的性质，而本节课关于乙烯的学习将加深学生对“结构—性质—用途”紧密联系的认识，也为学生今后进一步认识不饱和烃奠定基础，因此本节课在高中有机化学的学习中起着承上启下的作用。在前一节课，学生掌握了碳的四价理论，理解了饱和烃的概念，为本节课不饱和烃的引入奠定了基础。另外，通过学习，学生能从生活实际出发，认识乙烯的广泛应用，在学习乙烯的性质时，能强化理论与实际的联系，达到学以致用的目的。具体如下：

（一）提高了“宏观辨识与微观探析”素养

本节课从乙烯的性质实验现象，过渡到乙烯的结构，再到乙烯的结构式、结构简式、电子式等的书写以及化学方程式的书写，完成了“宏观—微观—符号”三重表征，让学生形成“结构决定性质”的观念，并能从宏观和微观相结合的视角分析与解决实际问题。

（二）提高了“证据推理与模型认知”素养

通过分析乙烯的性质实验现象，学生能推理出乙烷与乙烯存在结构上的差异。通过乙烯碳碳双键的键能数据，学生能推理出碳碳双键中的一个键容易断裂。通过建立乙烯与溴发生加成反应的模型，学生能举一反三，将该模型应用到乙烯与其他物质的加成反应中。

（三）培养了“科学探究与创新意识”素养

本节课创新性地利用乙烯利溶液与NaOH反应来制备乙烯，代替了传统的石蜡油分解实验，充分调动了学生的探究意识，学生能通过实验现象主动得出结论。在模拟聚乙烯的形成任务中，学生发挥自己的聪明才智，寻找最优的方式来进行角色扮演，体现了学生的创新思维。

（四）培养了“科学态度与社会责任”

通过本节课的学习，学生了解到乙烯可以作为植物生长调节剂，还可以制成聚乙烯产品，其产量是一个国家石油化工发展水平的衡量标志，进而充分认识到化学对创造更多物质财富和精神财富、满足人民日益增长的美好生活需要的重大贡献。而从聚乙烯引申出来的“白色污染”问题，则强化了学生的环境保护意识，增强了学生的社会责任感。

核心素养不是具体的知识，学科知识只是形成核心素养的载体。化学学科核心素养的培养应贯穿在化学教学的全部过程中。这要求教师在进行教学设计时，必须充分挖掘教学内容中的基本观念和方法，将宏微结合、模型认知、分类表征、实验探究等学科活动与学科知识有机结合起来，引导学生主动分析、应用、评价，将发展化学学科核心素养落到实处。

二、为什么乙烯可以发生加成反应

（一）从甲烷分子的结构看乙烯分子的结构

甲烷（CH_4）分子的结构是正四面体（如图1所示），我们用球棍模型形象地拼制出甲烷分子的结构后可以发现，在碳原子的周围有四个键。那么对于分子式为C_2H_4的乙烯来说，我们能不能也用球棍模型来模拟出其分子结构呢？

图1　甲烷分子的正四面体结构

学生通过自主拼制模型（如图2至图4所示），推出“乙烯分子是平面结构”“乙烯分子中两个碳原子之间有两个键”的事实，为今后学习有机化学知识开阔了思路。

图2　碳原子四个键的正四面体结构

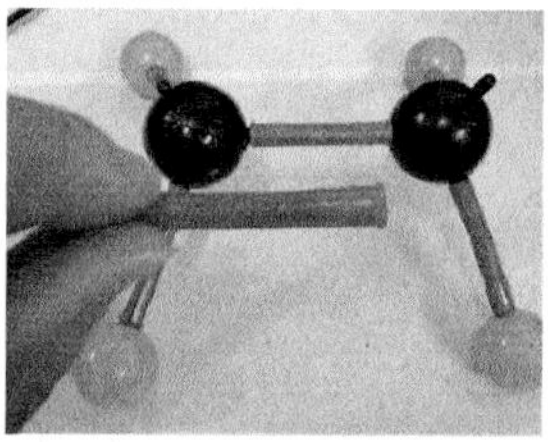

图3　碳碳双键（并非两个单键的简单加和）

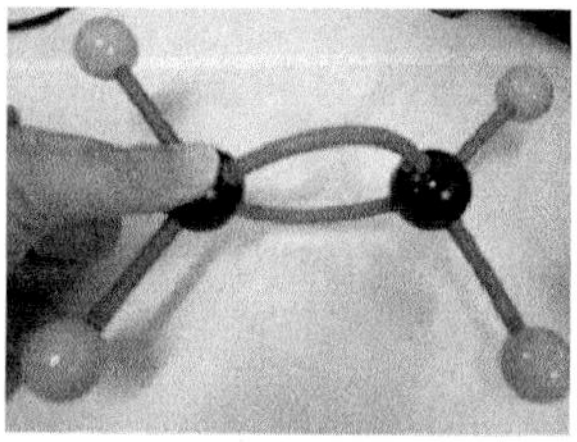

图4　乙烯分子的平面结构

（二）乙烯的化学性质

【实验1】将乙烯通入溴水中，发生什么现象？

【实验2】将乙烯通入紫红色酸性$KMnO_4$溶液中，发生什么现象？

问题1：什么是加成反应？

回答：有机物分子中双键（或三键）两端的碳原子与其他原子或原子团直接结合生成新的化合物的反应叫加成反应。

问题2：为什么乙烯会发生加成反应？

回答：乙烯分子中有碳碳双键，而其中一个键比较薄弱，所以可以发生加成反应。

问题3：除了能够发生加成反应外，乙烯还可以发生什么反应？

回答：氧化反应，如酸性$KMnO_4$溶液可以氧化乙烯，导致自身褪色。

问题4：加成反应在现实的化学反应中有什么意义？

回答：可以增加碳链的长度。

三、乙烯的“中介作用”——从石油到塑料

“从沙滩到用户”是教材中出现的一种理念，意指从沙子的主要成分SiO_2出发通过还原反应、提纯等操作，最终得到纯度较高的单质硅。这个过程将本来好像不相干的物质通过化学反应联系到一起。同样的，“从石油到塑料”也遵循着这一路径，“石油→石蜡油→乙烯→聚乙烯”的路径实现了从化石燃料石油到塑料的转化，即“由石油制取乙烯，由乙烯合成聚乙烯”。

（一）加热石蜡油生成乙烯等气体

如图5所示，加热硬质试管中的石蜡油，产生可以使酸性$KMnO_4$溶液褪色的气体，这其中就包含了乙烯。

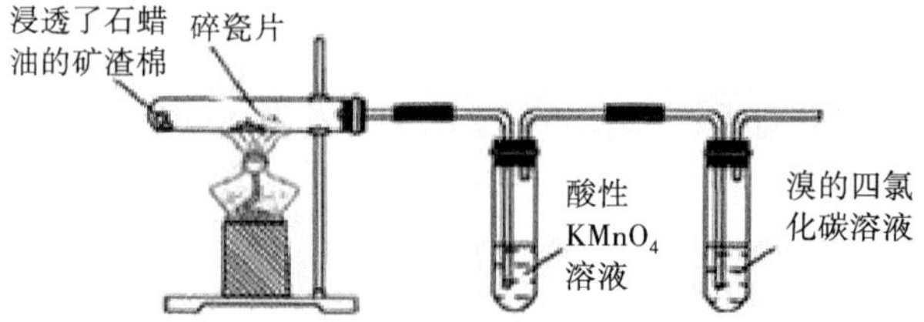

图5　加热石蜡油制取乙烯

可以发现，从自然资源可以制取乙烯。从石油中获取乙烯，已成为目前工业上生产乙烯的主要途径。乙烯是一种重要的基本化工原料，其产量可以用来衡量一个国家的石油化工发展水平，在工业生产中的用途很广（如图6所示）。

乙烯
- → 聚乙烯塑料 → 食品袋、餐具、地膜等
- → 聚乙烯纤维 → 无纺布
- → 乙醇 → 燃料、化工原料
- → 涤纶 → 纺织材料等
- → 洗涤剂、乳化剂、防冻液
- → 醋酸纤维、酯类
- → 增塑剂
- → 杀虫剂、植物生长调节剂
- → 聚氯乙烯塑料 → 包装袋、管材等
- → 合成润滑油、高级醇、聚乙二醇

图6　乙烯的用途

（二）乙烯发生加聚反应

乙烯可以发生加成反应，但这只是两个分子连在一起，生成的新分子的长度有限，仍是小分子。如果很多个乙烯分子相互加成就会形成新的大分子，即发生加聚反应。

乙烯发生加聚反应延长了碳链，会得到物理性质和化学性质不同的物质，这些物质应用广泛，对生产、生活有重要意义。学习乙烯的目的并非仅仅是学习加成反应、氧化反应等少数几个反应类型，而是要体会乙烯的“中介作用”，学习一种思维模式。

化学平衡移动的影响因素与勒夏特列原理

【教学设计】

一、教学目标

（1）理解化学平衡移动的概念，掌握化学平衡移动的影响因素。

（2）通过浓度、温度、压强对化学平衡移动影响的实验，认识到勒夏特列原理是建立在大量实验基础上的，培养分析归纳能力。

（3）了解化学平衡移动在生产、生活中的应用，认识化学平衡的调控在生产、生活和科学研究领域中的重要作用，感悟平衡的魅力，培养“变化观念与平衡思想”。

二、内容分析

“化学平衡移动”在人教版教材《化学反应原理》（选修4）起到承上启下的作用。一方面，学生已有化学反应速率、化学平衡状态等知识作为基础；另一方面，学生若能正确理解并灵活应用化学平衡移动原理，可为后面学习弱电解质的电离平衡、盐的水解平衡以及沉淀溶解平衡等奠定基础。本教学内容的系统性好，有利于培养学生的“变化观念与平衡思想”“证据推理与模型认知”“科学探究与创新意识”等化学学科核心素养，使学生经历从感性认识（实验）上升到理性认识（原理、规律），再从理性认识到实践（生产、生活）的科学探究过程，形成科学思维方式。《化学平衡》一节共3个课时，安排如表1所示，本节课是第2课时。

表1 《化学平衡》课时安排

课时	内容
第1课时	化学平衡状态的判定
第2课时	化学平衡移动的影响因素与勒夏特列原理
第3课时	化学平衡常数及其计算

三、教学重难点

（1）探究浓度、温度和压强对化学平衡移动的影响及勒夏特列原理的内涵。

（2）化学平衡移动在生产、生活中的应用。

四、学情分析

“化学平衡移动”属于反映化学变化本质的化学原理知识。由于其综合性强、比较抽象，学生往往感觉思维难度大，难以理解化学平衡移动的本质，不能深刻感受学习化学平衡移动的价值和意义。针对这一问题，教学时要以观察和实验为基础，关注学生对化学平衡移动及其影响因素的分析和理解，培养学生认识、分析和解决相关问题的能力。因此，本节课依托化学实验，以宏微结合、证据推理、变化与平衡为思维核心，对“化学平衡移动”展开教学。

五、教学过程

环节一：创建认知模型，引导探究方向

【新课导入】为什么打开可乐瓶盖有“扑哧”的声音？

设计意图：以问题导入课题，激发学生学习兴趣。

【复习旧知】

问题1：影响化学反应速率的因素有哪些？

问题2：化学平衡状态的特征是什么？

回答：影响化学反应速率的因素有内因和外因（浓度、温度、压强和

催化剂等）。化学平衡状态的特征可概括为逆、等、动、定、变。

设计意图： 培养新旧知识重组与架构的能力。

【演示实验1】 分别向两支试管中加入4.0 mL 0.1 mol·L^{-1}的$K_2Cr_2O_7$溶液，再向①试管中滴加2～3滴蒸馏水，向②试管中滴加2～3滴6.0 mol·L^{-1}的NaOH溶液，观察现象。

实验现象： 实验现象如图1所示。

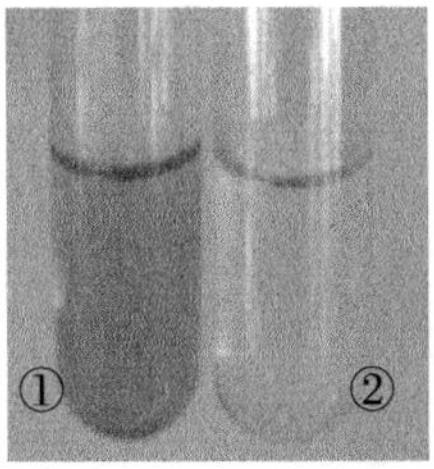

图1　演示实验1现象

注：①原橙色溶液（$K_2Cr_2O_7$）滴加2～3滴蒸馏水，做空白对比；②原橙色溶液（$K_2Cr_2O_7$）滴加2～3滴6.0 mol·L^{-1}的NaOH溶液后，溶液显黄色（K_2CrO_4）。

实验原理： 铬酸根和重铬酸根离子之间存在平衡$Cr_2O_7^{2-}$（橙色）$+H_2O \rightleftharpoons 2Cr_2O_4^{2-}$（黄色）$+2H^+$。

问题： 上述现象说明了什么？

回答： 说明化学平衡可以移动。

【板书】 一、化学平衡可以移动

设计意图：

（1）借助宏观现象说明改变外界条件可使化学平衡发生移动。

（2）创建认知模型，引导探究方向，让学生理解化学平衡移动的本质（如图2所示）。

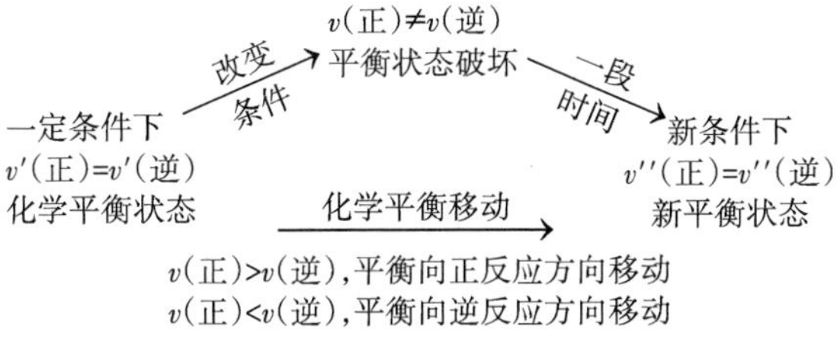

图2　化学平衡移动的本质

环节二：设计探究实验，开展多元探讨

【板书】二、影响化学平衡移动的因素之一：浓度

【探究实验】向试管中加入4.0 mL 0.005 mol·L^{-1}的$FeCl_3$溶液，再滴加1滴0.01 mol·L^{-1}的KSCN溶液，溶液呈红色。将溶液分装在3支小试管中，分别滴加：①2～3滴0.01 mol·L^{-1}的KSCN溶液，②2～3滴6.0 mol·L^{-1}的NaOH溶液，③2～3滴蒸馏水（空白对比），观察现象。

实验现象：实验现如图3所示。

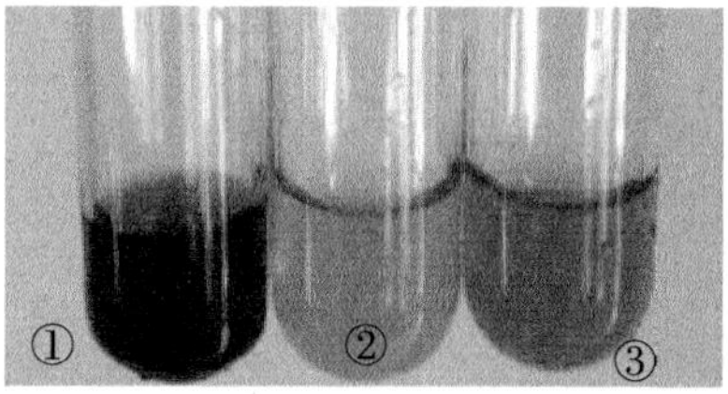

图3 探究实验现象

注：①红色变深；②红色变浅，试管底部有红褐色沉淀生成；③颜色变化不明显。

实验原理：Fe^{3+}与SCN^-之间存在平衡$Fe^{3+}+3SCN^- \rightleftharpoons Fe(SCN)_3$（红色）。

小结：

表2 浓度对$Fe^{3+}+3SCN^- \rightleftharpoons Fe(SCN)_3$平衡的影响

试管编号	实验操作	实验现象	化学平衡移动方向	平衡移动的结果
①				
②				
③				

重点：“减弱”“这种改变”。

设计意图：化学教学中并不缺少对学生逻辑思维、抽象能力、分析问题和解决问题能力的培养，但大多是课本与大脑之间“静态”的联系。在动手操作的化学探究实验活动中，可借助实验现象的对比引发学生思考、总结规律，培养学生的“动态”思维，如变量控制法、分析能力、推理能力、实事求是的科学精神等。

【板书】三、影响化学平衡移动的因素之二：温度

【**演示实验2**】向$CoCl_2$溶液中加入一定量的KCl固体，观察现象；再将装有该溶液的试管在80 ℃水浴中加热，观察现象。

实验现象： 实验现象如图4所示。

图4　演示实验2现象

注：①常温下溶液颜色为粉红色；②80 ℃水浴加热后，溶液颜色由粉红色变为蓝紫色。

实验原理： 向$CoCl_2$溶液中加入一定量的KCl固体生成$CoCl_4^{2-}$，存在平衡Co^{2+}（粉红色）$+4Cl^- \rightleftharpoons CoCl_4^{2-}$（蓝紫色）　$\Delta H > 0$。

表3　温度对$Co^{2+} + 4Cl^- \rightleftharpoons CoCl_4^{2-}$平衡的影响

试管编号	实验操作	实验现象	化学平衡移动方向	平衡移动的结果
①				
②				

重点：“减弱”“这种改变”。

创新点： 在参考苏教版选修教材《化学反应原理》第54页“活动与探究”的基础上，本文将“$CoCl_2$晶体与浓盐酸反应生成$CoCl_4^{2-}$”，改为“$CoCl_2$溶液与KCl固体反应生成$CoCl_4^{2-}$”，不仅现象依然明显，而且避免了HCl挥发造成的环境污染，有利于培养学生的绿色化学理念和逻辑推理能力。

【**板书**】四、影响化学平衡移动的因素之三：压强

【**演示实验3**】

实验原理： $2NO_2(g) \rightleftharpoons N_2O_4(g)$。

实验用品： 碱式滴定管（2支）、三通玻璃管、止水夹（若干）、具支试管、医用注射器、铜片、浓硝酸、四氯化碳等。

实验装置： 实验装置如图5所示。

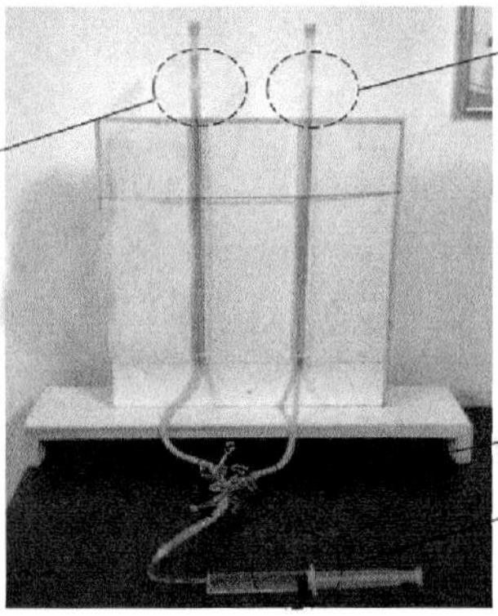

图5　自制压强对化学平衡移动影响演示仪

实验步骤：（1）封装 CCl_4、NO_2、N_2O_4 和空气；（2）缓慢推动注射器活塞；（3）停止推动注射器活塞并静止，观察两侧滴定管中液面高低状况。

实验形式：视频展示。

实验现象：推动注射器活塞，两侧液面均升高，静止后左侧液面比右侧液面略高。

问题：左侧液面比右侧液面略高的原因是什么？

背景知识：气体压强是由于气体分子撞击器壁和液面造成的，单位体积内气体分子越多，则气体压强越大。

解析：推动活塞→两侧气体浓度均增大→左侧气体分子数减小→左侧发生了使气体体积缩小的反应→可逆反应向正反应方向移动。

重点："减弱""这种改变"。

小结：

表4　压强对 $2NO_2(g) \rightleftharpoons N_2O_4(g)$ 平衡的影响

实验操作	实验现象	化学平衡移动方向	平衡移动的结果
推动注射器活塞			
静止后			

设计意图：自制演示仪采用推动注射器中的 CCl_4 给 NO_2 和 N_2O_4 加压，优点在于：一是将不易观察到的颜色变化转化为易观察的液面高低变化；

二是反应体系是密封的，不会造成环境污染。此外，用视频展示实验，实验现象更清楚，利于学生反复观察，符合绿色化学理念，也突出了信息技术在化学课堂中的应用，同时还培养了学生尊重实验事实的素养和推理实验现象产生原因的能力。

【板书】 五、影响化学平衡移动的因素之四：催化剂

催化剂对正逆反应速率的影响程度是一样的，对化学平衡移动没有影响。

【勒夏特列原理】 如果改变影响平衡的条件之一（如浓度、温度和压强），平衡将向着能够减弱这种改变的方向移动。

通过总结归纳，学生认识到勒夏特列原理是建立在大量实验事实基础上的规律，强化了对“减弱”“这种改变”两词的理解。

环节三：理论联系实际，体验知识运用

【问题】 为什么打开可乐瓶会有“扑哧”的声音？

分析： 可乐属于碳酸饮料，打开瓶盖后，瓶内压强减小，气体溢出时摩擦产生声音。

【化学平衡移动在生活中的应用】 抢救煤气中毒病人时，为什么要先将其移至空气流通的地方？

分析： 如果发现有人煤气中毒，要马上切断煤气源并将病人移至空气流通的地方，必要时应将病人放在高压氧舱中，这样能使氧气的浓度远大于一氧化碳的浓度，使得平衡 $Hb(O_2)+CO \rightleftharpoons Hb(CO)+O_2$ 向逆反应方向移动。

【化学平衡移动在生产中的应用】 工业上合成氨的反应为 $N_2(g)+3H_2(g) \rightleftharpoons 2NH_3(g)$，哪些措施利用了化学平衡移动原理？

分析：（1）冷却（降温）；（2）不断移出液氨（减小生成物的浓度）；（3）H_2和N_2用压缩机压缩（加压）；（4）未反应的H_2和N_2再加到反应釜中（增大反应物的浓度）。

【理论基础】

从化学学科核心素养角度看化学平衡移动的影响因素

一、教学设计

本文基于化学学科核心素养的五个维度对“化学平衡移动”进行教学设计，落实了课堂教学是培养化学学科核心素养主阵地的作用。核心素养主要是指学生应具备的能够适应终身发展和社会发展需要的必备品格和关键能力，是学生为了应对未来技术变革而在思维上所做的准备。课堂上的学习是学生学习的第一步，但仍是低层次的学习。教师在教学中不但要注重培养学生的“知识与技能”，更要注重“过程与方法”及“情感态度与价值观”的培养，这也是从“三维目标”向“核心素养”演变的过程。在学科课程仍是我国主流课程形式的背景下，学科课堂仍是培养学生核心素养的主阵地。教师怎样把自己的学科知识转化为学生能够理解的形式，怎样处理学科课程材料，以及怎样使用自己的学科知识生成解释和表征，在教学中显得尤为重要。因此，“过程与方法”是最需要教师思考的部分，它能促使学生最终形成自己的“情感态度与价值观”，并应用到今后的发展中。

化学学科核心素养包括“宏观辨识与微观探析”“变化观念与平衡思想”“证据推理与模型认知”“科学探究与创新意识”“科学态度与社会责任”五个维度（如图6所示）。“科学探究与创新意识”处于中心位置，这充分说明了化学是一门以实验为基础的学科。“宏观辨识与微观探析”“变化观念与平衡思想”既以科学探究为载体，又是科学探究的研究内容和思维视角。“证据推理与模型认知”是通过科学探究形成结论的思维方法。“科学态度与社会责任”是科学探究在情感态度与价值观维度的重要成果。人教版教材中关于“化学平衡移动”的内容，从编排上来看包括“思考与交流”和“学与问”模块，促进了学生对化学平衡移动内涵的深度理解，多个探究实验涉及浓度和温度对化学平衡移动的影响，从而帮助学生建立理论模型，得出经验规则——勒夏特列原理。

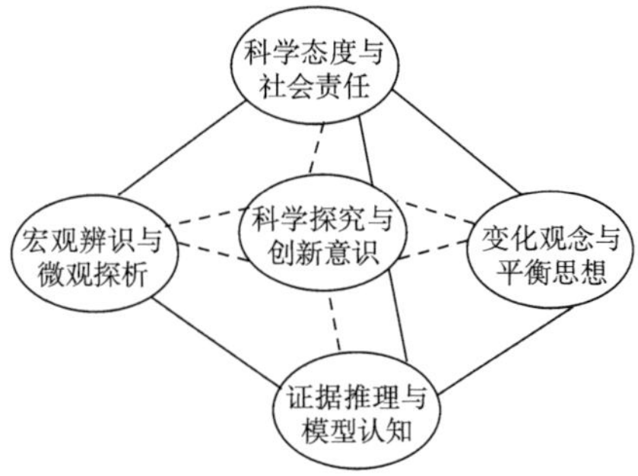

图6　化学学科核心素养结构

教材内容从感性认识（实验）上升到理性认识（原理、规律），再从理性认识到实践（生产、生活）的科学探究过程和科学思维方式，是培养学生化学学科核心素养的良好载体。但是在教学实践中笔者发现，一些难点问题如果仅仅依靠教材内容往往难以有效突破。例如，影响化学平衡移动的因素还包括压强，但这在人教版教材中却被“忽略”了，教师在讲授浓度和温度对化学平衡移动的影响后，往往仅从理论上探讨压强的影响，学生不能形成有效的自我认知。

本节课是一节有效整合化学学科核心素养五个维度的优秀教学载体。在分析浓度对化学平衡移动的影响时，笔者以反应 $Fe^{3+} + 3SCN^- \rightleftharpoons Fe(SCN)_3$ 为例，通过滴加 NaOH 或 KSCN 溶液，溶液颜色发生改变展开实验探究。宏观现象变化的背后必定包含着微观因素，由此笔者引导学生运用变化观念经过严密的逻辑推理论证浓度改变了，化学平衡必定会移动，但只是“减弱”而非“逆转”，凸显了化学平衡的本质属性。经过“证据推理”最终得出“经验模型”，即推导出勒夏特列原理的浓度因素部分。笔者重点指导学生探讨浓度对化学平衡移动影响的证据推理环节，有助于学生形成推理思路、建立模型，这样一来，当学生遇到其他影响因素时就可以“按图索骥”了。

在探究温度和压强因素时，笔者继续通过探究实验这一策略，包括使用可逆反应 $Co^{2+} + 4Cl^- \rightleftharpoons CoCl_4^{2-}$ 和自制压强对化学平衡移动影响演示仪等。遵循浓度对化学平衡移动影响的思路，学生一步步推理出在温度和压强变化时平衡移动的方向，发现其实结论都是相似的，即改变（增大或减小）浓度、温度或压强，平衡总向“减弱”（减小或增大）“条件改变”的方向移动。学生通过自己总结归纳发现三种因素影响的结果是一致的，体验式的学习过程让他们印象非常深刻，不但推理得到完整的勒夏特列原理，而且自主发现了自然界的奥秘，提升了学习化学、认识自然的热情。本节课最后用“打开可乐瓶有‘扑哧’的声音”“工业上合成氨的反应”“抢救煤气中毒病人”说明平衡移动在生产和生活中的应用，是化学学科核心素养“科学态度与社会责任”的体现。

二、化学学科核心素养五个维度的应用

（一）科学探究与创新意识

化学是一门以实验为基础的学科，所以本节课的设计思路是以实验为主线，融合化学学科核心素养的五个维度。笔者通过演示实验1，说明“化学平衡可以移动”这一事实。同时运用的还有变量控制法，即在一支试管中滴加碱溶液时，在另一支试管中滴加同等体积的蒸馏水，使研究NaOH溶液对平衡移动影响的目的更加明确，也从另一个侧面培养了学生的科学素养。探究实验和演示实验2分别探究了浓度和温度对化学平衡移动的影响。笔者在参考苏教版选修教材《化学反应原理》中“温度对化学平衡移动的影响”“活动与探究”基础上，渗透了绿色化学理念，将“$CoCl_2$晶体与浓盐酸反应生成$CoCl_4^{2-}$”改为“$CoCl_2$溶液与KCl固体反应生成$CoCl_4^{2-}$”，可以明显地看见溶液由粉红色转变为蓝紫色，避免了HCl挥发造成的环境污染，符合“科学探究与创新意识”素养。鲁科版选修教材《化学反应原理》第49页“压强的影响”中“交流·研讨”部分内容如下：

三支针筒中均抽入10 cm^3 NO_2气体，将针筒前端封闭。

（1）将第二支针筒活塞迅速推至5 cm^3处。

（2）将第三支针筒活塞迅速拉至20 cm^3处。

请观察针筒中气体颜色变化，并尝试用化学平衡移动的观点进行解释。

该实验试图通过针筒内“颜色先变深后变浅”来说明$2NO_2(g) \rightleftharpoons N_2O_4(g)$平衡向正反应方向移动，但笔者认为该说法尚有商榷之处。推动注射器的活塞，由于体积缩小必然导致NO_2的红棕色变深，但颜色变浅在实验中很难被观察到，并且NO_2很容易泄漏，所以笔者采用自制演示仪，设计了压强影响平衡移动的探究实验，以实验为教学载体，富含化学“元素”。

（二）宏观辨识与微观探析

“宏观辨识与微观探析”的核心要义是培养学生透过实验现象看反应本质的能力，使学生能从原子、分子或离子水平认识物质的组成、结构、性质和变化，形成“结构决定性质”的观念。本节课就是从宏观与微观相结合的视角分析与解决实际问题的。例如，为什么向$Cr_2O_7^{2-}$（橙色）$+H_2O \rightleftharpoons 2CrO_4^{2-}$（黄色）$+2H^+$平衡体系中滴加NaOH溶液，溶液颜色会由橙色变成黄色？显著的颜色变化给学生带来很强的视觉冲击，学生就会思考颜色变化的微观本质是什么，就此在学生心里“烙下”化学平衡是可以移动的观念。“向$Fe^{3+}+3SCN^- \rightleftharpoons Fe(SCN)_3$平衡体系中滴加KSCN和NaOH溶液后溶液颜色会变化或生成沉淀”“水浴加热含Co^{2+}、Cl^-和$CoCl_4^{2-}$的溶液，溶液颜色会由粉红色变成蓝紫色”和“向两侧滴定管施加压力，U形管两边的液面却不平”等实验现象的抛出，可以激发学生思考，并探索现象背后的本质原因。这些可视化的宏观现象背后的微观本质就是课堂教学的有效素材，可以活跃课堂气氛，引导教学方向。

（三）变化观念与平衡思想

可逆反应是探讨研究“变化”的载体，学生要能认识到物质是运动和变化的，化学反应也是在不断运动和变化的，知道化学变化需要一定的条件，遵循一定的规律，认识到化学变化有一定的限度，是可以调控的，能多角度、动态地分析化学反应，能运用化学反应原理解决实际问题，为后面“工业上合成氨的反应”和“抢救煤气中毒病人”等提供知识和思维基础。在宏观的溶液颜色发生变化的情况下，学生必定对现象背后的原因非常感兴趣。依据“变化观念与平衡思想”，当外界条件发生变化时，可逆反应必定发生变化，平衡也随之移动。具体到反应$Fe^{3+}+3SCN^{-}\rightleftharpoons Fe(SCN)_3$中，滴加KSCN溶液后，$c(SCN^{-})$增大，由于平衡向正反应方向移动，所以$c(SCN^{-})$虽然增大，但并没有增大那么多；而滴加NaOH溶液后，生成$Fe(OH)_3$，$c(Fe^{3+})$减小，由于平衡向逆反应方向移动，所以$c(Fe^{3+})$虽然减小，但并没有减小那么多。探究的结果就是勒夏特列原理的本质：改变外界条件后，化学平衡发生了移动，但这种移动是有限度的，只是“减弱”前述改变，而不能“逆转”。

（四）证据推理与模型认知

学生学习困难的原因之一在于无法完全理解大量的实验现象，而只能记住特定表征形式所建构的化学理论、实验结果以及特定的化学反应，殊不知割裂的、片段式的学习无法统整和理解化学符号与宏观现象的关联。化学建模是常用的一种认知方法，模型是人们为了某种特定目的而对认识对象所做的一种简化描述。一种现象的出现既包含偶然性因素，也包含一定的确定性因素，化学工作者的研究目的之一正是从被研究的现象中区分出哪些是偶然性因素，哪些是确定性因素。化学实验常常是宏观现象的再现，没有起到引发微观结构的理解，教学中若不致力于建构化学模型，就会割裂宏观现象与微观结构之间的联系，也割裂了认知发展与学生发现问题、解决问题、形成知识结构之间的联系。

本课中，针对反应$Fe^{3+}+3SCN^{-}\rightleftharpoons Fe(SCN)_3$，分析得出浓度改变对化学平衡移动的影响结果是：增大某种离子的浓度，平衡向减小这种离子浓度的方向移动；减小某种离子的浓度，平衡向增大这种离子浓度的方向移动。实际上这就在学生心中建立了一种模型，俗语“反其道而行之”就是这个模型的经典概述。这一推理过程中的学生体验非常重要。通过教师指导、学生自学，学生自发地形成自己推理得出结论的过程体验，学习热情被“点燃”，便于后面的教学。学生推理得出浓度变化对化学平衡移动的影响规律后仍“意犹未尽”，当他们追问“还有没有其他外界条件改变后，平衡是向减弱这种改变的方向移动”时，就意味着他们并没有把有关现象当作是完全随机发生的，而是把所观察到的现象作为一种普遍现象来理解，这一理解过程实际上就是排除其中的偶然性而突出其规律性，所以“模型”就建立起来了。笔者给出浓度因素的实验现象后，将问题抛给学生，让学生根据“模型”去探究温度和压强对化学平衡移动的影响，进而再次形成“自我认知”，这也是“模型认知”的重要之处。这种通过建立模型为学生提供推理思路的方法有着深厚的教学实践基础。

（五）科学态度与社会责任

“科学态度与社会责任”，即具有安全意识和严谨求实的科学态度，具有探索未知、崇尚真理的意识；深刻认识化学对创造更多物质财富和精神财富、满足人民日益增长的美好生活需要的重大贡献；具有节约资源、保护环境的可持续发展意识，从自身做起，形成简约适度、绿色低碳的生活方式；能对与化学有关的社会热点问题做出正确的价值判断，能参与有关化学问题的社会实践活动。

化学平衡的移动是自然界中普遍存在的现象，因此学生在今后的生活和学习中必定会用到勒夏特列原理。因此，对化学平衡移动的学习不仅是学习勒夏特列原理这个知识点这么简单，更需要凝结为对原理的应用，甚至是找到不同学科的共同点，发掘自然界的奥秘。煤气中毒如何处理？合成氨反应的条件如何选择？打开可乐瓶为什么会有“扑哧”的声音？这些问题都涉及化学知识。在学习物理时，学生会学到楞次定律，他们会发现楞次定律竟然与勒夏特列原理很相似，此时他们就会惊讶于自然界的奇妙，感受到科学的真谛。

本节课以四个实验为出发点和线索，彰显了化学是一门以实验为基础的学科，为的是探究宏观现象背后所包含的微观本质。这个过程以“变化与平衡”为研究对象，在教师引导下学生找到了浓度变化引起化学平衡移动的证据，进而建立了“模型”，体验了推理勒夏特列原理的过程。之后，在“模型”指引下学生完成了对温度和压强因素的分析，最终得到完整的勒夏特列原理。这个过程具有普遍性，如合成氨反应条件的选择、抢救煤气中毒病人等的分析过程与前述是一样的，因此在此基础上再解决其他问题会让学生豁然开朗，有助于提升学生的逻辑推理能力和学科核心素养（见图7）。

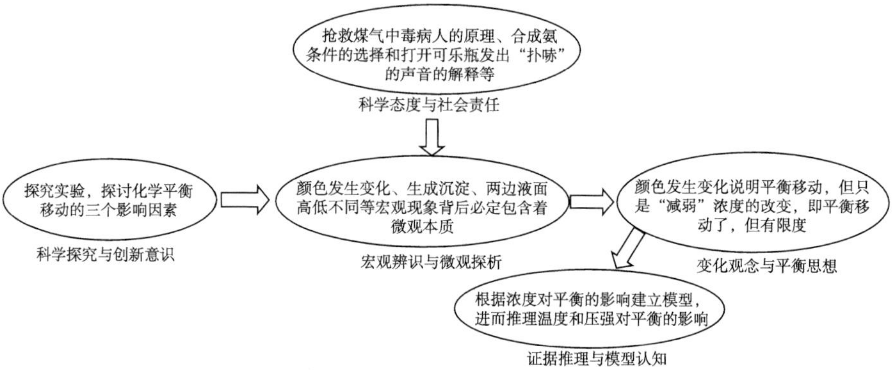

图7　化学学科核心素养的五个维度在化学平衡移动中的应用

参考文献

[1]强春春，宋蕊，占小红．我国高中科学学科核心素养透视[J].化学教学，2017(7)：15-20，25.

[2]吴星．对高中化学核心素养的认识[J].化学教学，2017(5)：3-7.

[3]经志俊．基于学生发展核心素养的“化学平衡的移动”单元教学创新设计[J].化学教学，2017(1)：35-37，92.

[4]邱美虹，钟建坪．模型观点在化学教科书中的角色与对化学教学之启示[J].化学教学，2014(1)：3-6，11.

[5]张发新．利用模型建构促进学生化学学习[J].化学教学，2017(5)：24-28.

化学平衡移动方向与反应物转化率的关系、弱电解质的电离程度

第1课时　化学平衡移动方向与反应物转化率的关系

【教学设计】

一、教学目标

（1）学习化学学科方法——虚拟容器法。

（2）从勒夏特列原理出发理解“平衡移动方向与反应物转化率的关系”。

（3）培养“变化观念与平衡思想”化学学科核心素养。

二、内容分析

当反应物只有一种时，恒温恒容下，增大反应物浓度，反应物转化率的变化情况可以运用虚拟容器法进行分析。

（1）反应方程式左右两边系数相等时，如 $2HI(g) \rightleftharpoons H_2(g)+I_2(g)$，反应物转化率不变。

（2）反应方程式左右两边系数不相等时，如 $2NO_2(g) \rightleftharpoons N_2O_4(g)$，即左边系数>右边系数，反应物转化率升高。

（3）反应方程式左右两边系数不相等时，如 $N_2O_4(g) \rightleftharpoons 2NO_2(g)$，即左边系数<右边系数，反应物转化率降低。

三、教学重难点

（1）化学平衡向正反应方向移动不代表反应物转化率增大。

（2）从浓度方面分析，化学平衡移动方向与反应物转化率的关系和反应方程式左右两边系数有关。

四、学情分析

本节课是在学生学习过化学平衡移动的基础之上探究化学平衡移动方向与反应物转化率之间的关系。

五、教学过程

【板书】一、基本概念

勒夏特列原理：改变影响平衡的条件之一（如浓度、温度、压强），平衡将向着减弱这种改变的方向移动。

【问题1】请说出经验规则勒夏特列原理的关键词。

设计意图：勒夏特列原理是经验规则，在利用其解决问题时一定要抓住关键词。强调勒夏特列原理中“减弱”和“这种改变”这两个关键词有利于学生把握要点。

【板书】二、认识三个典型反应的特点

三个典型反应的特点如表1所示。

表1　三个典型反应的特点

典型反应	反应前后系数的大小关系	反应前后体积变化
$2HI(g) \rightleftharpoons H_2(g)+I_2(g)$	2=1+1	不变
$2NO_2(g) \rightleftharpoons N_2O_4(g)$	2>1	减小
$N_2O_4(g) \rightleftharpoons 2NO_2(g)$	1<2	增大

设计意图：让学生认识到$2HI(g) \rightleftharpoons H_2(g)+I_2(g)$、$2NO_2(g) \rightleftharpoons N_2O_4(g)$和$N_2O_4(g) \rightleftharpoons 2NO_2(g)$三个典型反应的特点，即反应前后体积变化分别是不变、减小和增大。

【问题2】表2给出三个典型反应，在一定温度下，分别向三个恒容容

器中增加反应物，请用勒夏特列原理解释化学平衡移动的方向。

表2　增加反应物后，化学平衡移动的方向分析

典型反应	“这种改变”	“减弱这种改变”	“如何减弱这种改变”
$2HI(g) \rightleftharpoons H_2(g)+I_2(g)$	增大$c(HI)$	减小$c(HI)$	化学平衡向正反应方向移动
$2NO_2(g) \rightleftharpoons N_2O_4(g)$	增大$c(NO_2)$	减小$c(NO_2)$	
$N_2O_4(g) \rightleftharpoons 2NO_2(g)$	增大$c(N_2O_4)$	减小$c(N_2O_4)$	

注：第一次运用勒夏特列原理。

设计意图：第一次运用勒夏特列原理，只要增大反应物浓度，无论反应前后系数是不变、减小还是增大，化学平衡均向正反应方向移动。

【板书】三、反应物转化率

$$\text{某个指定反应物的转化率} = \frac{\text{指定反应物的起始浓度} - \text{指定反应物的平衡浓度}}{\text{指定反应物的起始浓度}} \times 100\%$$

可见，反应物转化率是反应物浓度减小量占反应物起始浓度的百分比。

【问题3】一定温度下，向恒容容器中增加反应物，化学平衡向正反应方向移动，反应物转化率是不是增大了？

分析：不一定，因为由上述公式可见，反应物转化率的变化情况不但与分子有关，还与分母有关。虽然化学平衡向正反应方向移动了，即分子增大了，但分母同样增大了，故反应物转化率的变化情况还需要再全面考虑。

【板书】四、虚拟容器法［以反应$2NO_2(g) \rightleftharpoons N_2O_4(g)$为例］

【问题4】一定温度下，恒容容器中有平衡$2NO_2(g) \rightleftharpoons N_2O_4(g)$，增加反应物$NO_2$，$NO_2$的转化率如何变化？

分析：如图1，向$2NO_2(g) \rightleftharpoons N_2O_4(g)$体系中增加反应物：第一步，运用虚拟容器法，平衡向正反应方向移动，反应物转化率不变。第二步，将上面虚拟容器中的气体压入下面容器中，由于反应容器中所有物质总物质的量增加了，而反应物的系数大于生成物的系数，所以平衡向正反应方向移动，最终NO_2的转化率增大。容器Ⅱ相对于容器Ⅰ而言，化学平衡进一步向正反应方向移动，具体见表3。

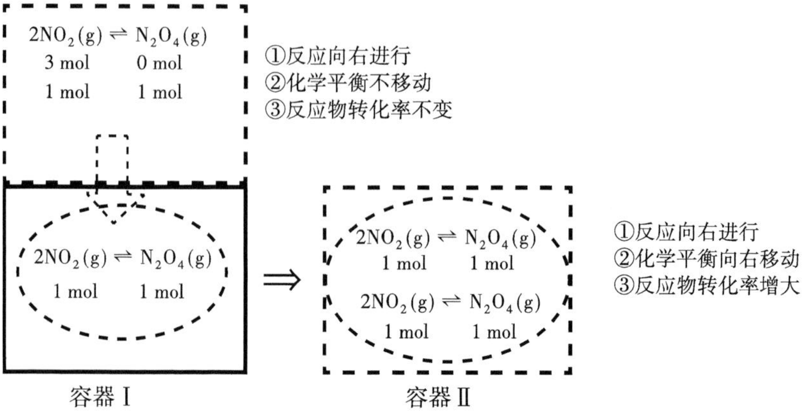

图1 对于反应$2NO_2(g) \rightleftharpoons N_2O_4(g)$，增大反应物浓度后反应物转化率的变化情况

表3 增大反应物浓度后反应物转化率的变化

典型反应	$2NO_2(g) \rightleftharpoons N_2O_4(g)$
“这种改变”	分子总数增加
“减弱这种改变”	分子总数减少
“如何减弱这种改变”	容器Ⅱ相对于容器Ⅰ而言，化学平衡进一步向正反应方向移动

注：第二次运用勒夏特列原理。

结论：一定温度下，恒容容器中有反应$2NO_2(g) \rightleftharpoons N_2O_4(g)$，若再加入反应物$NO_2$，$NO_2$的转化率将增大。

【问题5】若把问题4中的反应$2NO_2(g) \rightleftharpoons N_2O_4(g)$换成反应$N_2O_4(g) \rightleftharpoons 2NO_2(g)$，增加反应物$N_2O_4$，情况又将如何？

分析：仍然运用虚拟容器法来分析，见图2。

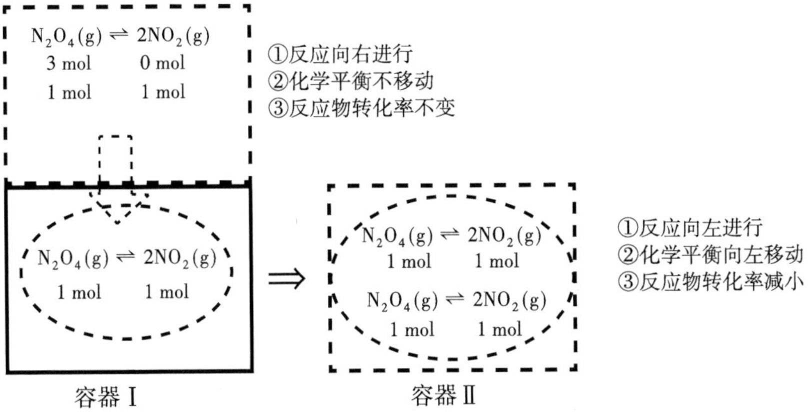

图2　对于反应$N_2O_4(g) \rightleftharpoons 2NO_2(g)$，增大反应物浓度后反应物转化率的变化情况

【问题6】 同理，对于反应$2HI(g) \rightleftharpoons H_2(g)+I_2(g)$，恒温恒容下，增加反应物HI，情况又将如何？

分析： 再次运用虚拟容器法分析，见图3。

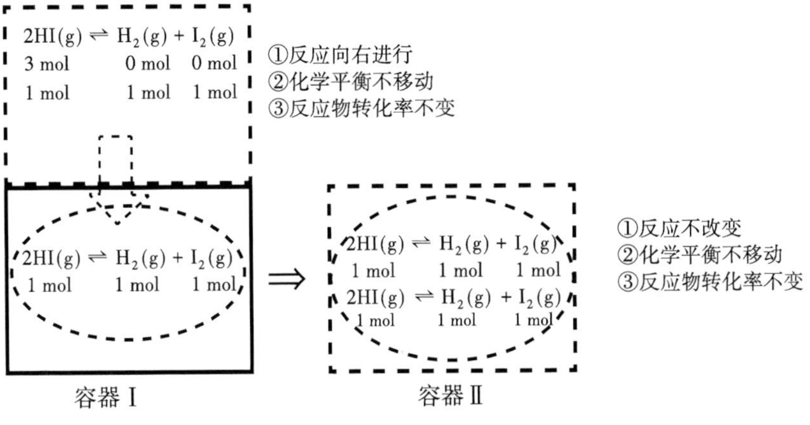

图3　对于反应$2HI(g) \rightleftharpoons H_2(g) + I_2(g)$，增大反应物浓度后反应物转化率的变化情况

小结： 恒温恒容下，增加反应物，反应前后体积变化情况与反应物转化率之间的关系见表4。

表4　恒温恒容下，增加反应物，反应前后体积变化情况与反应物转化率变化的关系

典型反应	增加反应物	反应前后体积变化	反应物转化率变化
$2NO_2(g) \rightleftharpoons N_2O_4(g)$	增加NO_2	减小	增大
$N_2O_4(g) \rightleftharpoons 2NO_2(g)$	增加N_2O_4	增大	减小
$2HI(g) \rightleftharpoons H_2(g) + I_2(g)$	增加HI	不变	不变

设计意图：

（1）以反应$2NO_2(g) \rightleftharpoons N_2O_4(g)$为例，第一次运用勒夏特列原理说明增加$NO_2$后化学平衡向正反应方向移动了。但由于反应后系数减小（2>1），第二次运用勒夏特列原理说明这个反应还有“一股向右的力量”促进平衡进一步向正反应方向移动，所以NO_2的转化率增大了。

（2）以反应$N_2O_4(g) \rightleftharpoons 2NO_2(g)$为例，第一次运用勒夏特列原理说明增加$N_2O_4$后化学平衡向正反应方向移动了。但由于反应后系数增大（1<2），第二次运用勒夏特列原理说明这个反应还有“一股向左的力量”在掣肘着平衡向正反应方向移动，所以N_2O_4的转化率减小了（这是学生最难以理解的地方）。

（3）以反应$2HI(g) \rightleftharpoons H_2(g) + I_2(g)$为例，第一次运用勒夏特列原理说明增加HI后化学平衡向正反应方向移动了。但由于反应前后系数相等（2=2），第二次运用勒夏特列原理说明这个平衡不继续移动，所以HI的转化率不变。

这一环节采用三个反应，分别是$2NO_2(g) \rightleftharpoons N_2O_4(g)$（反应物系数大于生成物系数）、$N_2O_4(g) \rightleftharpoons 2NO_2(g)$（反应物系数小于生成物系数）、$2HI(g) \rightleftharpoons H_2(g)+ I_2(g)$（反应物系数等于生成物系数），逐一分析，并提出增加反应物后平衡移动的问题，引导学生依据勒夏特列原理，利用虚拟容器法不断思考和比较分析，形成对化学平衡移动导致反应物转化率变化与反应前后系数变化关系的全面认识（见表5）。

【板书】五、小结

表5　规律小结

典型反应	反应前后系数变化	增加反应物后，反应物转化率变化
$2HI(g) \rightleftharpoons H_2(g)+ I_2(g)$	不变	不变
$2NO_2(g) \rightleftharpoons N_2O_4(g)$	减小	增大
$N_2O_4(g) \rightleftharpoons 2NO_2(g)$	增大	减小

【课堂检测】

（1）一定温度下，向某固定容积的容器中通入一定量的SO_3气体，发生如下反应：$2SO_3(g) \rightleftharpoons 2SO_2(g)+O_2(g)$，达到平衡后，在相同条件下，再向该容器中通入等量的SO_3气体，则

A. 平衡向正反应方向移动，SO_3的转化率增大

B. 平衡向逆反应方向移动，SO_3的转化率增大

C. 平衡向正反应方向移动，SO_3的转化率减小

D. 平衡向逆反应方向移动，SO_3的转化率减小

解析：由于该反应的反应物只有一种，且反应后系数增大（2<3），所以增加反应物SO_3，化学平衡向正反应方向移动，但SO_3的转化率减小，故选C。

（2）（双项选择）一定温度下，将a mol PCl_5通入一个容积不变的反应器中，达到如下平衡：$PCl_5(g) \rightleftharpoons PCl_3(g) + Cl_2(g)$，测得平衡时混合气体压强为$p_1$，此时再向反应器中通入$a$ mol PCl_5，在温度不变的条件下再度达到平衡，测得此时混合气体压强为p_2，则下列判断正确的是

A. $2p_1 > p_2$　　　B. PCl_5的转化率增大

C. $2p_1 < p_2$　　　D. PCl_3的体积分数减小

解析：由于该反应的反应物只有一种，且反应后系数增大（1<2），所以增加反应物PCl_5，化学平衡向正反应方向移动，但PCl_5的转化率比原来小，所以$p_2<2p_1$，PCl_5的转化率减小导致PCl_3的体积分数减小。故选AD。

【课后作业】

对于反应$2NO_2(g) \rightleftharpoons N_2O_4(g)$　$\Delta H<0$：

（1）升高或降低温度，反应物NO_2的转化率如何变化？

（2）增大或降低压强，反应物NO_2的转化率如何变化？

第2课时　弱电解质的电离程度

一、教学目标

（1）掌握强弱电解质概念、弱电解质电离平衡移动的方向和电离程度。

（2）掌握类比的学习方法、实验方案设计、实验操作规范和信息技术的运用。

（3）开阔视野，意识到整个自然界实际上就是各类物质相互依存、相

互制约的复杂平衡体系。

二、内容分析

在人教版教材《化学反应原理》(选修4)中,“弱电解质的电离”在“化学平衡”之后,“水的电离和溶液的酸碱性”“盐类的水解”和“难溶电解质的溶解平衡”之前,因此具有承前启后的作用。从内容上看,知识点难度是逐渐增大的,弱电解质的电离平衡是后面知识的基础和铺垫。理论分析是研究、阐述问题最重要、最常用的方法,也是学生学习知识、训练逻辑思维、提高推理能力的必要途径。本节课将通过对比先前学习的化学平衡移动和反应物转化率知识,搭设“小台阶”,降低学习难度,减小理论学习的“坡度”。

三、教学重难点

(1)应用化学平衡理论描述弱电解质在水溶液中的电离平衡。

(2)强弱电解质的概念和弱电解质的电离平衡。

(3)认识信息技术提供的学习方式,运用类比方法解决问题。

四、学情分析

乙酸(CH_3COOH)是弱电解质,这一事实可通过实验的方式让学生从实验现象中得出结论。而以CH_3COOH为代表的弱电解质的电离平衡,若都采用实验的方式讲授,会显得庞杂,不是一节课的内容,所以最好另谋他法。在学习化学平衡移动和反应物转化率的变化规律之后,教师可以引导学生采用类比方法,应用化学平衡的相关知识来解决电离平衡移动方向和CH_3COOH电离程度的问题。

五、教学过程

【课前预习】

(1)电解质是在水溶液中或熔融状态下能导电的化合物,其主要包括酸、碱、盐和活泼金属的氧化物。

（2）非电解质是在水溶液中和熔融状态下都不导电的化合物。

（3）电离方程式的书写。

设计意图：复习旧知，为学习强弱电解质提供背景信息。

【板书】一、强弱电解质

【实验探究】盐酸、醋酸与镁带的反应。

实验试剂：1.0 $mol\cdot L^{-1}$ HCl、1.0 $mol\cdot L^{-1}$ CH_3COOH、镁带。

实验仪器：小试管、胶头滴管、小烧杯、镊子等。

设计意图：通过简单实验，让学生通过合作学习体会弱电解质的性质。

【板书】二、弱电解质的电离

【问题1】恒温恒容下，以反应$N_2O_4(g)\rightleftharpoons 2NO_2(g)$类推$CH_3COOH\rightleftharpoons CH_3COO^-+H^+$，若改变醋酸浓度，$CH_3COOH$的电离程度如何变化？（见表6）

表6　恒温恒容下，改变醋酸浓度，醋酸电离程度的变化情况

反应	$N_2O_4(g)\rightleftharpoons 2NO_2(g)$	$CH_3COOH\rightleftharpoons CH_3COO^-+H^+$
反应特征	由一个微粒变成两个微粒	由一个微粒变成两个微粒
增大反应物浓度	N_2O_4的转化率降低	向醋酸溶液中加冰醋酸，则醋酸的浓度增大，由于总的微粒浓度增大，平衡要向微粒浓度减小的方向移动，因此CH_3COOH的电离程度降低
减小反应物浓度	N_2O_4的转化率增大	向醋酸溶液中加水，由于总的微粒浓度减小，平衡要向微粒浓度增大的方向移动，即向电离的方向移动，因此CH_3COOH的电离程度增大

设计意图：引入弱电解质的电离平衡，引导学生注意其与化学平衡之间的共同点，以及弱电解质与强电解质之间的不同点。

【问题2】弱电解质CH_3COOH电离过程中各粒子浓度是如何变化的？

设计意图：引导学生进一步理解电离平衡的相关性质。

【板书】三、影响电离平衡的因素

分析：影响化学平衡的因素有温度、浓度和压强，而对于电离平衡，只有温度和浓度影响其移动。

【板书】1. 温度对电离平衡的影响

【问题3】温度对电离平衡有什么影响？

设计意图：从理论上探究弱电解质的电离是吸热反应。

【教学资源】参见网站：优课网。

设计意图：（1）用实验证明CH_3COOH的电离的确是吸热反应；（2）给学生提供网络学习资源，利用信息技术为学生的进步提供一个平台。

【板书】$N_2O_4(g) \rightleftharpoons 2NO_2(g)$与$CH_3COOH(aq) \rightleftharpoons CH_3COO^-(aq) + H^+(aq)$

设计意图：通过对比发现，虽然上述两个反应方程式一个是化学平衡，一个是电离平衡，但都是粒子数目从一个变成两个的过程，从微观角度让学生理解化学平衡对电离平衡的借鉴作用。

【板书】2. 浓度对电离平衡的影响

分析：增大浓度和减小浓度都可以影响电离平衡的移动，如加冰醋酸、加浓HCl、加CH_3COONa固体、加水、加NaOH固体等。

【教学资源】播放教师讲授化学平衡$N_2O_4(g) \rightleftharpoons 2NO_2(g)$的视频，内容包括化学平衡的移动方向和$N_2O_4$转化率变化的原因。

设计意图：通过对比，降低学生理解CH_3COOH电离程度影响因素的难度，促使学生全面而深刻地理解电离平衡。

【板书】四、课堂作业

设计意图：边学边练。课堂作业包括：写出CH_3COOH电离平衡常数表达式、电离方程式书写正误判断和研究$NH_3 \cdot H_2O$电离平衡中微粒浓度的变化。

【板书】五、课后作业

设计意图：复习巩固。课堂上由于时间有限，未能对电离平衡的移动方向和电离程度的变化规律用实验的方法进行验证，因此教师布置学生在课后设计实验，并通过优课网查阅相关视频，进一步体现信息技术对学生学习方式的巨大改变。

六、附表

本节内容小结见表7。

表7　化学平衡与电离平衡的对比

<table>
<tr><td>反应</td><td>可逆反应的化学平衡
$N_2O_4(g) \rightleftharpoons 2NO_2(g)\quad \Delta H>0$</td><td>弱电解质的电离平衡
$CH_3COOH \rightleftharpoons CH_3COO^- + H^+\quad \Delta H>0$</td></tr>
<tr><td>图像</td><td>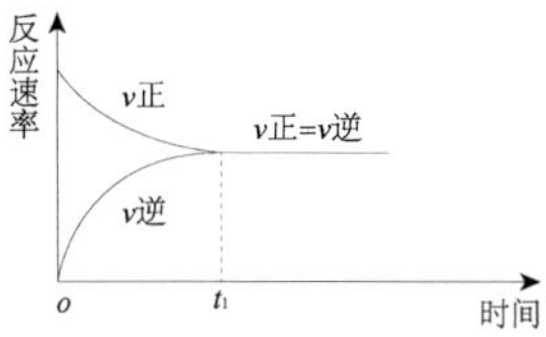
</td><td>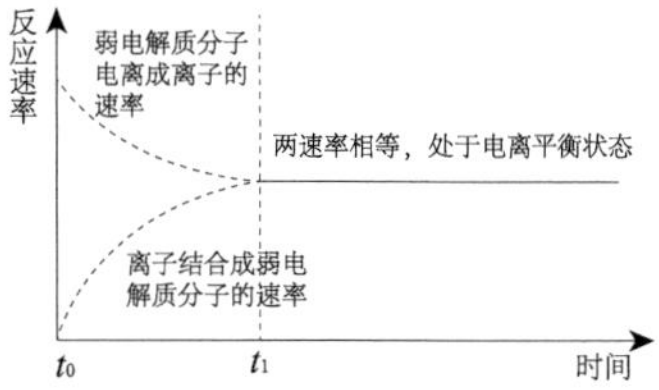
</td></tr>
<tr><td>特点</td><td>逆、等、动、定、变</td><td>弱、等、动、定、变</td></tr>
<tr><td>勒夏特列原理</td><td colspan="2">改变可逆反应的条件(如浓度、温度、压强等)，化学平衡就被破坏，并向减弱这种改变的方向移动</td></tr>
<tr><td rowspan="3">影响平衡移动的因素</td><td>1. 温度
①升高温度，平衡向正反应方向移动；②降低温度，平衡向逆反应方向移动</td><td>1. 温度
<table>
<tr><td>改变</td><td>平衡移动方向</td><td>CH_3COOH转化率</td></tr>
<tr><td>升高温度</td><td>正反应方向</td><td>增大</td></tr>
<tr><td>降低温度</td><td>逆反应方向</td><td>减小</td></tr>
</table></td></tr>
<tr><td>2. 浓度
①$c(N_2O_4)$增大，平衡向正反应方向移动，N_2O_4的转化率减小；②$c(N_2O_4)$减小，平衡向逆反应方向移动，N_2O_4的转化率增大</td><td>2. 浓度
<table>
<tr><td>改变</td><td>操作</td><td>平衡移动方向</td><td>CH_3COOH转化率</td></tr>
<tr><td rowspan="3">增大浓度</td><td>加冰醋酸</td><td>正反应方向</td><td>减小</td></tr>
<tr><td>加浓HCl</td><td>逆反应方向</td><td>减小</td></tr>
<tr><td>加CH_3COONa固体</td><td>逆反应方向</td><td>减小</td></tr>
<tr><td rowspan="2">减小浓度</td><td>加水</td><td>正反应方向</td><td>增大</td></tr>
<tr><td>加NaOH固体</td><td>正反应方向</td><td>增大</td></tr>
</table></td></tr>
<tr><td>3. 压强
①增大压强，平衡向逆反应方向移动；②减少压强，平衡向正反应方向移动</td><td>—</td></tr>
<tr><td>平衡常数</td><td>化学平衡常数表达式：
$K=\dfrac{c^2\left(NO_2\right)}{c\left(N_2O_4\right)}$</td><td>电离平衡常数表达式：
$K=\dfrac{c\left(CH_3COO^-\right)\cdot c\left(H^+\right)}{c\left(CH_3COOH\right)}$</td></tr>
</table>

【理论基础】

紧扣平衡观念　落实核心素养

2014年《教育部关于全面深化课程改革　落实立德树人根本任务的意

见》指出，教育部将组织研究提出各学段学生发展核心素养体系，明确学生应具备的适应终身发展和社会发展需要的必备品格和关键能力。高中化学学科核心素养是学生发展核心素养的重要组成部分，是高中生通过化学课程学习获得的知识与技能、过程与方法、情感态度与价值观等方面的综合品质与关键能力。它包含化学学科观念、化学学科思维、化学学科价值和科学探究实践等，其中化学学科观念是化学学科知识和原理的高度抽象和概括，处于化学知识的核心位置。在教学实践中，教师应深化对学生化学学科观念的培养。平衡限度观就是化学学科观念之一。

从知识价值来看，平衡限度观是解决问题的理论依据；从方法价值来看，平衡限度观是一种体验模型认知、科学探究和强化信息意识的有效平台；从情意价值来看，平衡限度观是培养创新意识、科学精神和社会责任的优质载体，因此与平衡限度观有关的知识点是培养学生化学学科核心素养的优质素材。本文选取“化学平衡移动方向与反应物转化率的关系”进行教学设计，以促进学生平衡限度观的发展，落实化学学科核心素养的培养目标（见图4）。

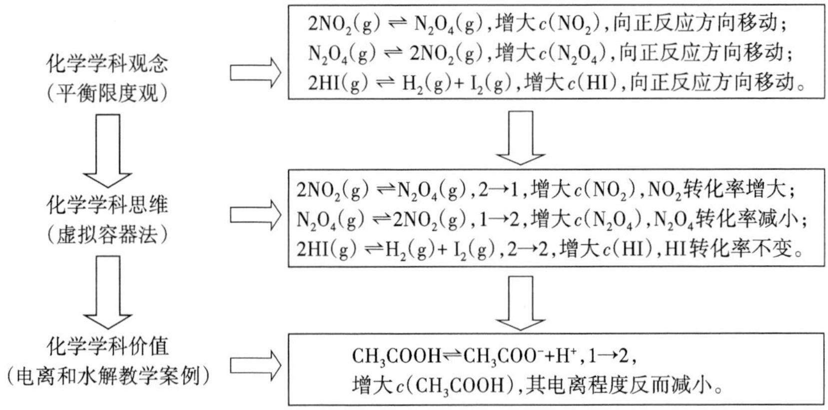

图4　教学设计流程

一、初步建立平衡限度观

知识与技能是形成和发展学生核心素养的基础、前提和载体，机械灌输、被动接受的学科知识与技能是不可能形成核心素养的，而主动建构知识的过程才是核心素养发展的过程。化学平衡移动导致的反应物转化率的变化与反应方程式前后的系数大小有很大关系，学生在这个方面经常会犯错。例如，恒温恒容下，对于$2NO_2(g) \rightleftharpoons N_2O_4(g)$和$2HI(g) \rightleftharpoons H_2(g)+I_2(g)$两个典型反应，从“增大反应物浓度”得出“化学平衡都向正反应方向移动”，进而得出反应物转化率分别“增大”和“不变”这两个结论并不难。但学生并未认识到反应前后系数的大小关系与转化率变化之间的关系，所以对于反应$N_2O_4(g) \rightleftharpoons 2NO_2(g)$，当提及“增大反应物浓度”时，多数学生仍认为反应物转化率会增大。因此，笔者针对这一问题，通过问题引导和图表信息分析，帮助学生理解。当增加反应物时，可逆反应必定发生变化，反应物转化率也可能随之发生变化。三个典型反应，增加反应物虽然平衡都是向正反应方向移动的，但反应物转化率如何变化还需要仔细分析，从而为深入理解化学平衡移动所导致的反应物转化率的变化与反应方程式前后的系数大小的关系奠定了基础。

二、建立“虚拟容器法”模型

人类运用化学方法探索物质世界时，除对大量实验事实进行比较分析、归纳概括外，还需要通过抽象和简化的方法建立模型，再现物质及其变化的基本规律，这就是“模型认知”思维。对于平衡移动方向与反应物转化率的关系，教师引导学生认识化学模型——虚拟容器法，并利用该模型分析不同类别的具体化学反应，归纳总结出在不同类型的反应中，增加反应物的量，反应物转化率的变化规律和本质。

三、“诊断→反思→总结”的历程

基于上述环节中三个典型反应的模型分析，学生对化学平衡移动方向与反应物转化率的关系形成了深刻认识。这时需要进一步创设条件让学生运用知识解决问题，以促进知识的内化和问题解决能力的发展。

人教版教材《化学反应原理》（选修4）中不仅有化学平衡，还有与化学平衡息息相关的电解质溶液，其中弱电解质的电离、盐类的水解等内容均涉及浓度的变化对弱电解质电离程度或盐类水解程度的影响。但在此之前必须帮助学生建立微粒观。类似 $CH_3COOH(aq) \rightleftharpoons CH_3COO^-(aq) + H^+(aq)$ 的反应都属于微粒数由“1→2”的反应，与 $N_2O_4(g) \rightleftharpoons 2NO_2(g)$ 类似，因此可以以弱电解质的电离程度为研究对象，运用类推法予以解决。

高中化学课程标准以培养学生核心素养为终极目标，以进一步提高学生的科学素养为宗旨，是科学教育的重要组成部分，对提高学生的科学素养、促进学生的全面发展有着不可替代的作用。化学学科观念包括“结构决定性质”思想、“守恒”思想、“动态平衡”思想等，它们是化学学科核心素养的重要组成部分。在可逆反应中，“改变外界条件，反应物转化率的变化情况”这个基本认识形成后，通过“诊断→反思→总结”的思考路径，学生运用“类推法”顺理成章地解决了电解质溶液中的转化率问题，实现了知识的迁移，充分感受化学学科的魅力。与平衡限度观相关的知识远不止这些，如可逆反应的平衡常数 K 和浓度熵 Q 的大小比较在“弱电解质的电离”“沉淀溶解平衡”“盐类的水解”等中可广泛用于判断反应进行的方向，这也是平衡限度观在化学学科中的体现，有待今后继续研究。

参考文献

吴星．对高中化学核心素养的认识[J]．化学教学，2017(5)：3-7.

金属晶体

【教学设计】

一、教学目标

（1）了解金属原子堆积遵循能量最低原理，在模型建构中理解大自然的普适规律。

（2）从金属晶体微粒的堆积方式进一步了解离子晶体、原子晶体等微粒的堆积方式。

（3）培养“宏观辨识与微观探析”化学学科核心素养。

二、内容分析

金属晶体微粒的堆积方式与物质能量之间存在着必然联系，能量越低则晶胞就越稳定，但是学生往往只是从记忆的角度出发学习这部分内容的，因此理解不透彻。从能量最低原理的角度学习金属晶体的四种晶胞类型，有助于提升学生的化学学科核心素养。

三、教学重难点

（1）四种金属晶体晶胞的空间结构。

（2）晶胞的堆积方式与金属晶体能量之间的关系。

四、学情分析

学生对于晶体晶胞结构的想象能力薄弱，因此在学习晶胞结构（离子晶体、分子晶体、原子晶体、金属晶体）时存在困难。自然界中的各种晶胞能够稳定存在，一种晶体的晶胞之所以是这个样子而不是另外的样子都是有原因的，而这些原因不但可以帮助学生记忆晶胞结构，还可以作为培养学生化学学科核心素养的情境化素材。

五、教学过程

（一）金属原子的排列

【问题1】什么是金属键？什么是金属晶体？

【问题2】为什么可以用乒乓球代表金属原子？

分析：因为乒乓球与原子在物理性质上具有相似的特点，如球体、表面光滑等。

1. 单层原子的稳定堆积方式

【问题3】单层金属原子是如何排列的？

参考金陵中学江敏老师的自制仪器模型，我们先将乒乓球按照图1a的方式放好，然后摇晃装置，乒乓球就变为图1b的方式。但是反过来，图1b摇晃后不能变为图1a的方式。

a

b

图1　单层乒乓球的排列方式

【问题4】为什么通过摇晃的方式可以实现图1a→图1b的转变，却不能通过摇晃的方式实现图1b→图1a的转变？

分析：图1a和图1b是乒乓球的两种排列方式。通过摇晃，乒乓球的排列能从图1a变为图1b而不能从图1b变为图1a，反映了两种乒乓球排列方式的稳定程度不同，从而激发学生思考单层金属原子排列的最优方式。

【问题5】为什么单层金属原子排列方式采用图1b，而不是图1a?

分析：单层金属原子最终以哪种方式排列最稳定，表面上看是配位数多少的区别（如图2），本质上可以用稳定性来解释，即每个金属原子周围以相切的方式接触多少个金属原子最稳定。金属原子周围趋于围绕更多的金属原子。空间占有率的多少是密置层与非密置层之间的最大区别，单位面积排列的金属原子越多，金属原子就越不容易移动，晶体就越稳定。

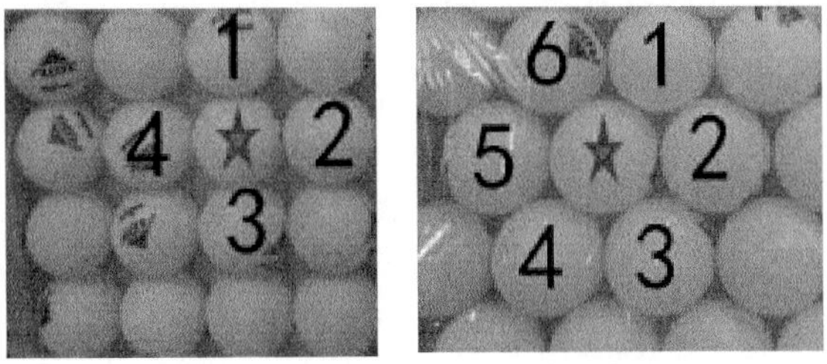

a　　　　b

图2　四配位（a）和六配位（b）的单层乒乓球排列方式

2. 两层原子的稳定堆积方式

【问题6】原子在层与层之间是如何排列的?

（1）两层按非密置层排列的乒乓球叠放在一起，让学生分别感受图3b和图3c两种堆积方式的稳定性。

a　　　　b　　　　c

图3　两层按非密置层排列的乒乓球叠放方式

注：a为单层按非密置层排列的乒乓球，b为两层按非密置层排列的乒乓球叠放方式一，c为两层按非密置层排列的乒乓球叠放方式二。

分析：学生通过亲身体验，感受到图3c比图3b更加稳定，因为图3b中一层原子在另一层原子的凹陷处，因此两层乒乓球都很难移动。

（2）两层按密置层排列的乒乓球叠放在一起，让学生分别感受图4b和

图4c两种堆积方式的稳定性。

a　　　　b　　　　c

图4　两层按密置层排列的乒乓球叠放方式

注：a为单层按密置层排列的乒乓球，b为两层按密置层排列的乒乓球叠放方式一，c为两层按密置层排列的乒乓球叠放方式二。

分析：学生通过亲身体验，感觉到图4c比图4b更加稳定，道理同上。

【问题7】下列四种双层原子堆积方式（见图5）中，哪一种堆积方式最稳定？哪一种堆积方式最不稳定？

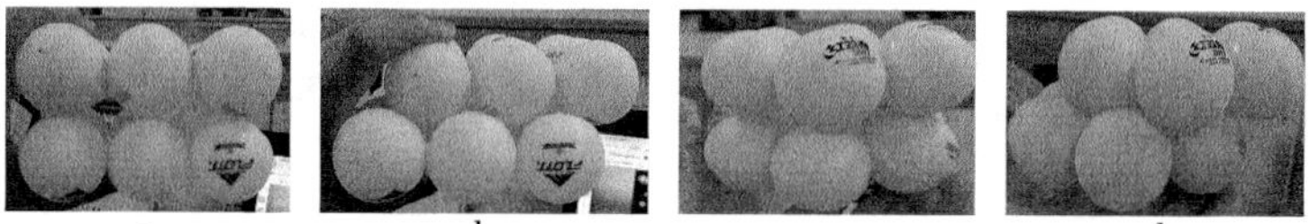

a　　　　b　　　　c　　　　d

图5　四种双层原子堆积方式比较

注：a为两层按非密置层排列的乒乓球叠放方式一，即图3b；b为两层按非密置层排列的乒乓球叠放方式二，即图3c；c为两层按密置层排列的乒乓球叠放方式一，即图4b；d为两层按密置层排列的乒乓球叠放方式二，即图4c。

分析：从单层原子排列方式和双层原子堆积方式来看，图5a堆积方式最不稳定，图5d堆积方式最稳定。单层原子排列方式中为什么六配位方式较为稳定？其本质上是由于这种排列方式中单位面积排列的原子较多，原子比较拥挤而不易移动。层与层之间若一层原子嵌入另一层原子的凹槽处这种堆积方式就会比较稳定，也是由于这样堆积方式原子不易移动，所以更稳定。通过建构单层原子排列方式和双层原子堆积方式的乒乓球实物模型，学生感受到了原子排列的稳定性本质上就是“能量最低原理”的体现，提升了认识自然规律的能力及化学学科核心素养。

（二）金属晶体的晶胞结构

建构乒乓球实物模型教学方式的突出优势表现在以下几个方面：一是可以从金属晶体的稳定性和能量观角度来看金属原子的堆积方式，更好地让学生理解能量最低原理；二是通过模型可以让学生更加直观地感受到球与球之间的关系，如原子相对位置关系、原子相切关系等，为数学计算提供条件。下面具体分析四种金属晶体的晶胞结构。

1. 简单立方堆积（见图6）

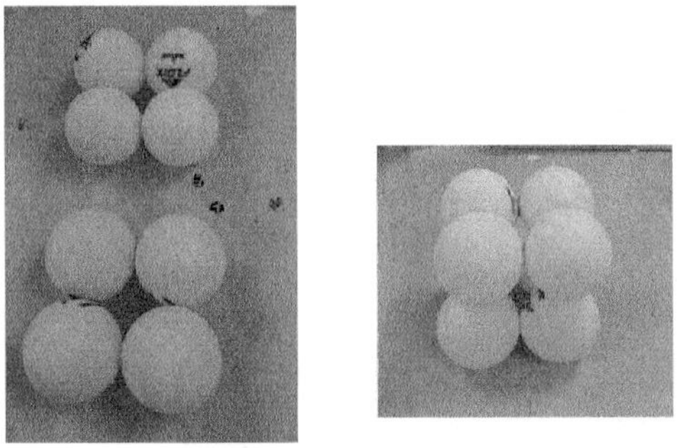

图6　简单立方堆积乒乓球模型

【问题9】为什么采用简单立方堆积方式的金属晶体只有钋一种？

分析：简单立方堆积方式无论是单层排列还是多层排列，学生都能感受到其属于不稳定的排列方式，因此采用简单立方堆积方式的金属晶体只有钋一种。

2. 体心立方堆积（见图7）

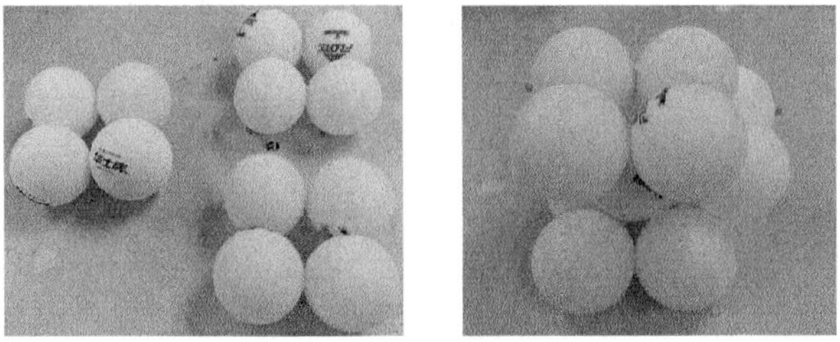

图7　体心立方堆积乒乓球模型

【问题10】在体心立方堆积方式中，体心的原子与顶点的原子存在什么样的位置关系？

分析：学生通过建立模型了解体心立方堆积的结构特点，即发现位于体对角线的两个原子与位于体心的一个原子处在一条直线上，且三个原子相切，因此晶胞的体对角线是金属原子半径的4倍。

3. 六方最密堆积

金属晶体六方最密堆积较少考查四棱柱晶胞，而更多地考查与六棱柱有关的问题，对立体几何与晶胞结构相结合的问题需要研究得更加细致，所以运用模型展示出哪些原子是相切的等非常关键。图8a是六方最密堆积的乒乓球模型，课堂展示直观性强，学生易懂，效果非常好。

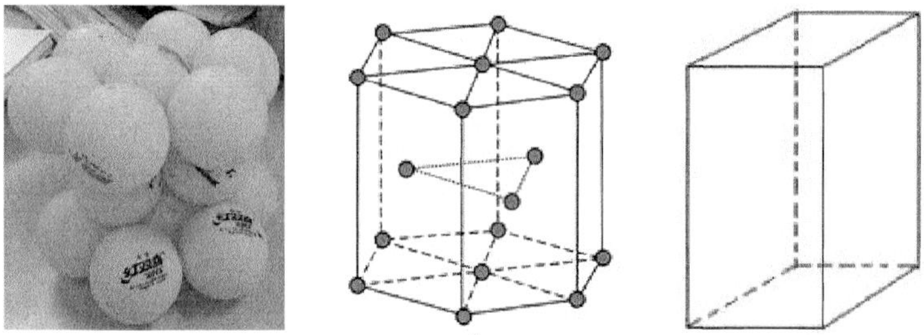

a　　　　b　　　　c

图8　六方最密堆积模型

注：a为乒乓球模型，b为点线图，c为四棱柱晶胞。

4. 面心立方最密堆积（见图9）

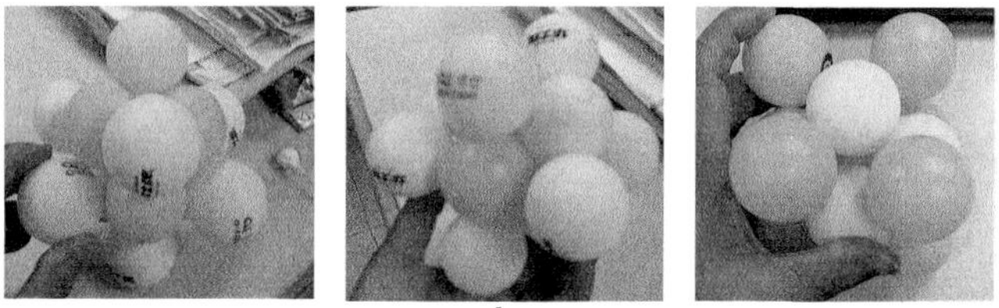

a　　　　b　　　　c

图9　面心立方最密堆积乒乓球模型

注：a.为侧面，b为四层结构，c为正面。

关于面心立方最密堆积，学生需要关注的是“面”上的原子，在某一平面上位于对角线上的三个原子是相切的，因此面心立方最密堆积晶胞的体对角线是金属原子半径的4倍。需要注意的是，面心立方最密堆积方式中上下共有四层结构，但四层结构只有斜置时才能看得到一个立方体。

六、习题练习

【习题1】金属钠晶体为体心立方堆积结构，钠原子在晶胞的体对角线上且互相接触，晶胞参数a=429 pm，则钠原子半径为________pm。

【习题2】金属铜晶体为面心立方最密堆积结构，铜原子半径为r cm，则其晶胞棱长为________cm（N_A代表阿伏伽德罗常数的值，用含r、N_A的式子表示）。

【理论基础】

实物模型的介入对教学的启示

用形象和直观的素材模拟出抽象的化学理论知识，在不经意间提升学生的化学学科核心素养是化学教学的重要方式。晶胞反映了晶体的微观结构和重要参数，但学习晶胞结构时学生看不见、摸不着，“明灯”只有教师在课堂上的讲解、教材上的介绍和习题等。学生由于难以直接观察晶胞，因此感觉特别难理解。当然目前市场上有不少晶胞模型供学生使用，但是这些素材是死板的，不能“动”起来，学生学而无味，课程结束后容易遗忘，因此如何用更好的方式让学生理解和掌握晶胞结构成了最紧迫的任务。虽然金属晶体的晶胞结构有四种类型，但是无论哪一种晶胞都是由同一种金属原子构成的，所以原子类型比较单一。同时，金属原子无论形状还是表面的光滑程度都与乒乓球有相似之处，这给微观探析与模型建构提供了条件，因此可以用乒乓球这种较为单一的“模具”代表金属原子。

晶胞模型如果是教师做好了提供给学生去观察，则是一种“由外而内”的思考，学生的思考较为被动，但若学生自己制作晶胞模型，实现“由内而外”的思考显然更有利于思维培养，因此本节课笔者在课前就指导学生制作乒乓球晶胞模型。金属原子的堆积是在一股“神秘”力量的推动下完成的。晶体的自范性说明金属原子可以自发地形成某种稳定结构，该现象背后反映的是自然规律。学生在教师的指导下用乒乓球模拟出晶胞结构就是试图还原自然规律，感受大自然的魅力。在制作“晶胞”的过程中学生感受到了乒乓球的“滑”，乒乓球的“滑动”可以模拟金属原子的运动。学生在感受自然规律的同时培养了严谨务实的科学态度和分析问题、解决问题的能力。

本节课的亮点和重点在于运用乒乓球实物模型分析金属晶体的晶胞结

构，化抽象为直观，同时在教学过程中从化学学科核心素养的角度培养学生的微粒观、能量观等核心观念，促进学生将能量最低原理与晶胞自发形成的结构相结合。

一、微粒观

晶体晶胞结构的学习难点在于晶胞是一种微观结构，学生难以通过肉眼直观地观察，因此如何模拟出金属晶体的晶胞结构就显得尤为重要，也就是如何将微观的东西放大，便于学生观察。在中学课堂中，应用乒乓球晶胞模型比较适合学生学习。乒乓球简单易得，学生不但可以近距离观察到“原子堆砌”的方式，甚至还可以亲手去“堆砌原子”，亲身体会“原子”在空间排列的原则，从宏观角度去认识能量最低原理。

二、能量观

能量最低原理是自然规律，是物质在追求最稳定结构过程的一种最好诠释。例如，甲烷分子的正四面体结构是一个碳原子和四个氢原子追求能量最低的结果。再如，冰的密度之所以比水小原因就在于冰中存在空腔结构，冰中水分子的排列是一个水分子在中心，其他四个水分子以氢键与中心水分子相连形成正四面体结构，这是一种稳定的结构，晶体硅和二氧化硅也是如此。金属原子在排列时也存在着类似的规律。例如，采用简单立方堆积方式的金属晶体为什么只有一种？原因就在于原子以这种方式排列，整个晶体的能量很高，相比而言，六方最密堆积与面心立方最密堆积的排列方式能量会降低很多，晶体的种类也就多了很多。

三、模型介入与学生体验

市场上有不少晶胞模型可供学生使用，但这些模型大多是已经堆积好的，学生感受不到建构晶胞模型过程中能量与结构、结构与性质之间的关系。本节课之前学生在教师的指导下拼粘乒乓球模型，亲身经历了“原子”的粘连过程。课堂上学生通过观察，亲身感受自制教具的魅力。如摇晃后乒乓球由四配位的非密置层排列变为六配位的密置层排列，但反过来，乒乓球能不能由六配位的密置层排列变为四配位的非密置层排列呢？答案显然是否定的，因此学生就会积极思考现象背后的原因。若是两层乒乓球，教师指导学生亲身体验两层乒乓球若以相切的方式接触是否稳定，然后指导学生来回移动两层乒乓球，让学生感受哪一种接触方式最稳定。当上层乒乓球嵌入下层乒乓球的凹陷处时最稳定，这也是体心立方堆积比简单立方堆积稳定的原因。这种体验式教学方式对学生思维上的碰撞是显而易见的，也达到了很好的教学效果。

参考文献

[1]赵鑫光.多媒体与模型相结合在“物质结构与性质”教学中的应用——以“面心立方最密堆积”教学为例[J].中学化学教学参考,2017(13):30-31.

[2]马薇,孟丽慧,刘立波.巧用泡沫塑料球自制晶体模型[J].化学教育,2016(23):73-77.

分子间作用力和氢键

【教学设计】

一、教学目标

（1）通过手持实验探究不同液体蒸发时的温度变化情况，知道范德华力和氢键是两种常见的分子间作用力。

（2）通过正丁醇模型分析分子间作用力，能说出氢键的特征和实质。

（3）通过手持实验和分子模型分析理解分子间作用力对物质熔沸点的影响，进一步强化基于微粒间相互作用解释和预测物质性质的认识模型。

（4）通过自主拼接冰的分子晶体模型，体验氢键对于生命的重大意义，感受化学学科的价值。

二、内容分析

本课题选自人教版教材《物质结构与性质》（选修3）第二章第三节。该版本必修教材《化学2》第一章第三节“科学视野”栏目中已经介绍过分子间作用力和氢键。根据《普通高中化学课程标准（2017年版）》，该内容在必修阶段不作要求，在选修阶段才进行系统学习。

分子间作用力是分子与分子间的相互作用力，该内容设置在原子间作用力（共价键）、离子间作用力（离子键）之后，使学生能够更加全面地认识微粒间的作用力。分子间作用力属于微观层面的抽象概念，学习该概念时，需要注意其与化学键的区别，同时也要认识到分子间作用力对物质物理性质的影响，并与化学键对物质化学性质的影响区分开，更全面地认识和理解“结构决定性质”的化学学科观念。

《普通高中化学课程标准（2017年版）》中对本内容的学习要求如下：认识分子间存在作用，知道范德华力和氢键是两种常见的分子间作用力，了解分子间氢键和分子间氢键在自然界中的广泛存在及重要作用。

三、教学重难点

（1）数字化手持实验探究。利用数字化手持实验从宏观和曲线两个维度表征分子间作用力，基于实验数据推理和比较分子间作用力大小，培养“证据推理与模型认知”核心素养。

（2）分子模型分析。基于模型分析分子间作用力（含氢键），深化“结构决定性质”的化学学科观念，发展“宏观辨识与微观探析”核心素养。

（3）学生自主拼接冰的晶体模型。利用模型解释氢键对冰密度的影响，体会氢键对于生命的重大意义。利用所学知识解决实际问题，体会化学学科在生产、生活中的价值，培养和发展“科学态度与社会责任”核心素养。

四、学情分析

对于本节课内容，学生在知识层面已经具有如下储备：一般情况下，物质可以在气、液、固三种状态间相互转换；不同物质熔沸点不同；液体蒸发时吸热；冰的密度比水小。

学生在能力层面已经具有如下水平：基本形成了“结构决定性质”的化学学科观念；具有一定的数据分析能力，能从宏观、微观、曲线等多角度认识和学习化学概念；具有一定的动手能力，能够利用自主拼接模型使微观上微粒间的作用力可视化。

五、教学过程（见表1）

表1　教学过程

教学环节	教师活动	学生活动	设计意图
情景导入	①“擦棉球”活动：引导学生用棉球擦拭手背	分别用蘸取水和酒精的棉球擦拭自己的手背，感受两种液体在手背上蒸发时的情况	创设学生熟悉的生活情境，激发学生学习兴趣
	②提出问题：外界条件相同，不同液体蒸发时，为什么温度下降程度不同	根据“擦棉球”活动的体验，思考问题	引导学生从微观层面认识液体的蒸发过程，进而学习微观层面的分子间作用力
	③利用图片或动画引导学生从微观层面认识液体的蒸发过程：液体表面分子克服与其他分子的相互作用力从而脱离液体表面变成气态分子的过程即为蒸发。这种相互作用力称为范德华力	通过图片或动画，从微观层面理解液体蒸发，进而思考并尝试回答问题	
	④解决问题：外界条件相同，分子间范德华力越小，液体蒸发时温度下降越快	思考总结，集体回答	利用化学知识解决真实情境的问题，让学生体会化学与生活的联系，发展“科学态度”素养，并引导学生从微观层面解释宏观现象，深化“宏观辨识与微观探析”核心素养
实验探究	①提出问题：如何比较范德华力大小？再进一步提出具体问题：如何比较正戊烷、正己烷、正庚烷的范德华力大小	思考问题，根据“擦棉球”活动体验回答问题	引导学生利用宏观实验比较微观上的范德华力大小，发展“宏微结合”素养，深化“性质反映结构”的化学学科观念
	②实验设计：利用三个温度传感器同时测量正戊烷、正己烷、正庚烷蒸发时的温度变化情况	思考实验原理	利用数字化手持实验，实时定量测量温度，使学生能更加精准地认识和比较不同液体蒸发时外界的温度变化情况，并通过软件实时展示温度变化曲线，充分利用宏观、微观、曲线等多重表征方式
	③实验操作：简单介绍手持实验装置，根据实验装置完成实验 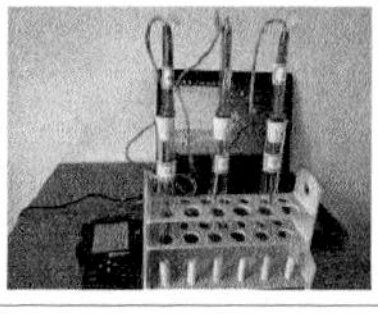	认识实验装置，协助完成实验	
	④实验结果：外界条件相同时，正戊烷、正己烷、正庚烷蒸发温度下降速率依次变小	集体回答，根据实验过程中曲线变化情况总结正戊烷、正己烷、正庚烷蒸发时的温度变化规律	

续 表

教学环节	教师活动	学生活动	设计意图
实验探究	⑤解决问题:正戊烷、正己烷、正庚烷分子间的范德华力依次增大	个体回答,根据实验原理和宏观实验事实比较三种物质中分子间的范德华力大小	依据宏观实验结果,比较微观层面分子间作用力大小,进一步强化基于微粒间相互作用解释和预测物质性质的认识模型,培养“证据推理与模型认识”核心素养
	⑥归纳总结:结构相似的分子,相对分子质量越大,范德华力越大,物质熔沸点越高	集体回答,从个体到一般,总结微观上分子间范德华力大小的变化规律	
实验探究+模型分析	①提出问题:正戊烷和正丁醇相对分子质量相近,范德华力是否也相近?两者蒸发过程中温度变化情况是否相同	思考问题,提出解决问题的实验方案	设置的问题承上启下,为更加全面认识分子间作用力做铺垫
	②实验设计:利用两个温度传感器同时测量正戊烷、正丁醇蒸发时的温度变化情况		利用数字化手持实验,实时定量测量温度,使学生能更加精准地认识和比较不同液体蒸发时的温度变化情况,并通过软件实时展示温度变化曲线,充分利用宏观、微观、曲线等多重表征方式
	③实验操作:根据上述实验装置完成实验	个别学生协助完成实验,观察温度曲线变化情况	
	④实验结果:外界条件相同时,正丁醇蒸发时温度下降速率较小	集体回答,根据曲线变化情况,得出实验结果	依据宏观实验结果,比较微观层面分子间作用力大小,培养“证据推理与模型认识”核心素养
	⑤实验结论:虽然正戊烷和正丁醇相对分子质量相近,但正丁醇的分子间作用力比正戊烷的大	根据实验原理和实验结果得出实验结论,更加全面地认识分子间作用力	
	⑥模型分析:a.由于正丁醇分子极性较大,而正戊烷分子极性较小,即使两者相对分子质量相近,但正丁醇分子间的范德华力大于正戊烷分子间的范德华力。b.正丁醇分子间还存在另外一种更强的作用力——氢键。正丁醇分子中有一氢原子与氧原子相连,由于氧的电负性大,使共用电子对偏向氧原子,氢原子相当于裸露的质子,而另外一个正丁醇分子中的氧原子有孤对电子,且电负性大,吸电子能力强,该原子上集中负电性,这两原子间存在一种静电相互作用力,这种作用力称为氢键	结合实验结论和模型,更加全面地认识分子间作用力及氢键的微观本质	利用模型使微观上的分子间作用力(范德华力和氢键)可视化,借助实物模型降低教学内容的抽象性
	⑦氢键的定义:与电负性很大的原子(如N、O、F)形成共价键的氢原子与另外一个电负性很大的原子之间的作用力	认识氢键的形成条件、饱和性和方向性,能掌握氢键与化学键之间的区别	讲解氢键的定义和特点,为后续学生拼接冰晶体作知识铺垫

续　表

教学环节	教师活动	学生活动	设计意图
实验探究+模型分析	⑧氢键的特点：饱和性和方向性。a.饱和性：以正丁醇为例，当氢原子与另外一个分子中的氧原子形成氢键后，若另外一个氧原子再靠近，则两个氧原子之间会产生斥力，而且斥力大于氧原子与氢原子间的引力，因此一个氢原子只能与一个氧原子形成氢键。而氧原子有两对孤对电子，故每个氧原子最多能形成2个氢键。b.方向性：当氧原子沿着共价键键轴的方向靠近氢原子时，形成的氢键最强，即与氢键相关的三个原子尽可能地在同一条直线上	认识氢键的形成条件、饱和性和方向性，能掌握氢键与化学键之间的区别	讲解氢键的定义和特点，为后续学生拼接冰晶体中的氢键作知识铺垫
	⑨归纳总结：分子与分子之间存在相互作用力，范德华力和氢键是两种常见的分子间作用力，其中范德华力是普遍存在的，而氢键的形成是有条件的。微观上的分子间作用力会影响物质的宏观性质，如熔沸点。分子间范德华力越大，物质熔沸点越高，若分子间存在氢键，则该物质熔沸点将明显升高	思考总结，更加全面地认识分子间作用力。基于实验和模型分析，认识氢键对物质熔沸点的影响	归纳总结，使学生对分子间作用力形成系统性认识，并解释本节课实验探究中的问题
模型拼接	①提出问题：氢键对于生命有重大意义。已知氧族元素自上而下，氢化物沸点逐渐升高，请预测水的沸点 分析：水分子间因为存在氢键，沸点明显升高。地球大约有70%的面积被水覆盖，如果水分子间没有氢键，则室温下将没有液态水，地球生命的生存环境将会发生改变	根据生活常识和已有知识推断水的沸点，体验氢键对水沸点的重大影响及其对地球生态环境的重大影响	①设置拼接冰晶体模型的活动检验学生对氢键的形成条件、饱和性和方向性是否理解和掌握，实现“教、学、评”一体化。②利用模型更好地理解冰的密度为什么比水小。③通过举例（水的沸点、冰的密度、DNA结构）说明氢键对于生命的重大意义，让学生体会化学与生命、生活等的重要联系，升华本节课的主题，发展学生“科学态度与社会责任”核心素养
	②已知冰晶体中，水分子间的主要作用力是氢键，每个水分子可以与周围四个水分子形成氢键，请根据氢键的饱和性和方向性，用5个水分子拼接出冰的部分结构，并尝试解释为什么冰的密度比水小 分析：冰晶体中由于存在氢键，氢键具有方向性，每个水分子周围只有4个相邻的水分子，水分子间的空隙大。冰融化后，部分氢键断裂，水分子间形成一块块的小团簇，水分子间的空隙减小，因而液态水的密度反而变大	以小组为单位，拼接冰晶体模型，思考氢键对冰密度的影响，体会氢键对于生命的重大意义	
	③生物体内的DNA双螺旋结构是通过碱基间的氢键连接起来的	了解氢键在生物体中的重要意义	

注：本课例由佛山一中苏华虹老师参与设计。

【理论基础】

基于能量观的冰、水密度大小关系比较

能量观是化学学科观念之一，而能量最低原理是化学学科思维在能量观中的体现。冰的结构中5个水分子呈正四面体形排列，使冰的密度比水小，凸显了“性质决定结构，结构反映性质”的化学学科规律。化学学科核心素养是学生发展核心素养的重要组成部分，是高中生通过化学课程学习所获得的在知识与技能、过程与方法、情感态度与价值观等方面的综合品质与关键能力。学习《物质结构与性质》时，学生对物质微观结构的理解较为模糊。例如，学生问“为什么冰的密度比水的小?”我回答：“因为冰中水分子之间存在很大的空腔。”学生又问：“那为什么冰中水分子之间存在这么大的空腔呢?”我回答：“由于冰中水分子之间存在氢键。”学生追问：“液态水分子之间不也有氢键吗?”诸如此类的问题让我感觉到《物质结构与性质》有一定的教学难度，毕竟学生用肉眼无法观察到微观粒子，因此学生在解决“物质结构与性质”问题时常带着困惑。学生就算一时记住了某个知识点，也常会忘记，原因在于与“物质结构与性质”有关的内容分散在高中化学教材的不同模块中，学生难免顾此失彼。教学过程中教师往往只关注知识与技能的传授，无意识地将知识割裂为一个个知识点。以“冰的密度比水小”为例，学生解决问题时需要用到的知识点见表2，这些知识点要连接在一起是需要一条线索“串联”的，这条线索就是基于能量观的能量最低原理。

表2　相关知识点

模块	化学1(必修)	化学2(必修)	物质结构与性质(选修3)
内容	共价键的形成使得电子云发生重叠,物质的能量将降低	甲烷分子的正四面体结构使分子的能量最低,结构最稳定	在冰晶体中,以1个水分子为中心,其他4个水分子在四面体的4个顶点上

基于化学学科核心素养的教学设计需要教师由“课时主义”转向“单元教学”，用相对完整的“教学主题”培养学科观念和学科思维。如果教

师没有遵循学科核心素养的观念，对教学内容的逻辑关系认识不深，日常教学过程中就不会注意揭示知识间的内在联系，容易只见树木不见森林，使知识碎片化。如果教师对教学内容在发展学生学科核心素养方面的功能“心中无数”，则无法通过化学知识的教学，有意识地发展学生的学科核心素养。教师不但在平时要积累一个个知识点，还要通过单元系统梳理知识，促进学生自然而然地建构学科知识体系，发展学科核心素养。

微粒间的相互作用力包括离子键、共价键、氢键和分子间作用力等，不同相互作用力的性质见表3。以氢键为例，氢键可以表示为A—H⋯B，A—H中的氢原子只能和一个B原子结合形成氢键。同时由于负离子之间相互排斥，另一个电负性大的原子B′就难以再接近氢原子，这就是氢键的饱和性。此外，氢键还具有方向性。

表3　微粒间的相互作用力及其性质

化学键或分子间作用力	方向性	饱和性	键的强弱
离子键	无方向性	无饱和性	强
共价键	有方向性	有饱和性	较强
氢键	有方向性	有饱和性	弱
范德华力	无方向性	无饱和性	很弱

本文从化学学科观念（能量观）、化学学科思维（能量最低原理）和化学学科价值（结构决定性质、性质反映结构）三个层面探究“冰的密度比水小”这一问题，逐层深入，符合学生的心理认知顺序（见图1）。

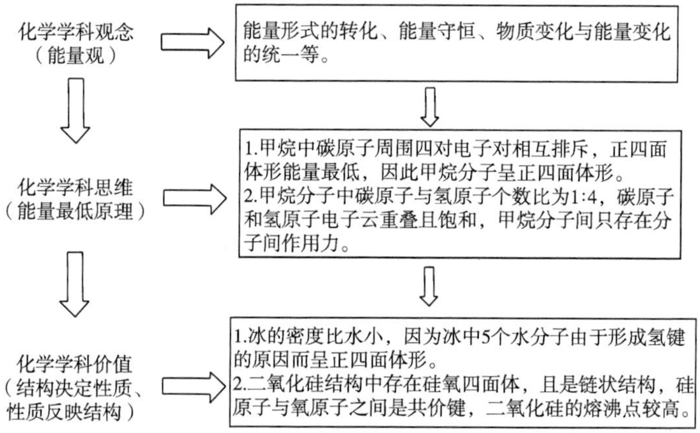

图1　教学设计流程

一、化学学科观念：能量观

能量观作为一种学科观念，具有指导学生认知行为的功能，反之，通过学生的行为表现可以判断其是否建立起了学科观念。物质由微粒构成，微粒处于不断运动中，必然具有动能，微粒之间必然存在相互作用能，即势能。原子之间通过形成化学键达到能量相对较低的稳定结构。大多元素原子的最外层电子处于较高能量状态，不稳定，因此原子间通过得失电子或共用电子对等方式成键，使体系能量降低，形成相对稳定的结构。对于高中生来说，建构能量观需要理解能量是客观存在的，而不是虚无缥缈的。解决这一难点的关键是将能量与微粒的运动、微粒间相互作用力建立起联系。教师在教学中不能笼统地说物质具有能量，而要深入物质的微观结构，分析微粒的存在状态——构成物质的微粒处于不断运动中、微粒间存在相互作用力，使学生认识到运动的微粒具有动能，微粒之间的相互作用使得微粒具有势能等。认识物质的微粒性，了解微粒的存在状态，将能量与物质、能量与化学反应建立起实质性联系是建构能量观的基础。笔者试图从能量的角度分析分子的结构，即物质与能量之间存在着一定的联系，这也是能量观的应用（见图2）。

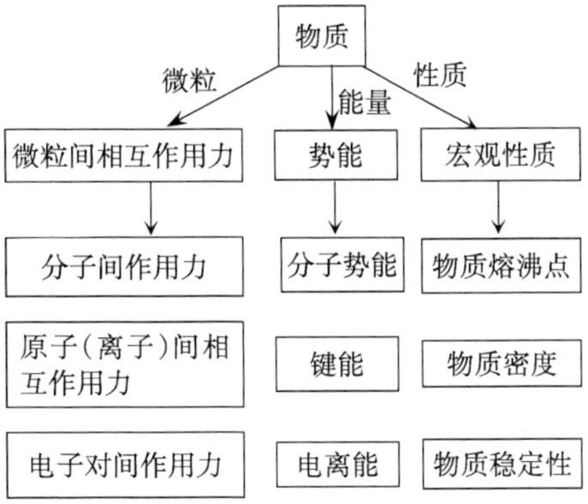

图2　微粒间相互作用力、能量及物质性质之间的关系

二、化学学科思维：能量最低原理

从微观角度来看，经化学反应形成的共价键是电子云重叠的缘故，电

子云重叠程度越高，则形成的共价键越稳定。电子带负电，因而可以形象地说，原子核间的电子好比在原子核间架起一座带负电的桥梁，把带正电的两个原子核“粘结”在一起。是不是从任何一个方向重叠，电子云重叠都是最大化的呢？答案是否定的。除s轨道呈球形对称外，p、d、f轨道在空间中都有一定的伸展方向。在形成共价键时，除s轨道与s轨道之间可以在任意方向上都能达到最大程度的重叠外，p、d、f轨道的重叠只有沿着一定的方向才能发生最大程度的重叠，因此共价键有方向性。但若电子云从各个方向重叠，即一个电子云与多个电子云重叠，反而会使电子云的重叠程度降低，所以电子云重叠又具有饱和性，要遵循能量最低原理，此时物质才最稳定。

以反应$H_2 + Cl_2 = 2HCl$为例，氢原子和氯原子的电子云发生了重叠，形成了共价键，在HCl中一个氢原子只能与一个氯原子结合成键，而且是沿着电子云的最大重叠方向形成共价键。分子中形成共价键的成键电子对之间或成键电子对与孤电子对之间的相互排斥作用，使它们尽可能地彼此远离，结果使分子倾向于形成对称结构，这就是价层电子对互斥理论（见图3）。中心原子周围的原子或原子团的几何构型，主要取决于中心原子价电子层中电子对（包括成键电子对和未成键的孤电子对）的互斥作用，分子构型总是采取电子对排斥力最小的那种结构。这一点也是对共价键方向性的另一种诠释，也符合“能量越低，物质越稳定”规律。

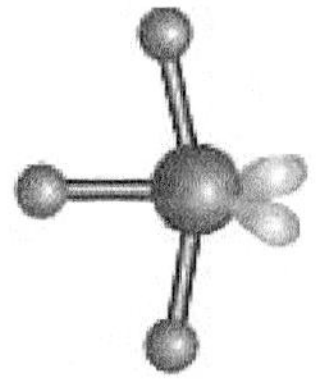

图3　价层电子对互斥模型

甲烷分子呈正四面体形可用杂化轨道理论来解释，它的要点是当1个碳原子与4个氢原子形成甲烷分子时，碳原子的2s轨道和3个2p轨道会发生杂化，杂化时保持轨道总数不变，得到4个相同的轨道，夹角是109°28′，称为sp^3杂化轨道。但学生对这种解释仍存在疑惑：甲烷分子中碳原子的4个相同轨道可以呈正四面体形，但为什么不可以呈平面四边形？甲烷的化学式为什么是CH_4，而不是CH_6或CH_8？为什么甲烷的熔沸点较低，标准状况下只有−182.5 ℃（熔点）和−161.5 ℃（沸点）？这些问题都可以从能量观角度，用能量最低原理来解释。

（1）甲烷分子呈正四面体形是由于这种排列方式原子间斥力最小使得分子能量最低。

关于甲烷分子呈正四面体形时最稳定的原因，可参考江敏老师的做法进行解释：将同样大小的4个气球底部相连，松开后，4个气球自然形成正四面体形。利用气球间的摩擦力，将其摆成平面四边形，轻轻抖动，它们就自动转变为正四面体形。重复多次，气球都从平面四边形转变为正四面体形（见图4）。由于甲烷分子中以碳原子为中心形成四对成键电子对，它们相互之间存在排斥作用，为了使得整个分子达到能量最低状态，四对电子对只能呈正四面体形。

a　　　　　　b

图4　气球模型（a.正四面体形，b.平面四边形）

（2）甲烷分子中碳原子周围有4个氢原子的原因是此时碳原子形成了八电子结构使得分子能量最低。

甲烷分子中碳原子周围为什么是4个氢原子，而不是5个、6个或更多？这是因为甲烷分子中的碳原子最外层有4个电子，正好能够与周围4个氢原子的4个电子形成共用电子对，达到八电子结构，使得整个分子的能量最低，物质较稳定。而从每一个氢原子的角度来看，它与碳原子的1个电子形成共用电子对后就已经饱和了，为了不使甲烷分子能量升高，所以也不再与其他原子相连了。甲烷分子中所有原子都已经达到饱和状态。

在比较甲烷、氨气和水三种物质的熔沸点（见表4）时可以发现，甲烷的熔沸点最低，因为甲烷是由一个个分子构成，甲烷分子之间只存在分子间作用力，所以熔沸点不会太高。但是氨气和水中分子间不但存在分子间作用力，还存在氢键，相比甲烷而言熔沸点会高一些。

表4　三种物质的熔沸点比较(标准状况)

物质	甲烷(CH_4)	氨气(NH_3)	水(H_2O)
熔点/℃	−182.5	−77.7	0
沸点/℃	−161.5	−33.5	100

三、化学学科价值：结构决定性质、性质反映结构

对甲烷结构、分子式和熔沸点的分析，体现出“结构决定性质、性质反映结构”的学科价值观（见图5）。

$$结构 \underset{反映}{\overset{决定}{\rightleftarrows}} 性质$$

图5　物质的结构与性质间的辩证关系

为什么冰可以浮在水面上？一个水分子中的氧原子可以与两个氢原子以氢键相连，而水分子中的两个氢原子又可以分别与其他水分子以氢键相连，因此一个水分子周围以氢键相连的水分子有4个（见图6），即氢键有饱和性。那么一个水分子周围的4个水分子又是如何排列的呢？尽管氢键比共价键弱得多，不属于化学键，但它与共价键一样具有方向性，即氢键的存在迫使在四面体中心的水分子与四面体顶点的4个相邻水分子相互吸引。根据能量最低原理，5个水分子构成了以一个水分子为中心，四周有4个水分子的正四面体结构（见图7）。这一排列使冰晶体中的空间利用率不高（见图8），水分子间留有相当大的空隙。当冰刚刚融化为液态水时，冰的结构部分解体，水分子间的空隙减小，密度反而增大。

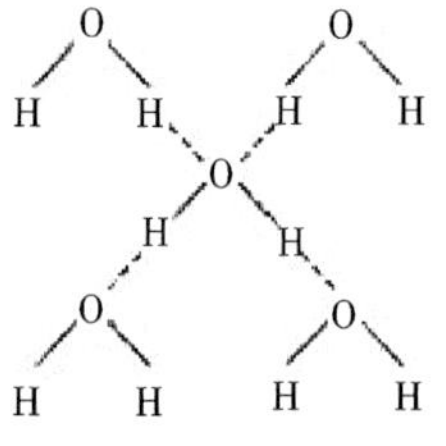

图6　一个水分子周围的氢键

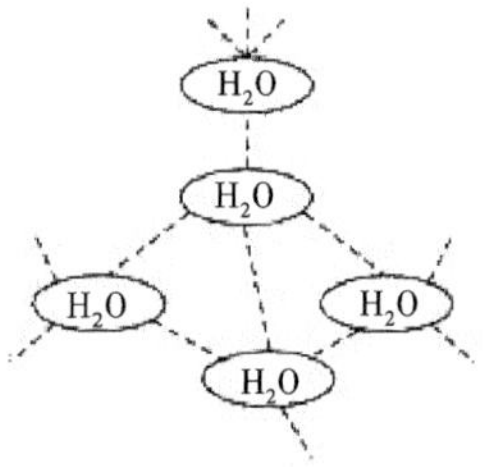

图7　冰中的正四面体结构

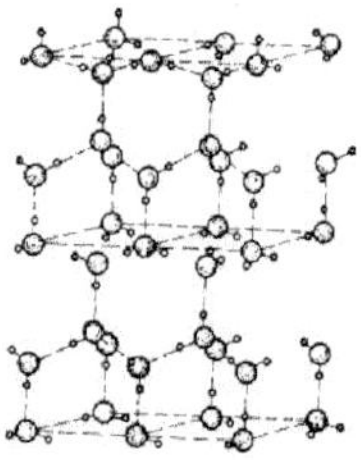

图8　冰的晶体结构

除了“冰的密度比水小”可以用能量最低原理来解释外，还有很多其他类似的案例。与甲烷类似，二氧化硅也存在以硅原子为中心的正四面体结构（见图9），原因也是由于呈正四面体排列时电子对之间的排斥力最小，即能量最低原理。但为什么甲烷的熔沸点较低，而二氧化硅的熔沸点却非常高呢？硅原子的周围不是氢原子，而是氧原子，一个氧原子在与一个硅原子成键后并未饱和，还会与另外的一个硅原子相连，所以最终会形成一个在空间结构上无限循环的硅氧结构（见图10）。由于硅原子和氧原子之间形成的是共价键，断裂该化学键需要的能量较高，所以二氧化硅的熔沸点相对来说比较高。

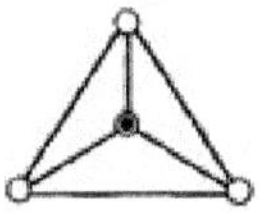

图9　二氧化硅分子的正四面体结构

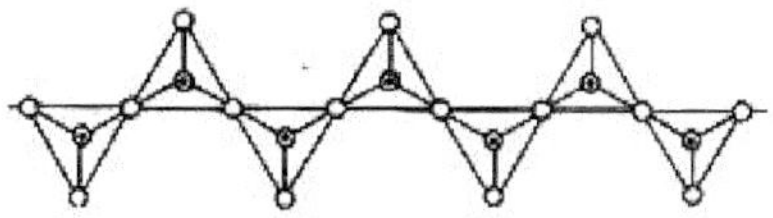

图10　二氧化硅的长链

促进学生形成能量观是按照课程标准要求进行教学的应有之义。学生毕业之后若干年还能记住的并非知识，而是素养，根据“能量观”“能量最低原理”和“结构决定性质、性质反映结构”开展教学，能帮助学生厘清学习思路，感受化学学科的价值，为今后的化学学习提供借鉴。

参考文献

[1]吴俊明.从化学素养说起——对“化学学科核心素养”与“学科核心素养”的思考[J].化学教学,2017(7):3-8.

[2]江敏.追寻人类思维的脉络——“化学反应进行的方向”教学实践与思考[J].中学化学教学参考,2014(11):1,5-10.

实验探究活动

竞争反应背景下Fe^{3+}与SO_3^{2-}反应类型探究研究性学习活动设计

一、理论背景

Cu^{2+}、Fe^{3+}和Ag^+是较为常见的金属离子，都具有一定的氧化性，且氧化性逐渐增强。理论上三种离子都可以氧化I^-，如$2Cu^{2+} + 4I^- = 2CuI\downarrow + I_2$，$2Fe^{3+} + 2I^- = 2Fe^{2+} + I_2$，三者之中氧化性最强的$Ag^+$却因为与$I^-$生成难溶的AgI间接地保护了$I^-$，使之不被$Ag^+$氧化。那么$Ag^+$与$I^-$是不是就不发生氧化还原反应了呢？答案是否定的。金剑锋用电化学的方法证明了Ag^+与I^-之间存在氧化还原反应，只是程度较弱而已。水溶液中的两种离子之间可能会同时发生氧化还原反应、复分解反应、双水解反应，且不同反应类型之间存在着竞争，且其所占比例随着外界条件的变化而变化。理论上Fe^{3+}与SO_3^{2-}之间既可以发生氧化还原反应，也可以发生双水解反应，那么到底这两种离子之间是如何反应的呢？根据中学实验室可以提供简单的电导率传感器等手持仪器作为研究工具，笔者借助学校高二年级的研究性学习活动这一平台，带领一批有兴趣的理科班学生开展探究活动，这一活动同时也成为培养学生化学学科核心素养的重要载体。

化学是一门以实验为基础的学科，实验前的推理与实验现象常存在一定的差距，我们要根据实验现象结合理论探究推出准确的结论。设计探究实验是一项非常艰巨的任务。在研究Fe^{3+}与SO_3^{2-}的反应类型时，活动小组同学一时找不到头绪，胡乱地将不同浓度的Fe^{3+}与SO_3^{2-}混在一起。由于两种离子的浓度差距太大或者差距不大导致得到的现象“五彩斑斓”（见图1），但正是这种带有探究性的实验体验使得同学们明白了化学实验是一项艰苦的学习活动，并非纯粹在玩。当然虽然现象“五彩斑斓”，但其内部还是存在一定规律的，这是一项蕴含“科学探究与创新意识”的化学学习活动。

图1　实验摸索阶段的实验现象

二、活动方案

竞争反应存在着热力学控制和动力学控制之分。若两种离子的反应速度较快，则能迅速生成产物，这类反应属于动力学控制。但若产物不能长期稳定存在，最终会转化为其他物质，这就属于热力学控制。例如，Fe^{3+}与SO_3^{2-}的反应类型较为复杂，可以是氧化还原反应，也可以是双水解反应，反应方程式分别是$2Fe^{3+}+SO_3^{2-}+H_2O \rightleftharpoons 2Fe^{2+}+SO_4^{2-}+2H^+$和$2Fe^{3+}+3SO_3^{2-}+6H_2O \rightleftharpoons 2Fe(OH)_3\downarrow+3H_2SO_3$，虽然两者反应现象不一样，前者理论上会生成$Fe^{2+}$（浅绿色），但是由于反应前$Fe^{3+}$溶液呈浅黄色，实际上会因$Fe^{2+}$浓度较小，导致现象不易观察。为了使结果更加科学准确，笔者采用电导率法进行研究。电导率法是研究溶液的一种重要方式，电导率的大小取决于离子的类型、浓度和所带电荷等因素。当然电导率法不能解决所有探究性问题，还必须有其他实验手段予以配合，如使用pH传感器等。

【实验一】固定Fe^{3+}浓度，改变SO_3^{2-}浓度，完成11组系列实验，观察实验现象。

（一）仪器及药品

仪器：250 mL烧杯（若干）、试管（若干）、10 mL移液管（3支）、三量程电导率传感器（0～20 000 $\mu S \cdot cm^{-1}$）、pH传感器（0～14）。

药品：$FeCl_3$、Na_2SO_3、NaOH溶液（1.0 $mol \cdot L^{-1}$）、KSCN溶液（0.1 $mol \cdot L^{-1}$）、去离子水。

（二）实验步骤

（1）配制 Na_2SO_3 溶液（0.04 mol·L^{-1}）和 $FeCl_3$ 溶液（0.32 mol·L^{-1}）。

（2）固定 $FeCl_3$ 溶液的体积，按 $\frac{V(SO_3^{2-})}{V(Fe^{3+})}$ 为 0.5、1.0、2.0、2.5、4.0、5.0、7.5、10.0、11.0、12.0 和 13.0 的体积比配制 11 组混合液于试管中，依次编号为 1、2、3、4、5、6、7、8、9、10、11，分别加入去离子水，使混合液总体积为 40.0 mL（见表 1）。

表 1　各溶液相关实验数据(一)

编号	1	2	3	4	5	6	7	8	9	10	11
$FeCl_3$ 溶液/mL	2.0	2.0	2.0	2.0	2.0	2.0	2.0	2.0	2.0	2.0	2.0
Na_2SO_3 溶液/mL	1.0	2.0	4.0	5.0	8.0	10.0	15.0	20.0	22.0	24.0	26.0
$\frac{V(SO_3^{2-})}{V(Fe^{3+})}$	0.5	1.0	2.0	2.5	4.0	5.0	7.5	10.0	11.0	12.0	13.0
去离子水/mL	37.0	36.0	34.0	33.0	30.0	28.0	23.0	18.0	16.0	14.0	12.0

（3）使用三量程电导率传感器和 pH 传感器分别测量各组溶液及去离子水的电导率（κ）和 pH，记录数据。

（4）将各组溶液静置 6 小时，观察现象。

（5）分别取 8 号和 9 号试管内上层清液分成两份，再分别滴加 2～3 滴 0.1 mol·L^{-1} KSCN 溶液和 1.0 mol·L^{-1} NaOH 溶液，观察现象。

小结：懵懵懂懂的大量摸索实验后，小组同学最终确定了用简单的试管实验方案探究离子反应类型，其本质是发展“科学探究与创新意识”核心素养。实验过程中，小组同学运用了重要的化学方法——变量控制法。1～11 号试管中 Fe^{3+} 的物质的量是固定的，不断改变加入的 SO_3^{2-} 溶液的体积，为了维持 Fe^{3+} 浓度相同而 SO_3^{2-} 浓度不断变化的规律，实验中通过向 1～11 号试管中加入不同体积的去离子水，使溶液的总体积固定。

三、实验结果分析

（一）宏观辨识与微观探析

经过一系列艰苦的实验之后，现象是令人振奋的。实验现象具有可比性：刚反应时1～7号试管内溶液仍然无色，而8～11号试管内溶液出现黄褐色颗粒状物质，且颜色存在依次加深的趋势。将所有试管静置6小时后，1～7号试管内溶液仍然无色，而8～11号试管内上层溶液无色，底部出现红褐色沉淀。

教材中没有出现过的实验步骤和实验现象大大激发了同学们的探究热情，这正是化学学科核心素养在教学中的要求和体现。出现的宏观现象可以从微观角度出发寻找原因。根据宏观现象和试管中的元素种类基本上可以判断出8～11号试管中生成的是氢氧化铁，那么为什么1～7号试管中没有出现红褐色沉淀（或者生成氢氧化铁的现象不明显）呢？1～7号试管与8～11号试管现象不同的深层原因是什么呢？原因在于：在Fe^{3+}溶液中，随着SO_3^{2-}浓度的增大，溶液的碱性增强，导致Fe^{3+}的氧化能力减弱，所以氧化还原反应的程度减弱，而双水解反应的程度增加，即在碱性环境中，Fe^{3+}的氧化性减弱，难以氧化SO_3^{2-}，会与OH^-反应生成$Fe(OH)_3$。表观现象等感性认识不足以探究清楚整个实验的本质，要想客观、理性地厘清整个实验现象背后的原因，必须采用更多的物理和化学方法。因此本实验采用了测量溶液电导率和pH的方案。

小结：实验现象差异较大，具有很强的对比性，这样的结果令人振奋，我们隐隐感觉到现象的背后必定有一股力量在支撑着，这激发了同学们继续进行实验探究和理论探讨的热情。我也感觉到前期的研究是卓有成效的，应该继续带领同学们通过实验和理论研究完成整个探究实验。

（二）变化观念与平衡思想

在中学化学教学中，一些教师认为竞争反应是有先后顺序的。当讲到Cl_2与$FeBr_2$溶液反应时，一些教师说Cl_2先与Fe^{2+}反应，后与Br^-反应；当讲到Cl_2与KI和NaBr的混合溶液反应时，一些教师说Cl_2先与I^-反应，后与Br^-反应；当讲到铜粉和铁粉的混合物与$FeCl_3$溶液反应时，一些教师说Fe^{3+}先与铁粉反应，再与铜粉反应。为什么会出现这种现象呢？其实是因为他们对竞争反应有一定的认识误区。中学化学一般不讲化学反应历程，只讲化学方程式。除了极少数本身就是基元反应的化学方程式（或离子方程式）外，化学方程式一般只表示反应物和产物之间的最终结果，不表示化学反应的实际过程（或历程）。一些教师不清楚反应过程与反应结果的关系，所以常常会误将化学方程式当成反应过程和反应结果，这种错误导致他们认为竞争反应是有先后顺序的。Fe^{3+}与SO_3^{2-}的反应类型出现变化的最主要原因是离子浓度之比发生变化，本质上就是化学学科思维中的“量变引起质变”。量变之所以可以引起质变，原因在于无论是双水解反应还是氧化还原反应都是可逆反应，一旦某种离子的浓度发生了变化，平衡就会发生移动，体现了“变化观念与平衡思想”的核心素养。但是仅仅依靠推测是不科学的，因此笔者又指导学生做补充实验，用实践的方式将推理固化。

【实验二】探究互滴方式的不同对反应类型的影响：取2支试管，分别加入5 mL Na_2SO_3溶液（0.04 $mol\cdot L^{-1}$）和5 mL $FeCl_3$溶液（0.32 $mol\cdot L^{-1}$），再向Na_2SO_3溶液中滴加少量$FeCl_3$溶液（0.32 $mol\cdot L^{-1}$），向$FeCl_3$溶液中滴加少量Na_2SO_3溶液（0.04 $mol\cdot L^{-1}$），观察现象。

$$Fe(OH)_3\downarrow + H_2SO_3 \leftarrow Fe^{3+} + SO_3^{2-} + H_2O \rightarrow Fe^{2+} + SO_4^{2-} + H^+$$

双水解反应　　　　　　氧化还原反应

小结：“将少量Fe^{3+}溶液滴入SO_3^{2-}溶液”与“将少量SO_3^{2-}溶液滴入Fe^{3+}溶液”的现象是有区别的，即离子滴加方式不同，实验现象也大不相同。前者马上出现红褐色难溶物，而后者并没有出现明显现象，仍然是澄清透明的溶液。因此可以推知，“将少量Fe^{3+}溶液滴入SO_3^{2-}溶液”主要发生的是双水解反应，而“将少量SO_3^{2-}溶液滴入Fe^{3+}溶液”主要发生的是氧化还原反应。同时在实验中还发现，当逐渐向Fe^{3+}溶液中滴加SO_3^{2-}溶液时，会出现试管中溶液“酸性逐渐减弱，碱性逐渐增强”的现象。

类似的案例有很多，如Fe^{3+}与S^{2-}的反应，因为Fe^{3+}溶液显酸性，而S^{2-}溶液显碱性，所以向Fe^{3+}溶液中滴加S^{2-}溶液时主要发生的是氧化还原反应，即$S^{2-}+2Fe^{3+}=2Fe^{2+}+S\downarrow$；而向$S^{2-}$溶液中滴加$Fe^{3+}$溶液时主要发生的是双水解反应，即$3S^{2-}+2Fe^{3+}+6H_2O=2Fe(OH)_3\downarrow+3H_2S\uparrow$。

在分析Fe^{3+}与SO_3^{2-}反应类型的思考和实践过程中出现了思辨性问题。根据上述实验，基本可以判定8号试管中出现红褐色沉淀肯定是因为发生了双水解反应，那么此时有没有发生氧化还原反应呢？在研究过程中需要厘清的事实是，上述关于两种离子发生的是哪种反应的推理判断不能绝对化，推断某一时刻到底发生的是哪种反应这种思路本身就是错误的，因为只要溶液中存在Fe^{3+}和SO_3^{2-}两种离子，那么氧化还原反应和双水解反应都是客观存在的，只不过反应的程度不同而已。为了证明这个思辨的学科事实，活动小组的同学们做了两个补充实验，一个是"铁氰化钾定性实验"，另一个是"电化学实验"，证明氧化还原反应和双水解反应不是绝对独立发生的，而是"你中有我，我中有你"的格局。

【实验三】取少量8～11号试管中的上层清液于小试管中，再滴加1～2滴铁氰化钾溶液，观察现象。

分析：观察到有蓝色沉淀生成，说明8号试管中虽然主要发生双水解反应，但是的确也有氧化还原反应发生，生成了Fe^{2+}。

【实验四】以8～11号试管中的上层清液为研究对象，用石墨作电极材料设计原电池（见图2），分别测量刚刚搭建好的原电池的电压值和放置两天后的原电池的电压值。

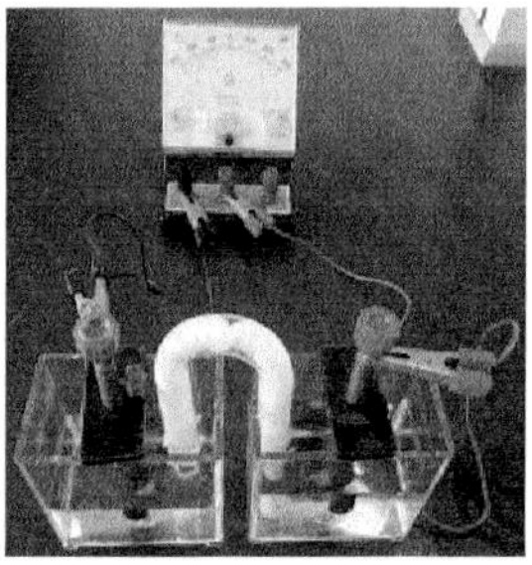

图2　原电池装置

分析：按照不同Fe^{3+}与SO_3^{2-}的浓度比进行电化学实验，观察到8～11号试管中的上层清液均出现了电流表指针偏转现象，只是指针偏转的程度不同。因此，简单的铁氰化钾定性实验和电化学实验证明，无论溶液的酸碱性如何，氧化还原反应和双水解反应都是同时存在的。

小结：在前一部分实验中，我们猜测1～7号试管中主要发生的是氧化还原反应，而8～11号试管中主要发生的是双水解反应。该猜测有宏观现象的支撑，但其背后的理论依据是什么？笔者用平衡思想进行解读，并做了3个实验，实验现象也支持之前的猜测，体现了“变化观念与平衡思想”。但是上述实验仍然较为粗糙，需要进一步“打磨”，力争建立模型。

（三）证据推理与模型认知

实验一中，1～7号试管内是无色溶液，8～11号试管经过6小时静置后底部出现难溶物$Fe(OH)_3$，而上层溶液也是无色的，采用电导率法测定各溶液的电导率，数据列于表2中。

表2　各溶液相关实验数据（二）

编号	1	2	3	4	5	6	7	8	9	10	11
$\frac{V(SO_3^{2-})}{V(Fe^{3+})}$	0.5	1.0	2.0	2.5	4.0	5.0	7.5	10.0	11.0	12.0	13.0
去离子水/mL	37.0	36.0	34.0	33.0	30.0	28.0	23.0	18.0	16.0	14.0	12.0
电导率/（$\mu S \cdot cm^{-1}$）	6 155	6 110	5 643	5 235	4 756	4 420	3 997	4 252	4 611	4 834	5 137
pH	1.7	1.7	1.8	1.8	2.0	2.1	2.8	5.4	5.8	6.0	6.2

注：去离子水的电导率κ=0。

从表2可见，1～11号试管中溶液的电导率存在一定规律，即先减小后增大。根据该实验数据，以溶液体积比$\frac{V(SO_3^{2-})}{V(Fe^{3+})}$为横坐标，以电导率为纵坐标作图（见图3）。该曲线给了小组同学们巨大的鼓舞，因为它看起来非常优美且有规律。将图3中的数据用计算机进行模拟线性回归，得到曲线方程$y=40.778x^2-641.21x+6\ 625.5$，$R^2=0.984\ 1$，当$\frac{V(SO_3^{2-})}{V(Fe^{3+})}=8$，即$SO_3^{2-}$和$Fe^{3+}$两种离子的浓度比为1∶1时曲线出现最低点，此时溶液的电导率最低。出现这种情况后，我与同学们根据先前的分析大胆推测此时就是两种反应类型的转折点，由于前部分溶液为无色，所以发生的反应以氧化还原反应为主，而转折点后由于溶液中出现红褐色难溶物，因此发生的反应以双水解反应为主。随着离子浓度的变化，水溶液的酸碱性发生变化，进而导致反应类型发生变化，电导率也随之变化。

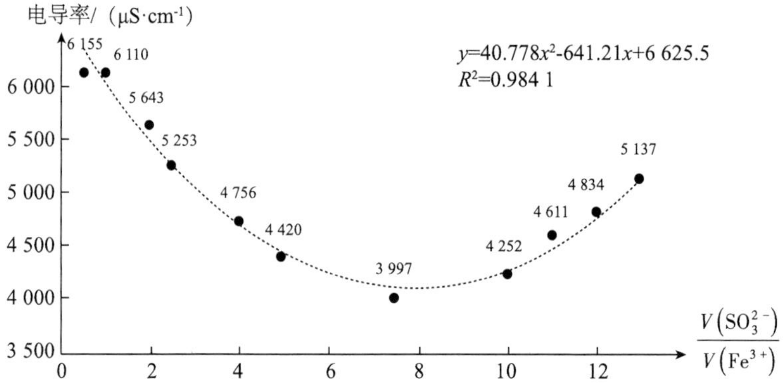

图3　溶液体积比-电导率曲线

1. 热力学研究

Fe^{3+}与SO_3^{2-}反应类型的辨析其实就是对反应建立模型，逐步找出证据，推出到底主要发生的是哪一类反应。证据首先源于实验数据，通过数据再进行推理。小组同学从理论计算出发分别计算两种反应的平衡常数（K），对反应类型进行初步推理。

$$2Fe^{3+}+SO_3^{2-}+H_2O \rightleftharpoons 2Fe^{2+}+SO_4^{2-}+2H^+ \quad \cdots\cdots①$$

$$\Delta G=(-95.3)\times2+(-1\ 267)+76.7\times2-[96.7\times2-1\ 002-237]=-258.6(\mathrm{kJ\cdot mol^{-1}})$$

$$\Delta G=-RT\ln K=-258.6\ \mathrm{kJ\cdot mol^{-1}},K\approx2.03\times10^{45}$$

$$2Fe^{3+}+3SO_3^{2-}+6H_2O \rightleftharpoons 2Fe(OH)_3\downarrow+3H_2SO_3 \quad \cdots\cdots②$$

$$K=\frac{c^3(H_2SO_3)}{c^2(Fe^{3+})c^3(SO_3^{2-})}=\frac{K_W^6}{K_{sp}[Fe(OH)_3](K_{a_1}\cdot K_{a_2})^3}\approx2.84\times10^{20}$$

从上述计算数据来看，Fe^{3+}与SO_3^{2-}的反应无论是氧化还原反应还是双水解反应，其平衡常数都很大。从热力学观点来看，虽然氧化还原反应的K值远大于双水解反应的K值，但总的来说两者均是较大的数值，所以在实际反应中两类反应同时并存在理论上是合理的。

2. 电化学计算

溶液的酸碱性对Fe^{3+}的氧化能力影响较大，随着SO_3^{2-}浓度增大，溶液碱性在增强，通过能斯特方程计算分析可得Fe^{3+}的氧化能力在降低，因此会生成越来越多的$Fe(OH)_3$。所以从氧化还原反应的角度也可以推出上述结果，1→11号试管中Fe^{3+}和SO_3^{2-}两种离子的反应由以氧化还原反应为主逐渐递变为以双水解反应为主。设Fe^{3+}、Fe^{2+}的起始浓度为10^{-2} mol·L^{-1}，电极电势$\varphi(Fe^{3+}/Fe^{2+})$随pH的变化关系如图4所示。

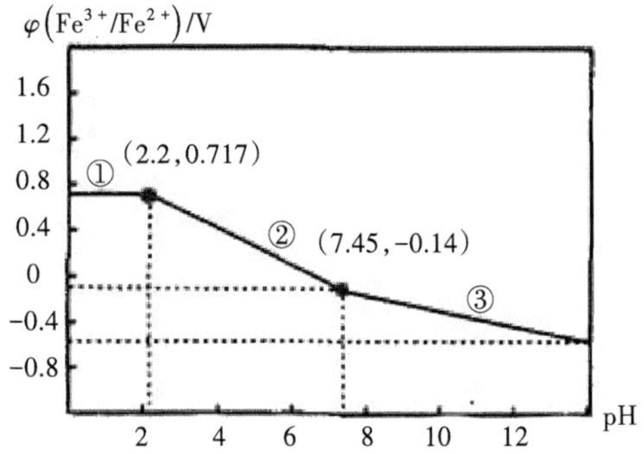

图4 pH−电极电势图

线①：pH为0～2.2时，电极电势为：$Fe^{3+}+e^-=Fe^{2+}$ $\varphi(Fe^{3+}/Fe^{2+})=$ 0.717 V；

线②：pH为2.2～7.45时，电极电势为：$Fe(OH)_3+3H^++e^-=Fe^{2+}+3H_2O$ $\varphi(Fe^{3+}/Fe^{2+})=1.18-0.18pH$。

当pH=5.4时，$\varphi(Fe^{3+}/Fe^{2+})=1.18-0.18\times5.4=0.208(V)$

从上述分析可以看出，在强酸性条件下（pH=2.2）正极电极电势为0.717 V，说明发生氧化还原反应的趋势较强，而在弱酸性条件下（pH=5.4）正极电极电势减小，为0.208 V。可见，随着溶液碱性增强，发生氧化还原反应的趋势减弱。即随着溶液pH的增大，Fe^{3+}与SO_3^{2-}的主要反应类型从氧化还原反应向双水解反应递变。

3. 溶液pH变化的微观分析

由实验过程可见，该溶液的电导率和pH发生变化是由于两种离子的物质的量之比发生变化导致的。试管中发生的化学反应包括：

$Fe^{3+}+3H_2O \rightleftharpoons Fe(OH)_3\downarrow+3H^+$ ……①

$2Fe^{3+}+SO_3^{2-}+H_2O \rightleftharpoons 2Fe^{2+}+SO_4^{2-}+2H^+$ ……②

$2Fe^{3+}+3SO_3^{2-}+6H_2O \rightleftharpoons 2Fe(OH)_3\downarrow+3H_2SO_3$ ……③

$SO_3^{2-}+2H_2O \rightleftharpoons H_2SO_3+2OH^-$ ……④

当向Fe^{3+}溶液中逐渐滴加SO_3^{2-}溶液时，刚开始溶液的pH变化不大，如1.7、1.8、2.0、2.1等，当从7号到8号试管“过渡”后溶液的pH出现5.4、5.8、6.0等。一方面，Fe^{3+}发生了氧化还原反应，则发生水解反应的Fe^{3+}在减少，即$Fe^{3+}+3H_2O \rightleftharpoons 2Fe(OH)_3\downarrow+3H^+$减少，所以pH在增大；另一方面，$Fe^{3+}$发生了氧化还原反应，生成了$H^+$，即反应$2Fe^{3+}+SO_3^{2-}+H_2O \rightleftharpoons 2Fe^{2+}+SO_4^{2-}+2H^+$，溶液的pH在减小。从在7号和8号试管中测量的数据发现pH发生“突变”，由2.8增加到5.4，这是由于发生了双水解反应$2Fe^{3+}+3SO_3^{2-}+6H_2O \rightleftharpoons 2Fe(OH)_3\downarrow+3H_2SO_3$，不仅没有生成$H^+$，而且能够发生水解反应生成$H^+$的$Fe^{3+}$减少了，溶液pH就增大了。

4. 溶液电导率变化的微观分析

溶液电导率的高低不仅与溶液中的离子类型有关，而且还与离子浓度、溶液温度等有关，本实验中所有测量都在室温下进行。本文采用摩尔电导率数据（见表3）对实验现象进行科学解释。从摩尔电导率数据可以发现，H^+和OH^-两种离子的摩尔电导率远大于Fe^{2+}、Fe^{3+}、SO_4^{2-}等，而$Fe(OH)_3$和H_2SO_3等是弱电解质，对溶液的导电能力暂且忽略不计。因此本人认为溶液的导电能力与溶液中H^+或OH^-的浓度有很大关系，因此做如下分析。

表3　粒子的摩尔电导率

粒子	$\frac{1}{2}Fe^{2+}$	$\frac{1}{3}Fe^{3+}$	$\frac{1}{2}SO_4^{2-}$	$\frac{1}{2}SO_3^{2-}$	H^+	OH^-	$Fe(OH)_3$	H_2SO_3
摩尔电导率/($S\cdot m^2\cdot mol^{-1}$)	54	68.3	79.8	—	349.8	198.3	—	—

为什么1～7号试管中溶液的电导率持续降低，而8～11号试管中溶液的电导率持续增大呢？主要原因在于1～7号试管中加入的SO_3^{2-}较少，溶液的酸碱性主要由Fe^{3+}的水解反应决定，因此溶液呈酸性。特别是1号试

管，反应的Fe^{3+}最少，剩下的Fe^{3+}是各试管中最多的，所以水解生成的H^+的物质的量最多，溶液的电导率最大。但随着SO_3^{2-}不断增多，被消耗掉的Fe^{3+}越来越多，因此水解生成的H^+越来越少，溶液的电导率逐渐减小。但是1～7号试管中发生的主要是氧化还原反应，生成的Fe^{2+}也会水解生成H^+，所以必须考虑到Fe^{2+}水解产生的H^+的物质的量。

$$Fe^{3+}+3H_2O \rightleftharpoons Fe(OH)_3\downarrow+3H^+$$

$$K_1=\frac{c^3(H^+)}{c(Fe^{3+})}=\frac{K_W^3}{K_{sp}[Fe(OH)_3]}=\frac{(10^{-14})^3}{4\times10^{-38}}=2.5\times10^{-5}$$

$$Fe^{2+}+2H_2O \rightleftharpoons Fe(OH)_2\downarrow+2H^+$$

$$K_2=\frac{c^2(H^+)}{c(Fe^{2+})}=\frac{K_W^2}{K_{sp}[Fe(OH)_2]}=\frac{(10^{-14})^2}{8\times10^{-16}}=1.25\times10^{-13}$$

从水解平衡常数的计算结果可见，相同浓度的Fe^{2+}和Fe^{3+}，Fe^{3+}水解生成的H^+较多，而Fe^{2+}的水解程度相比之下小得多，因此Fe^{2+}水解生成的H^+可以忽略。而当逐渐增加SO_3^{2-}离子后，反应由以氧化还原反应为主逐渐“递变”为以双水解反应为主，继续增加SO_3^{2-}，溶液的碱性增强，$c(OH^-)$增大，溶液的电导率又呈增大趋势。

四、活动小结

培养高中学生化学学科核心素养的过程，也是提升学生思辨能力的过程。什么是思辨？万物要经辨识，才能区别物与物之间的差异；万事要用辩证的眼光看，方能厘清事与事之间的联系。学生经常会遇到竞争反应问题，如金属离子Fe^{3+}、Ag^+、Cu^{2+}与非金属离子（或酸根离子）I^-、S^{2-}、SO_3^{2-}间理论上既可以发生氧化还原反应，也可以发生复分解反应或双水解反应，具体发生的是哪一种反应是随条件改变而改变的。再例如，SO_3^{2-}与Ag^+在碱性条件下可以发生可逆的氧化还原反应，即$2Ag^+ + SO_3^{2-} + 2OH^- \rightleftharpoons 2Ag\downarrow + SO_4^{2-} + H_2O$，虽然从热力学角度看，正反应进行的程度较大，但反应速率较慢，使得反应速率较快的Ag^+与SO_3^{2-}之间的沉淀反应成为主要反应，即$2Ag^++SO_3^{2-} \rightleftharpoons Ag_2SO_3\downarrow$。可见，竞争反应其实就是反应速率和反应物转化率之间的“博弈”。将少量S^{2-}滴入Fe^{3+}溶液中，此时溶液呈酸性，立即生成黄色不溶物，发生的是氧化还原反应，即 $2Fe^{3+}+S^{2-}=2Fe^{2+}+S\downarrow$；若将少量 Fe^{3+} 滴入 S^{2-} 溶液中，此时溶液呈碱性，立即生成大量黑色难溶物，即 $2Fe^{3+} + 3S^{2-} =Fe_2S_3\downarrow$。当溶液的酸碱性发生变化时，金属离子的氧化能力也会发生变化，即溶液的酸碱性发生变化，导致金属离子的浓度发生变化，根据能斯特方程，金属离子的氧化能力就会发生变化。

除此之外，外界条件不同，反应的最终结果也将不同。案例如下：（1）在中性、酸性或碱性条件下，MnO_4^- 的氧化能力不同，最终的产物也不同；（2）NaOH 与 CO_2 的物质的量之比不同，最终的产物也不同，可能是 Na_2CO_3，也可能是 $NaHCO_3$，或是它们的混合物；（3）HCl 与 Na_2CO_3 互滴、Br_2 与苯酚互滴时，互滴的顺序不同，产生的现象也不同……这些案例都可以作为培养学生辩证思维的好素材。从竞争反应可以看出，化学反应非常奇妙，需要用辩证的观点去分析。反应物物质的量的改变会引起反应类型的改变，也就是“量变引起质变”。而 Fe^{3+} 与 SO_3^{2-} 的反应是高中化学中经常出现的例子，将此反应作为研究对象更具典型性。学生在探究 Fe^{3+} 与 SO_3^{2-} 反应类型的过程中逐渐明晰两者在任何浓度比的情况下，该反应只是以某类反应为主，而不是仅进行某一类反应。

化学学科核心素养的形成并非一朝一夕的，也不仅仅是在课堂上形成的。化学学科观念包括微粒观、元素观、分类观、物质转化观、能量观、反应限度观等，这些学科观念需要学科思维来支撑，需要学科实践去探究。本文在一项研究中融入了不同的化学学科观念，如物质转化观、量变引起质变等。本实验以研究性学习活动的形式呈现，不但让学生学习了化学知识，还培养了动手能力，更重要的是培养了化学学科核心素养。

参考文献

[1]金剑锋.基于热力学和电化学原理厘清反应的竞争问题——银离子究竟能否氧化碘离子[J].化学教学,2017(12):81-83.

[2]吴孙富,罗国成,李红武.典型无先后次序竞争反应的实验探究及教学策略[J].化学教学,2015(9):94-97.

[3]夏玉宇.化学实验室手册[M].3版.北京:化学工业出版社,2015.

[4]王福成.以化学思想方法为支撑的学习能力考查——由一道高考化学实验探究题说起[J].中学化学教学参考,2017(3):42-45.

[5]傅献彩,沈文霞,姚天扬,等.物理化学:下册[M].5版.北京:高等教育出版社,2006.

少量OH^-与NH_4^+、HCO_3^-反应类型探究研究性学习活动设计

一、理论背景

化学反应存在着“量变引起质变”的辩证关系，在不同酸碱性条件下MnO_4^-的氧化能力不同，最终的产物可能是Mn^{2+}、MnO_2或MnO_4^{2-}，其是由H^+浓度不同导致的。这不是孤例，高中化学中有不少竞争反应都遵循着“量变引起质变”规律，当然具体反应过程如何存在着不小的争议。NH_4HCO_3溶于水电离出的NH_4^+和HCO_3^-离子到底哪一种先与OH^-反应呢？一种观点认为NH_4^+溶液显酸性，而HCO_3^-溶液显碱性，所以OH^-先与NH_4^+反应；而另一种观点认为NH_4^+与OH^-反应生成$NH_3\cdot H_2O$，而HCO_3^-与OH^-反应的产物之一是H_2O，H_2O自然比$NH_3\cdot H_2O$稳定，所以OH^-先与HCO_3^-反应。到底哪一种说法更加科学？笔者查阅文献发现，相关文献大都以理论计算的方式研究这一问题。

化学是一门以实验为基础的学科，实验操作能力的培养、实验现象背后事实的推理都是化学教学的重要内容，但事实上实验教学在课堂教学中有弱化的趋势。对于竞争反应这一知识点，在平常的教学中教师只要求学生强记，结果可想而知，学生仍然经常弄混淆。这对学生化学学科核心素养的发展极为不利，特别是对立志以化学相关行业作为自己未来职业的学生来说更是如此，因此突出以实验为本的化学教学是中学化学教师义不容辞的责任。如果有机会让学生亲自探究，教学效果肯定会好很多。

NH_4HCO_3溶于水会电离出NH_4^+和HCO_3^-两种离子，到底哪种离子先与OH^-反应，属于竞争反应问题。多数文献是从理论计算方面进行研究的，但这种方式的弊端显而易见，对于学生来说过程较为晦涩难懂，对学生化

学学科核心素养的提升帮助不大。因此笔者带领部分学有余力的学生运用手持技术，通过使用电导率传感器和实验的方式，在反应过程中溶液电导率变化的基础上建立理论建模，研究竞争反应，试图以学生易于理解的方式，培养学生的化学学科观念、化学学科思维和化学价值观。化学学科思维是人类化学探索活动中对感性认识材料进行加工处理并形成科学结论的途径，是学生顺利学习化学知识、解决化学问题所应具有的化学学科特定的思维视角和方式。

二、活动方案

化学学科的基本研究方法是实验，因此从实验角度去探究 OH^- 与 NH_4^+、HCO_3^- 两种离子中的哪一种先反应更加直观有效。笔者在学校研究性学习活动的支持下，运用较为先进、直观且学生理解起来相对容易的手持技术作为研究手段。研究初期一波三折，学生对离子之间的反应细节懵懂不清，不知道该如何设计实验，探究一度陷入困境。考虑到无论 NH_4^+ 和 HCO_3^- 中哪一种离子先与 OH^- 反应，如果 OH^- 过量肯定是两种离子都与 OH^- 离子反应完，故活动小组采用“变量控制法”，首先固定 NH_4HCO_3 的物质的量浓度，再逐渐向 NH_4HCO_3 溶液中滴加 OH^- 离子，观察溶液电导率的变化情况。由于 NH_4^+、HCO_3^- 的摩尔电导率不同，所以两种离子剩余多少将直接影响溶液的电导率大小。

（一）仪器及药品

仪器：250 mL烧杯（若干）、小试管（若干）、10 mL移液管（3支）、三量程电导率传感器（0 ~ 20 000 $\mu S\cdot cm^{-1}$）。

药品：NaOH、NH_4HCO_3、去离子水。

（二）实验步骤

（1）配制NaOH溶液（1.0 $mol\cdot L^{-1}$）、NH_4HCO_3 溶液（0.1 $mol\cdot L^{-1}$）。

（2）固定 NH_4HCO_3 溶液的体积，按 $\frac{V(NaOH)}{V(NH_4HCO_3)}$ 为0、0.5、1.0、2.0、

2.5、4.0、5.0、7.5的体积比配制8组混合液于试管中，依次编号为1、2、3、4、5、6、7、8，分别加入去离子水，使混合液总体积固定为40.0 mL。

（3）使用三量程电导率传感器分别测量各溶液的电导率（κ），记录数据。

三、实验结果分析

（一）宏观辨识与微观探析

按照实验设计方案，用电导率传感器测量各溶液的电导率（见表1），发现溶液的电导率先增大后减小再增大，最终溶液的电导率比原NH_4HCO_3溶液的电导率高出很多。根据表1中的数据作出$\frac{V(NaOH)}{V(NH_4HCO_3)}$-$\kappa$曲线（见图1）。曲线表征的形式能使溶液电导率的变化更加直观。

表1　各溶液相关实验数据

编号	1	2	3	4	5	6	7	8
$\frac{V(NaOH)}{V(NH_4HCO_3)}$	0	0.5	1.0	2.0	2.5	4.0	5.0	7.5
电导率/($\mu S \cdot cm^{-1}$)	604	1 936	1 723	1 969	2 327	2 529	3 055	3 547
电导率差/($\mu S \cdot cm^{-1}$)	—	+1 332	−213	+246	+358	+202	+526	+492

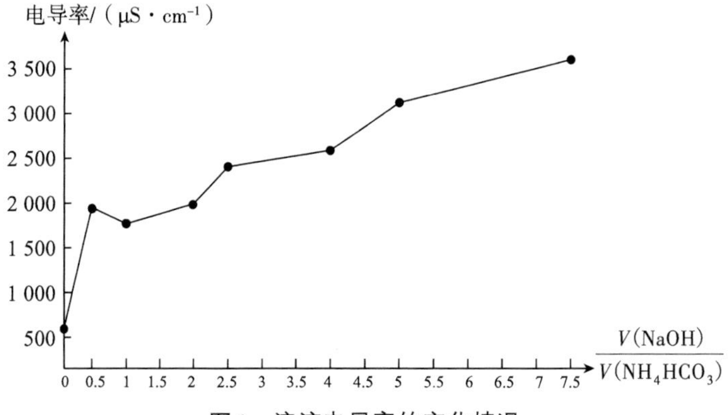

图1　溶液电导率的变化情况

宏观现象可以从微观角度进行解释。刚开始溶液的电导率增大，然后有少许减小，接着再增大，当学生观察到这一“奇异”实验现象时显得特别兴奋，这一“不正常”的现象马上激起了他们的求知欲。学生眼中的宏观现象需要辨识，因此教师就需要带领学生进行微观探究。这里我们采用“模型建构”的方式进行探究，而要建构模型首先当然需要“证据推理”。

（二）证据推理与模型认知

当向NH_4HCO_3溶液中滴加足量的NaOH溶液时，溶液中发生的反应是$NH_4^+ + HCO_3^- + 2OH^- \rightleftharpoons NH_3 \cdot H_2O + CO_3^{2-} + H_2O$，如果将反应拆开，可以认为发生了两个离子反应：$NH_4^+ + OH^- \rightleftharpoons NH_3 \cdot H_2O$和$HCO_3^- + OH^- \rightleftharpoons CO_3^{2-} + H_2O$。两个反应谁先发生、谁后发生呢？笔者采取“极值法”从理论上探讨极端情况，即“OH^-先与NH_4^+反应，再与HCO_3^-反应”和“OH^-先与HCO_3^-反应，再与NH_4^+反应”两种情况时溶液电导率的变化。

假设一：OH^-离子先与NH_4^+反应，再与HCO_3^-反应（见表2）

表2 理论上按照假设一进行反应，溶液电导率的变化情况

序号	OH^-先与NH_4^+反应（$NH_4^+ + OH^- \rightleftharpoons NH_3 \cdot H_2O$）		序号	OH^-再与HCO_3^-反应（$HCO_3^- + OH^- \rightleftharpoons CO_3^{2-} + H_2O$）	
	$\frac{V(NaOH)}{V(NH_4HCO_3)}$	电导率改变量/($\mu S \cdot cm^{-1}$)		$\frac{V(NaOH)}{V(NH_4HCO_3)}$	电导率改变量/($\mu S \cdot cm^{-1}$)
①	0	—	⑥	4.0	+101.9
②	0.5	−23.29	⑦	5.0	+678.34
③	1.0	−46.58	⑧	7.5	+566.56
④	2.0	−93.16	—	—	—
⑤	2.5	−186.32	—	—	—

假设二：OH^-先与HCO_3^-反应，再与NH_4^+反应（见表3）

表3 理论上按照假设二进行反应，溶液电导率的变化情况

序号	OH^-先与HCO_3^-反应（$HCO_3^- + OH^- \rightleftharpoons CO_3^{2-} + H_2O$）		序号	OH^-再与NH_4^+反应（$NH_4^+ + OH^- \rightleftharpoons NH_3 \cdot H_2O$）	
	$\frac{V(NaOH)}{V(NH_4HCO_3)}$	电导率改变量/($\mu S \cdot cm^{-1}$)		$\frac{V(NaOH)}{V(NH_4HCO_3)}$	电导率改变量/($\mu S \cdot cm^{-1}$)
①	0	—	⑥	4.0	+1 106.7
②	0.5	+144.11	⑦	5.0	+1 013.14

续 表

序号	OH⁻先与HCO_3^-反应（$HCO_3^- + OH^- \rightleftharpoons CO_3^{2-} + H_2O$）		序号	OH⁻再与NH_4^+反应（$NH_4^+ + OH^- \rightleftharpoons NH_3 \cdot H_2O$）	
	$\frac{V(NaOH)}{V(NH_4HCO_3)}$	电导率改变量/（$\mu S \cdot cm^{-1}$）		$\frac{V(NaOH)}{V(NH_4HCO_3)}$	电导率改变量/（$\mu S \cdot cm^{-1}$）
③	1.0	+288.22	⑧	7.5	+966.56
④	2.0	+576.44	—	—	—
⑤	2.5	+1 152.88	—	—	—

笔者猜想，OH^-在某一个时刻仅仅与HCO_3^-和NH_4^+中的某一种离子反应的情况是不存在的，可能的情况是OH^-同时与HCO_3^-和NH_4^+反应，只不过在某一时刻与两种离子反应的程度不同而已。因此综合假设一和假设二的数据，笔者与学生一起再从理论上探讨OH^-在溶液中同时与HCO_3^-和NH_4^+反应时溶液电导率的变化情况（见表4）。

表4　综合假设一和假设二溶液电导率的变化情况

序号	$\frac{V(NaOH)}{V(NH_4HCO_3)}$	理论上OH^-先与NH_4^+反应时溶液电导率改变量/（$\mu S \cdot cm^{-1}$）	理论上OH^-先与HCO_3^-反应时溶液电导率改变量/（$\mu S \cdot cm^{-1}$）	实验时实际溶液电导率改变量/（$\mu S \cdot cm^{-1}$）	假设OH^-与NH_4^+反应所占比例是x，则OH^-与HCO_3^-反应所占比例是$(1-x)$，列式	x	$x:(1-x)$
①	0	—	—	—	—	—	—
②	0.5	−23.29	+144.11	+1 332	$-23.29x+144.11(1-x)=+1\,332$	—	—
③	1.0	−46.58	+288.22	−213	$-46.58x+288.22(1-x)=-213$	—	—
④	2.0	−93.16	+576.44	+246	$-93.16x+576.44(1-x)=+246$	0.49	约1∶1（3∶3）
⑤	2.5	−186.32	+1 152.88	+358	$-186.32x+1\,152.8(1-x)=+358$	0.593	约3∶2
⑥	4.0	+101.9	+1 106.7	+202	$+101.9x+1\,106.7(1-x)=+202$	0.748	约3∶1
⑦	5.0	+678.34	+1 013.14	+526	$+678.34x+1\,013.14(1-x)=+526$	—	—
⑧	7.5	+566.56	+966.56	+492	$+566.56x+966.56(1-x)=+492$	—	—

从表4可以发现，④⑤⑥三组数据较为特殊，也较有规律。当$\frac{V(NaOH)}{V(NH_4HCO_3)}$分别是2.0、2.5和4.0时，$OH^-$与$NH_4^+$和$HCO_3^-$反应的比例分别是1∶1（3∶3）、3∶2和3∶1。可以推测，当NH_4HCO_3溶液中OH^-的量逐渐增

多时，OH^-刚开始更多的是与HCO_3^-反应，随着OH^-的不断增加，OH^-与NH_4^+反应的比例不断增大。

（三）变化观念与平衡思想

OH^-离子无论是与HCO_3^-反应还是与NH_4^+反应均是可逆反应，即$HCO_3^- + OH^- \rightleftharpoons CO_3^{2-} + H_2O$和$NH_4^+ + OH^- \rightleftharpoons NH_3 \cdot H_2O$。当向$NH_4HCO_3$溶液中加入$OH^-$时，$OH^-$可能会考虑一个问题：我到底先和谁反应呢？借助化学热力学理论和化学动力学理论进行前期探讨。有观点认为，NH_4HCO_3与少量NaOH反应时OH^-与NH_4^+优先反应，原因是OH^-与NH_4^+反应的平衡常数比OH^-与HCO_3^-反应的平衡常数大，平衡常数越大，反应越优先。这一观点有待商榷，因为平衡常数代表热力学控制因素，平衡常数大只代表该反应单独存在时反应进行的程度较大，但是该反应平衡建立的时间长短与化学动力学有关。化学热力学研究的是“稳定趋势”，其核心是反应进行的程度，而化学动力学研究的是“快慢趋势”，即反应进行的快慢，两者研究的侧重点不同。从$NH_3 \cdot H_2O$的电离平衡常数K_b、H_2CO_3的第二步电离平衡常数K_{a2}可以计算出OH^-分别与NH_4^+、HCO_3^-反应时的平衡常数。通过计算可以发现，反应$NH_4^+ + OH^- \rightleftharpoons NH_3 \cdot H_2O$的平衡常数更大，但这只能说明该反应发生的倾向性更大。

$$NH_4^+ + OH^- \rightleftharpoons NH_3 \cdot H_2O \qquad \cdots\cdots ①$$

$$K_1 = \frac{c(NH_3 \cdot H_2O)}{c(NH_4^+) \cdot c(OH^-)} = \frac{1}{K_b(NH_3 \cdot H_2O)} = 5.6 \times 10^4$$

$$HCO_3^- + OH^- \rightleftharpoons CO_3^{2-} + H_2O \qquad \cdots\cdots ②$$

$$K_2 = \frac{c(CO_3^{2-})}{c(HCO_3^-) \cdot c(OH^-)} = \frac{K_{a_2}}{K_W} = 5.6 \times 10^3$$

NH_4HCO_3溶液与NaOH溶液的反应也可以从微观角度进行分析。NH_4^+带正电荷，NH_4^+中的氮原子周围有4个氢原子，NH_4^+与OH^-所带电荷相异，当OH^-中的氧原子从不同的方向与NH_4^+接触时，二者都比较容易发生反应。HCO_3^-带负电荷，HCO_3^-中的碳原子周围有2个氧原子和1个羟基，HCO_3^-和OH^-所带电荷相同，只有当OH^-中的氧原子以合适的速率与HCO_3^-中的羟基氢原子接触时，二者才比较容易发生反应。从电荷和结构的角度来看，OH^-与NH_4^+的反应速率应该比OH^-和HCO_3^-的反应速率大一些。当大量的OH^-与NH_4^+和HCO_3^-相互扩散时，一定存在着OH^-与NH_4^+和OH^-与HCO_3^-同时发生反应的机会，只是发生反应的机会大小存在着差异。换个角度来说，当OH^-在溶液中以合适的方向和速率与HCO_3^-相遇时，OH^-会选择不与HCO_3^-反应，而另外去寻找NH_4^+发生反应吗？当然不会。由于$HCO_3^- + OH^- \rightleftharpoons CO_3^{2-} + H_2O$和$NH_4^+ + OH^- \rightleftharpoons NH_3 \cdot H_2O$两个反应都是可逆反应，所以笔者认为$OH^-$分别与$NH_4^+$和$HCO_3^-$的反应是同时进行的，无先后顺序。

由于NH_4^+和HCO_3^-两种离子的浓度相对于加入的OH^-来说很大，所以同一时刻OH^-会与两者都反应，只是反应所占比例可能不同。如果反应体系中某种离子的浓度过大或者过小平衡均会发生移动，所以可以用"变化观念与平衡思想"来理解。当不断向NH_4^+和HCO_3^-的混合溶液中加入OH^-时，可用测量溶液电导率变化的方法探究与OH^-反应的NH_4^+和HCO_3^-的比例。从表4中④⑤⑥三组数据可以看出，随着OH^-浓度的不断增加，与NH_4^+和HCO_3^-反应的OH^-的比例不断发生变化。与NH_4^+反应的OH^-越来越多，而与HCO_3^-反应的OH^-越来越少。这说明$c(OH^-)$越小，OH^-与HCO_3^-反应的越多。当$V(NaOH):V(NH_4HCO_3)=1$时，与OH^-反应的NH_4^+和HCO_3^-的比例是$0.593\,5:(1-0.593\,5)=1.46$。但是这组数据是反应体系稳定之后的结果，是属于化学热力学控制的。$c(OH^-)$不同时，OH^-与NH_4^+和HCO_3^-反应的比例不同。$c(OH^-)$较小时，OH^-与HCO_3^-反应的较多，与NH_4^+反应的较少；而$c(OH^-)$较大时，OH^-与NH_4^+反应的较多，与HCO_3^-反应的较少。但是在反应的某一时刻到底是NH_4^+还是HCO_3^-先与OH^-反应，这个属于化学动力学控制的问题，其实在本实验中是无法得到确切结果的。

四、活动小结

（一）用研究竞争反应的活动作为培养学生思辨能力的重要载体

何为思辨？笔者浅显的理解就是一件事情你不可以想得太极端，不能认为"不是这个就是那个"。其实很多事情的发展并非非此即彼，而是你中有我，我中有你。研究需要经过科学的分析，抓住主要矛盾和次要矛盾。思辨思维的培养具有现实意义。常规化学教学为了便于考核，一般都会给出确定的答案，如确定某离子一定与另一种离子反应等，而对竞争反应的研究可以带领学生跳出这个窠臼，有助于培养学生的化学学科核心素养。类似的问题出现在很多教学内容中。例如，Na_2CO_3溶液由于CO_3^{2-}水解显碱性，当向Na_2CO_3溶液中滴加H^+溶液时，H^+是先与OH^-反应还是先与CO_3^{2-}反应呢？NH_4Cl溶液由于NH_4^+水解显酸性，当向NH_4Cl溶液中滴加OH^-溶液时，OH^-是先与H^+反应还是先与NH_4^+反应呢？

通过探究活动，学生基本明白了所谓的反应顺序是没有的，最多只能说在某一时刻一种离子与另两种离子反应的程度不同而已。在教学中竞争性问题很多，实际上并无先后之分的竞争反应被人为地分出了先后，这就必然会导致师生对化学反应原理的认识出现偏差甚至错误。在遇到这类教学问题时，教师应该怎么说才能体现思辨性？诚然，由于学生的认知发展具有阶段性，而且化学反应常常是以化学方程式的形式呈现，因此学生普遍认可化学反应的确定性，但事实上很多化学反应具有复杂性。由于教学考核的需要，化学试题中存在着绝对性的题目，遵循“不是这个就是那个”的理念，但这与真实的化学反应不一致，会影响学生化学学科思维的发展。要注重培养学生辩证统一的价值观，而不是非此即彼的观点。笔者发现，越来越多的化学试题不再只注重知识与技能，而是注重考查学生的素养，逐渐改变他们学习化学知识的刻板方法。

（二）探究活动对培养学生化学学科核心素养的重要作用

由于本次探究活动中，数据的测定需要多次实验，过程虽然辛苦和烦琐，但学生的参与度很高，他们总是保持着最大的热情参与到活动中来。在实验过程中，学生认识并使用了电导率传感器，体验了化学研究的辛苦。

除此之外，对化学概念和化学方法的学习也是重要的方面。“电导率”概念在高考题和各省市高考模拟题中多次出现，做题时学生只是根据题目的提示，从题设条件的只言片语中去推测结果，而始终无法真正理解电导率、溶液导电能力的实际意义和实用价值。本次探究活动将价值观的培养蕴含在实验操作、分析梳理等过程中，有助于学生深入了解电导率。另外，数学计算的重要功能在实验中也得到了体现。数学是一门基础学科，虽然化学学科不同于数学学科，它们在学习思路上存在不小的区别，但是引入数学方法对解决一些化学问题仍有很大帮助。本文中对两个极端情况的数学建模，对于学生更加准确地理解化学反应起到非常好的促进作用。

参考文献

[1]姜伟，何月华. NH_4HCO_3与NaOH溶液反应的探究[J].化学教学，2014(12):64-65.

[2]吴志惠. NH_4HCO_3溶液与少量NaOH溶液反应的离子方程式的探讨[J].化学教与学,2013(12):77-78.

[3]肖中荣.铵根、碳酸氢根和氢氧根反应的先后顺序究竟如何[J].化学教育,2014(21):67-69.

[4]曾应超.NH_4HCO_3与NaOH溶液的反应和反应物的量有关吗[J].化学教学,2013(4):74-75.

[5]吴星.高中化学核心素养的建构视角[J].化学教学,2017(2):3-7.

[6]夏玉宇.化学实验室手册[M].3版.北京:化学工业出版社,2015.

[7]傅献彩,沈文霞,姚天扬,等.物理化学:下册[M].5版.北京:高等教育出版社,2006.

久置硅酸钠溶液的“另类”现象研究

一、理论背景

新课程标准实施以来，对教学目标、学生能力的培养提出了更高的要求，但现行的教学模式、考核制度又使得教师的教学内容不能偏离教材内容太多。在这种形势下，教师需要在抓住教材内容的基础上对教学方式进行适当调整，不能让学生死读课本，以适应素质教育的要求。

化学是一门以实验为基础的学科，学生分组实验、教师演示实验虽然比较成熟，但在教学中仍然会因为不确定因素而出现这样或那样的问题。但可喜的是，“另类”现象中也会出现一些难得的锻炼学生实验能力、思考能力的时机。所以在平时教学中教师要细心“搜寻”合适的教学案例。

二、活动方案

分组实验课上，有学生向硅酸钠（Na_2SiO_3）溶液中滴加盐酸（HCl），设想通过这种方法制备硅酸（H_2SiO_3）胶体，用激光笔照射会出现丁达尔现象。但匪夷所思的是，试管中在出现硅酸胶体的同时也出现了大量气泡，而且滴加盐酸的速度越快，产生气泡的速度也越快，同学们百思不得其解。

针对这一“另类”现象，有学生猜测是因为生成了凝胶状的硅酸胶体，使HCl在溶液中的溶解度变小，最终从溶液中释放出来了。因此，我建议学生换用其他酸重新做这个实验进行比对。我们换用了稀H_2SO_4和H_3PO_4进行实验，但仍然出现大量气泡，且滴加酸的速度越快，产生气泡的速度也越快。这就说明气泡不是由于HCl溶解度变小引起的。同学们咨询了实验员，据实验员回忆，这瓶硅酸钠溶液已经放置了很长一段时间。取这瓶久置的硅酸钠溶液用激光笔照射，发现有光柱出现，说明在这瓶硅酸钠溶液中已经出现了硅酸胶体。思考后，同学们推测气泡产生的原因可能是久置的Na_2SiO_3溶液与空气中的CO_2反应，生成H_2SiO_3（胶体）和Na_2CO_3。Na_2CO_3与盐酸、稀H_2SO_4和H_3PO_4等反应均会产生CO_2。

虽然这一推测很合理，但同学们并没有由此断定就是这个原因导致产生了气泡，而是试图通过实验进行验证。我建议同学们再做两个实验来验证以上推测：

（1）向这瓶久置的硅酸钠溶液中滴加盐酸，收集生成的气体，并将其通入澄清石灰水，观察现象。

（2）取硅酸钠固体，配成饱和溶液，现配现用，再滴入盐酸，观察现象。

三、实验结果分析

向久置的硅酸钠溶液中滴加盐酸，有气泡生成，将收集的气体通入澄清石灰水，石灰水变浑浊，说明此气体是CO_2；用激光笔照射现配的硅酸钠溶液，无丁达尔现象，再滴加盐酸，有硅酸胶体生成，却没有气泡出现，说明现配的硅酸钠溶液中无碳酸钠生成。综上，说明久置的硅酸钠溶液中出现了碳酸钠。上述反应的化学方程式如下：

（1）溶液中出现胶体：$Na_2SiO_3+CO_2+H_2O = H_2SiO_3$(胶体)$+ Na_2CO_3$

（2）滴入盐酸后产生气泡：$Na_2CO_3+2HCl = 2NaCl + CO_2\uparrow + H_2O$

四、活动小结

实验过程中总会出现一些“另类”现象，在看似不合理的现象背后却有合理的解释，这些解释以及寻找解释的过程都可以作为培养学生能力及素养的有效载体。针对“硅酸”一节出现的“偶然”现象，我觉得有必要充分挖掘学生探究问题的能力、设计实验的能力，引导学生去思考、去探索。因此课后我鼓励学生大胆思考、探索实验现象背后的原因，并设计实验来验证，最终圆满解决了问题。

典型习题解析

从“纸币成分”的思维路径看学生高阶思维的形成

摘　要：本文以“纸币成分”问题为例分析学生的思维缺陷，指导学生从应试型低阶思维转变为核心素养型高阶思维。教师要注意学生的认知发展规律和化学知识体系的脉络，引导学生关注生活常识和化学发展史。

关键词：化学学科核心素养；低阶思维；高阶思维；应试思维；认知发展

低阶思维包括记忆、理解和应用，而高阶思维包括分析、综合、评价和创造。学生平时学习时可能学习方法不科学，经常仅仅是在记忆一些零碎的知识点，达成的往往都是低阶思维。以“平衡常数”为例，计算平衡常数用三段式，学生一般都可以理解，然后“照葫芦画瓢”写出三段式，这是一种“应用”水平的体现。在《普通高中化学课程标准（2017年版）》的指引下，化学教学的目标是发展学生的化学学科核心素养，学习化学不仅是为了积累丰富的知识，更是为了掌握一种认识和思考世界的方式，即化学学科思维。化学学科思维是可以迁移的，对学生未来的学习和职业发展具有重要意义。高阶思维的形成是化学学科核心素养非常重要的指标之一。

【例1】人民币可以在较长时间内使用而不易损坏。制造人民币的主要原料是（　　）

A.尼龙　　B.棉花　　C.羊毛　　D.聚乙烯

本题满分6分，以某地级市高三考生为样本进行分析，考生得分平均分为0.83分，分数之低令人惊讶。考生选择的错误选项多集中在A和D（见表1），人数占了全部考生的84.37%，而选对的考生比例仅为13.77%。

表1 试题分析及某地级市高三考生所选答案分析

知识模块	考查点	正确选项	选A的学生比例	选B的学生比例	选C的学生比例	选D的学生比例	其他
化学与生活	尼龙、棉花、羊毛、聚乙烯的化学组成	B	40.01%	13.77%	0.78%	44.36%	0.08%

造纸的主要原料是麻、棉花等，也就是纤维素。普通纸的主要成分是木质和草质纤维，印钞纸的主要成分是棉纤维或亚麻纤维。人民币的组成成分比较复杂，但主要成分是纤维素。学生对身边的生活常识较为熟悉，而塑料材质有不易损坏的特性，在学生的潜意识中塑料比纸更加耐磨，这是一种正常的思考。而且题设信息中出现“不易损坏”等字样，会误导学生。所以教师在课堂教学过程中要反复强调“审题要严谨”。

一、试题分析

（一）学生访谈

教师：你为什么选A？

学生1：我觉得既然人民币耐磨，那么应该是用塑料做的，因为塑料肯定比纸更耐磨一些。尼龙是塑料的一种。

教师：你为什么选D？

学生2：纸币在洗衣机中搅都不会碎，应该不是用棉花做的吧，棉花看起来很容易损坏。我猜测应该是用塑料做的。聚乙烯是塑料的一种。

从以上学生访谈可以看出，从生活常识中得出塑料制品耐磨已经“深入生心”，一开始学生的心中就存在“塑料耐磨，纤维素柔软”的刻板印象，这是一种典型的低阶思维。

类似考查物质材料成分的题目在历年高考真题和各省市高考模拟题中并不少见，如2017年高考理科综合全国Ⅰ卷化学试题就对合成纤维做过考查。

【例2】下列生活用品中主要由合成纤维制造的是（　　）

A. 尼龙绳　　B. 宣纸　　C. 羊绒衫　　D. 棉衬衣

尼龙是聚酰胺，它是合成纤维，是一种高分子聚合物，其特点是难降解、难折断，A正确；宣纸的原料为木浆，主要成分为天然纤维（纤维素），B错误；羊毛的主要成分为蛋白质，灼烧时会有烧焦羽毛的气味，C错误；棉花的主要成分为天然纤维，D错误。本题涉及有机化合物的获得与应用，包括常用合成高分子材料的化学成分、天然高分子化合物蛋白质和纤维素等。本题考查了常见高分子材料的分类及应用，难度不大，明确常见有机物的组成、性质及分类是解题关键，再注意掌握合成纤维与天然纤维素、蛋白质等的区别即可。类似"纸币成分"的考题在高三复习中经常见到，属于《化学与生活》的范畴。

（二）命题策略

例1的目的是考查学生的基础知识：人民币的主要成分是纤维素，而考查的载体即真实情境是"人民币不易损坏"，考查的实际问题是纤维素的性质，解决问题的工具是化学知识（见图1）。

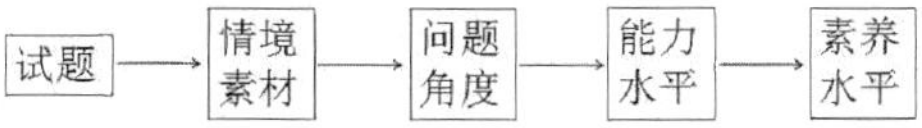

图1　试题考查与核心素养的关系

该题的设计虽然遵循了化学学业评价标准，但是实际的区分度却较低，可见试题本身和学生的化学学科核心素养都存在问题。笔者认为，教师平时应该在学生高阶思维的形成上多下功夫。对核心素养的考查是运用真实情境，考查学生解决实际问题的能力，当然这种能力是在平时的学习中慢慢培养的，基础环节还是化学知识，这是核心素养的培养之本，核心素养的发展不能成为无水之源。核心素养与试题编制的关系见图2。

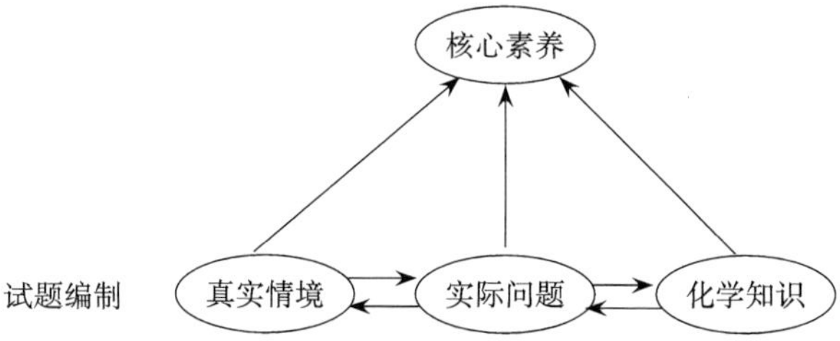

图2　核心素养与试题编制的关系

二、低阶思维形成的原因

所谓高阶思维，是指发生在较高认知水平上的心智活动或认知能力。它在教学目标分类中表现为分析、综合、评价和创造。低阶思维又称为低效思维，是哲学及心理学学科的舶来词汇，指缺少辨析与判断或者识别的思维，并且在行为人的意识或精神上几乎没有任何对于眼前客观情况进行调查或探索的欲求。平时学习中对某个知识点部分学生往往会一知半解，并没有理解得非常透彻，常常会得出一些错误的结论。生活常识的干扰、应试思维的障碍和学生认知水平的阶段性等都属于低阶思维的范畴。

（一）生活常识的干扰

【例3】水中的溶解氧是水生生物生存不可缺少的条件。某课外小组采用碘量法测定学校周边河水中的溶解氧。取水样时应尽量避免扰动水体表面，这样操作的主要目的是____________。

分析：该题源于2017年高考理科综合全国Ⅱ卷第28题。取水样时若扰动水体表面会使氧气溶解量减小，因此取水样时应尽量避免扰动水体表面，这样操作可以使测定值与水体中的实际值保持一致，避免产生误差。

我们在生活常常会发现一些似乎不一致的行为。例如，在养鱼的水塘中央常用水泵不断将水喷向空中，而家庭中养鱼则不断向鱼缸中鼓入空气，这样做的目的都是向养鱼的水体中补充氧气。水塘中的水是不流动的，水中氧气很容易被消耗完，所以把水喷向空中可以使水流动起来，并使氧气溶于水中。用水泵将水喷出，从而使空气与水的接触面积增大了，使水中可以溶解更多氧气。而向家庭的鱼缸中鼓入空气，也是为了使水中溶解的氧气更多，道理一样，只是操作方式有所区别而已，这是一种思辨的思想。

（二）应试思维的障碍

【例4】元素周期表中第ⅡA族包括Be、Mg、Ca、Sr、Ba等元素，试分析其碳酸盐分解温度不断升高（如表2所示）的原因：____________。

表2　部分碳酸盐的分解方程式及分解温度

碳酸盐	$BeCO_3$	$MgCO_3$	$CaCO_3$	$SrCO_3$	$BaCO_3$
分解方程式	$BeCO_3 = BeO + CO_2\uparrow$	$MgCO_3=MgO+CO_2\uparrow$	$CaCO_3=CaO+CO_2\uparrow$	$SrCO_3=SrO+CO_2\uparrow$	$BaCO_3=BaO+CO_2\uparrow$
分解温度	逐渐升高				

分析：考试中一些问题的提法其实是不科学的，应试思维会将学生引入歧途，只要做题者能够循着出题者的思路思考必定能得出让出题者满意的答案，这就是“得分法宝”。该题从题设信息可以看出，按照$BeCO_3$→$MgCO_3$→$CaCO_3$→$SrCO_3$→$BaCO_3$的顺序，其分解温度不断升高。但按照Be^{2+}→Mg^{2+}→Ca^{2+}→Sr^{2+}→Ba^{2+}的顺序，离子半径逐渐增大，其相应的碳酸盐的离子键逐渐减弱，所以其碳酸盐的分解温度应该是逐渐降低的，这正好与题设信息相反。对于这一“悖逆”的现象，“伶俐”的同学就会意识到答案肯定不是按照上述逻辑进行分析。所以应该从产物的稳定性来分析。Be^{2+}、Mg^{2+}、Ca^{2+}、Sr^{2+}、Ba^{2+}的离子半径越来越大，所以BeO、MgO、CaO、SrO、BaO的稳定性越来越弱。氧化物的稳定性越强，其碳酸盐的分解温度就越低，所以Be、Mg、Ca、Sr、Ba等的碳酸盐的分解温度不断升高。部分学生的解题思路就是遵循着出题者的思路进行的，这就给学生留下一种刻板印象——必须看清题目中的每一个字，顺着题意思考问题。

【例5】下列铵盐：①NH_4F，②NH_4Cl，③NH_4Br，④NH_4I，其热稳定性由强到弱的顺序为（　　）

A. ④>③>②>①　　　B. ①>②>③>④

C. ①>④>③>②　　　D. 无法确定

分析：铵盐受热分解的过程就是铵根离子（NH_4^+）把质子转移给酸根离子的过程。题目所给四种同类型的铵盐，酸根离子半径越小，结合H^+的能力越强，则盐就越不稳定，故选A。

（三）学生认知水平的阶段性

与无机化学知识相比，有机化学知识系统性更强，但是高中学生的有机化学水平暂时还不高，要想形成知识体系还需要一段时间的知识积累。

他们对有机化学中重要反应类型如取代反应、加成反应等的学习只涉及一些零散的知识点。学习了甲烷的取代反应和乙烯的加成反应后，学生只是机械地记住了甲烷能发生取代反应、乙烯能发生加成反应而不能发生取代反应等。丙烯相当于“甲烷和乙烯的结合体”，丙烯的碳碳双键可以发生加成反应，丙烯的甲基可以发生取代反应，这一知识点是基于甲烷和乙烯的性质建构的。知识点越多，需要学生总结、整理和归纳的就越多，同时学生就越容易思维混乱。烷烃和烯烃的学习还算简单，学生对苯的取代反应、加成反应的记忆和理解就更难了。苯环上不但可以发生加成反应，还可以发生取代反应，学生易混淆，可见对化学知识的理解和掌握是有认知阶段性的。苯环是共轭结构，当苯环连接甲基或羟基时苯环的活性就会发生变化，所以学习苯及其同系物时，不但要关注苯环的性质，还要关注苯环上取代基的性质，更要关注苯环和取代基之间的相互影响。

（1）乙烯能发生加成反应，不能发生取代反应。乙烯与乙烷不同，乙烯分子中由于存在碳碳双键，其中的电子密度较大，因此对氢原子的吸引力强，与甲烷相比，C—H键更短，断开此键较难，所以乙烯难以发生取代反应，丁二烯、己三烯等也是如此。

（2）苯环上既可以发生加成反应，也可以发生取代反应。与乙烯类似，己三烯也能发生加成反应，但不能发生取代反应。若将己三烯“首尾相连”就成了苯环，这时碳碳双键上的电子就会被均匀化，电子密度就会下降，因此苯环上的C—H键就会变弱，变得容易断裂。所以苯有共轭结构，不但可以发生加成反应，也可以发生取代反应。

（3）苯环上的取代基不同，会影响苯环的共轭结构，进而导致苯环发生不同取代反应的条件不同，例如：

①甲苯+溴（Br_2，蒸气）$\xrightarrow{\text{光照}}$溴化苄：取代反应发生在甲基上；

②苯+溴（Br_2，液态）$\xrightarrow{\text{Fe(催化剂)}}$溴苯：取代反应发生在苯环上；

③苯酚+溴水→2，4，6-三溴苯酚：取代反应发生在苯环上。—OH活化了苯环，苯环上可以发生取代反应的氢原子更多。

从上面三个反应可以看出，条件不同，反应就不同。学生要等到所有知识点都学习完后进行归纳整理时，才能很准确地体会和理解这一点。这也说明知识点的学习是逐步深入的，学生一下子不可能记住那么多，需要一个循序渐进的过程。

三、高阶思维的形成路径

学生低阶思维的形成与学习方式和教学方式存在很大关系，因此可从以下三个方面进行突破，帮助学生形成高阶思维。

（一）多指导学生深入生活实际，学习生活中的化学

生活距离学生较近，因此生活化、情境化的素材是培养学生化学学科核心素养的重要载体，可以大力开发学科中的研究性学习活动。化学是一门基础自然科学，与社会生活息息相关，其研究的起点与落点都是解决人们生产和生活中的实际问题，学生只有在真实的问题情境中形成化学学科核心素养，才能反过来将其应用到真实情境中解决化学问题。因此在课堂上创设真实的问题情境至关重要，这样既有利于开展科学探究活动，帮助学生理解化学与技术、社会及环境的相互作用，树立正确的学科观念，又能引发认知冲突，使学生运用已有知识和经验解决相关问题，在解决问题的过程中经历新知的产生、发展和应用，从而培养学习化学的兴趣。通过创设真实的问题情境，提高学生的参与兴趣，尊重其学习的主动性，是培养学生化学学科核心素养的基本保障和重要起点。

例如，增氧机是一种水产养殖业常用的机器，它的主要作用是增加水中的氧气含量以确保水中的生物不会缺氧。增氧机一般是靠其自带的空气泵将空气通入水中，以此来实现增加水中氧气含量的目的。其主要原理如下：一是利用机械部件搅动水体，促进水体对流交换和界面更新；二是把水分散为细小雾滴，喷入气相，增大水和空气的接触面积；三是通过负压吸气，使气体分散为微气泡，压入水中。教师可以指导学生了解此类装置，丰富学生的生活常识。

（二）从知识到能力的教学取向，注重学科观念和学科思维的学习

物质变化的过程中必然存在着守恒关系，这是科学的认识论，也是化学学科思维方式。“知识取向”的化学课堂教学基本理念是“知识为本”，重视“双基”（化学基础知识和化学基本技能）的教与学。但现阶段，以化学学科核心素养为导向的教学培养的是学生“学习化学的能力”，而并非仅仅是知识点。化学知识的学习目的不在于知识本身，而在于掌握更深层的规律，不仅要让学生“知其然”，更要让其“知其所以然”，即掌握现象层面下蕴含的规律和原理。在实际教学中，我们经常能看到，新教授的知识学生已经掌握，但是在新的情境中学生仍然会不知所措，这是因为学生只掌握了知识的识记部分，并没有掌握其内在原理，因此迁移能力差，学习时易陷入被动。所以化学教学应该在普及化学知识的前提下，突出化学原理的教学，帮助学生形成化学学科核心素养，让其在“万变”之中抓住“不变”，掌握解决化学问题的有力武器，做到举一反三。正确获取科学知识，需要辩证的思维方法，包括归纳与演绎、分析与综合、抽象与具体等，思维方法居于一切能力的统领地位，指导着个体思考、分析与解决问题。化学学科思维是学习化学知识所必需的基本思维能力，既包含广义的归纳与演绎、分析与综合等，也包含科学的证据推理，还包含本学科固有的思维模型，如“结构决定性质，性质决定用途”“物质的转化与守恒”等。

（三）教学设计注重学生的认知发展规律，遵循循序渐进的原则

化学学科知识体系本身是相对完整的、有逻辑线索的，但如果孤立地认识与学习就会显得杂乱无章，不便于学生记忆，更不便于学生理解。因此，将知识高度融合为有机统一的整体，建构科学的认知模式，将新知识快速融入原有知识体系中，为学生解决问题提供多维度、综合性的依据和手段是化学学科核心素养的目标。下面以“乙烯→苯→甲苯→苯酚”的化学性质为例，说明从以记忆等为主的低阶思维逐渐过渡到以理解为主的高阶思维的路径（见图3）。

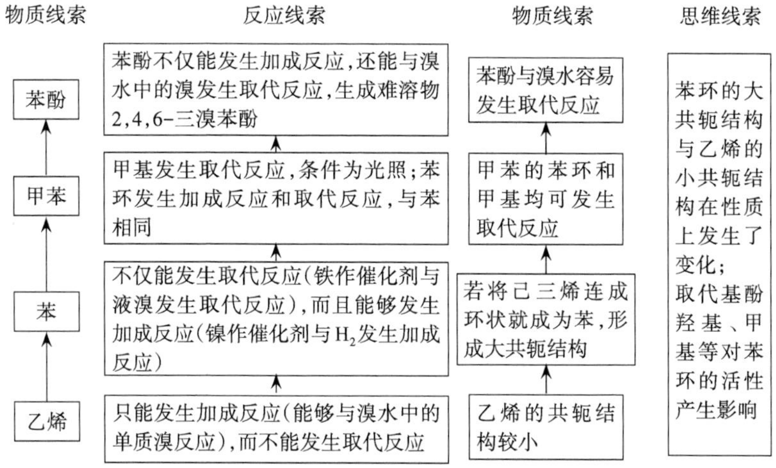

图3　苯及其同系物化学性质的教学设计

有机物的性质反映了结构，而有机物的结构又使得这种有机物有某种化学性质，这是思辨过程。从对乙烯、苯、甲苯、苯酚的化学性质由生疏到熟悉、对取代反应和加成反应从主观记忆到客观理解、对共轭效应的理解从一个碳碳双键到多个碳碳双键连接成的大共轭结构的迁移等，都体现了学生从记忆基本化学反应的低阶思维到运用整体观思考的高阶思维的转变。

参考文献

孙重阳．哲学视野下的化学核心素养现状分析与培养策略研究[J]．中学化学教学参考，2018(1-2)：5-8.

从“相互作用力”看水的性质

——用“大概念”探讨化学二轮复习

摘　要：本文以大概念“相互作用力”作为核心概念，以进阶理论作为认知路径，以水作为认知载体，在高三二轮复习中提升学生的化学学科核心素养。

关键词：化学学科核心素养；核心概念；大概念；相互作用力；进阶理论

德国物理学家冯劳厄曾经说过：“教育所给予人们的无非是当一切已学过的东西都忘记后所剩下来的东西。”化学学科核心素养就是化学学科赋予学生的最有价值的宝贵财富。高中化学教材在知识体系上有着必然的联系，当然在难度上也存在递进的关系。虽然知识点呈线状分布，前后呼应，但在学生的脑海中并未形成知识“网络”，因此学生只是暂时学习了知识点，没有形成有效的化学学科核心素养。当学生掌握了基础化学知识和基本学习能力后，特别是在高三二轮复习时，运用“大概念”使知识点形成“网络”是增强学生记忆、促成学生形成化学学科核心素养的有效途径。

高中化学教材按照知识点循序渐进的原则和学生的认知发展规律被人为地分割为不同的教学模块。虽然这种分模块的教学有它自身的优势，但我们必须看到，物质的性质也被割裂了，学生总结起来存在一定的难度，所以从另一角度来看，教学模块化是缺乏系统化考量的。在高三二轮复习时，仍有不少学生凭记忆去学习知识点，而没有达到一定的思维高度去复习，这样的学习不但不利于复习备考，也不利于化学学科思维的形成。高三学生大多已经很好地掌握了各模块知识点，因此可以将不同模块中相同物质的知识点串联在一起，也就是运用“大概念”将一个个知识点连接在一起，以达到事半功倍的效果。

一、从大概念之一“相互作用力”角度看水

学生在科学教育中会接触到一些核心概念，这些概念将帮助他们理解周围的自然世界。例如，“物体可以对一定距离以外的其他物体产生作用”，简言之就是“宏观物体或微观粒子之间存在相互作用力”。笔者发现，教材中对水的研究较多。水是生产、生活中常见的物质，因此常常作为研究的素材。在H_2O分子内部和H_2O分子之间都存在着相互作用力，因此用大概念“相互作用力”可以将它们串联在一起。在H_2O分子内外存在着“氧原子内原子核与电子之间的相互作用力”“氢原子与氧原子之间的共价键”“H_3^+O内氧原子的孤电子对与氢原子形成的配位键”“水分子与水分子（或其他分子）之间的氢键”和“水分子与水分子（或其他分子）之间的分子间作用力”等五种相互作用力（见图1）。特别是配位键和氢键，学生理解起来存在一定的误区，系统总结后能帮助学生从更高的阶层去理解。学生对原子核与电子之间的相互作用力、分子间作用力的认识较为清晰，而单独看共价键、配位键和氢键时学生也较为清晰，但将共价键、配位键和氢键三者中的两者或者三者放在同一个内容中去考查，学生的错误率往往就升高了很多。

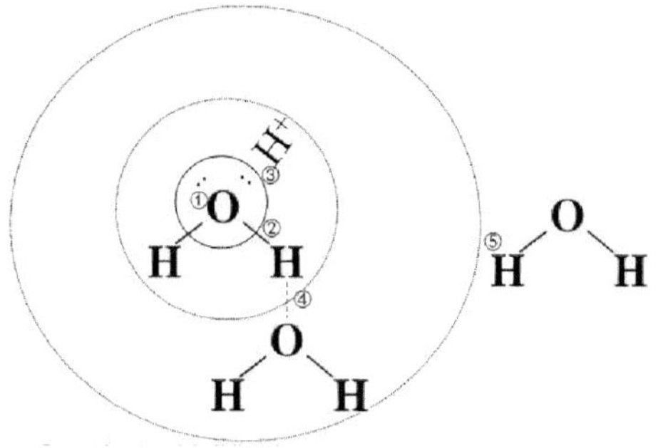

图1　水分子内外相互作用力示意

注：①原子核与电子之间的相互作用力，②原子与原子之间的作用力（共价键），③配位键，④氢键，⑤分子间作用力。

在物质世界中，水分子内外相互作用力与水的物理、化学性质息息相关，因此对水进行考查时常常会有多种类型相互作用力的相互转化与联系。对于高中学生而言，他们一是对相互作用力的类型和特点不是很熟悉，二是容易混淆多种相互作用力的相互转化，多种相互作用力“纠缠”在一起，导致学生解读试题背景信息的难度增大。例如，溶液中的水、弱酸、弱碱等弱电解质在电离及形成或解离氢键、配位键时不同类型相互作用力之间的相互转化见图2。

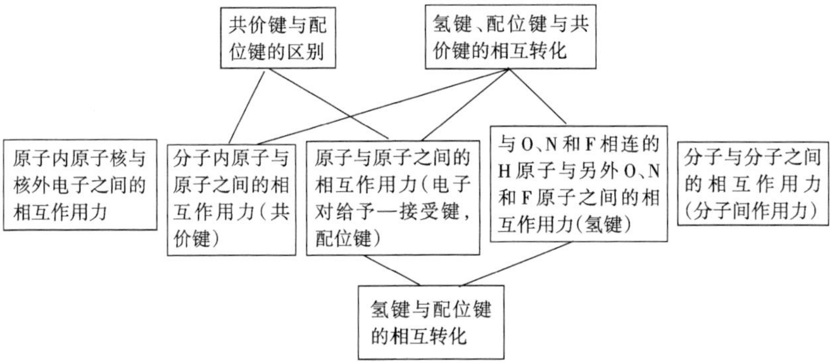

图2　水、弱酸、弱碱等弱电解质不同类型相互作用力之间的相互转化

二、水分子内外的五种相互作用力

（一）原子核与电子之间的相互作用力

【例1】（2016年高考理科综合全国Ⅰ卷改编）三室式电渗析法处理含Na_2SO_4废水的原理如图3所示，采用惰性电极，ab、cd均为离子交换膜，在直流电场的作用下，两膜间的Na^+和SO_4^{2-}可通过离子交换膜，而两端隔室中离子被阻挡不能进入中间隔室。

写出正极区的电极方程式：____________。

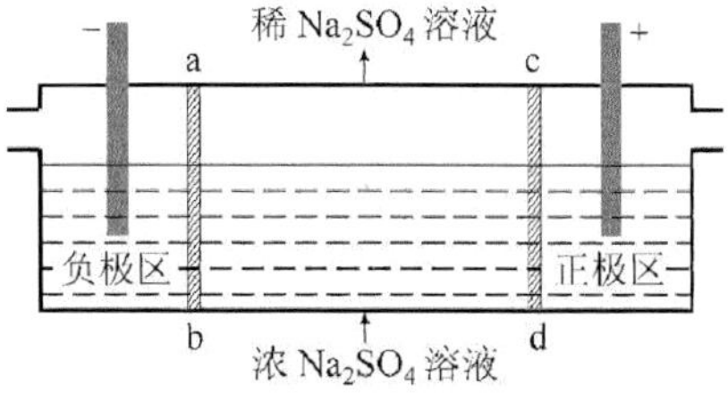

图3　处理含Na_2SO_4废水的原理

分析： 正极区的电极方程式就是阳极电极方程式，即$2H_2O - 4e^- = 4H^+ + O_2\uparrow$。在电源的作用下$H_2O$分子中的电子“被迫”从正极迁往负极，反映出“水分子内原子核与电子之间的相互作用力”。人教版必修教材《化学1》中的“原电池”部分已经涉及“原子核与电子之间的相互作用力”。人教版选修教材《化学反应原理》（选修4）中的“电解池”部分指出电解是使电流通过电解质溶液而在阴、阳两极引起氧化还原反应的过程，即将电子与原子核配对或拆开，由于这种相互作用力与其他相互作用力在内涵和形式上差异较大，因此学生解题时一般不会存在误区，依靠平时的训练能迅速正确地写出电极方程式。

（二）共价键

【例2】（2017年高考理科综合全国Ⅰ卷）图4是通过热化学循环在较低温度下由水或硫化氢分解制备氢气的反应系统原理。通过计算，可知系统（Ⅰ）和系统（Ⅱ）制氢的热化学方程式分别为________、________，制得等量H_2所需能量较少的是__________。

热化学硫碘循环水分解制氢系统（I）

$H_2SO_4(aq) = SO_2(g) + H_2O(l) + \frac{1}{2}O_2(g)$　　$\Delta H_1 = 327\ kJ\cdot mol^{-1}$

$SO_2(g) + I_2(s) + 2H_2O(l) = 2HI(aq) + H_2SO_4(aq)$　　$\Delta H_2 = -151\ kJ\cdot mol^{-1}$

$2HI(aq) = H_2(g) + I_2(s)$　　$\Delta H_3 = 110\ kJ\cdot mol^{-1}$

$H_2S(g) + H_2SO_4(aq) = S(s) + SO_2(g) + 2H_2O(l)$　　$\Delta H_4 = 61\ kJ\cdot mol^{-1}$

热化学硫碘循环硫化氢分解联产氢气、硫黄系统（II）

图4　反应系统原理

分析： 根据条件学生很容易写出两个热化学方程式，$H_2O(l) = H_2(g) +$

$\frac{1}{2}O_2(g)$ $\Delta H=+286\ kJ\cdot mol^{-1}$，$H_2S(g)=H_2(g)+S(s)$ $\Delta H=+20\ kJ\cdot mol^{-1}$。从结果来看，$H_2O$分解所需要的能量更多，这也意味着O—H键比S—H键键能更大，表明氧元素比硫元素的非金属性更强，氧原子吸引氢原子的能力比硫原子更强，体现"分子内原子与原子之间的相互作用力"。人教版必修教材《化学1》"化学能与热能"中列举了一些常见化学反应的反应热，让学生初步了解了"化学键与化学反应中能量变化的关系"。热化学反应方程式出现在人教版选修教材《化学反应原理》（选修4）的"化学反应与能量"中，从定量的角度来研究化学键与能量间的关系，且能量的大小体现了物质内部化学键的强弱。可见，无论是"原子核与电子之间的相互作用力"，还是化学键即"原子与原子之间的相互作用力"都在必修和选修教材中循序渐进地出现，体现了学生认知发展的规律，形成"思维台阶"。

（三）配位键

【例3】 如图5，1 mol $CuSO_4\cdot 5H_2O$晶体中配位键的数量是__________。

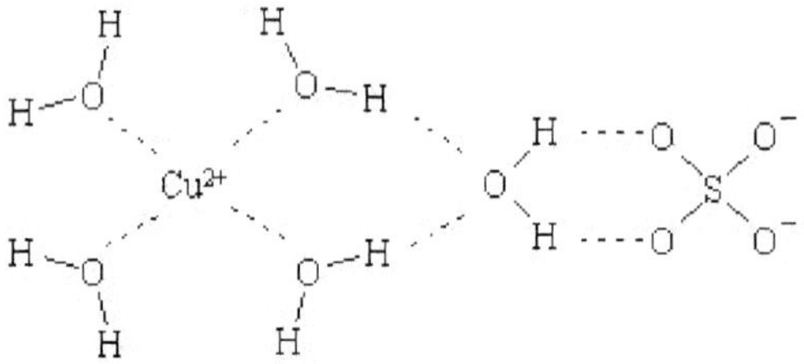

图5 $CuSO_4\cdot 5H_2O$晶体结构（部分）

分析：在人教版必修教材《化学1》"氨 硝酸 硫酸"一节中，多数教师在讲到铵根离子的形成过程时都会提到"配位键"，而正式提及"配位键"是在《物质结构与性质》（选修3）"配合物理论简介"部分。在四水合铜离子中，铜离子与水分子之间的化学键是由水分子提供孤电子对给有空轨道的铜离子，铜离子接受水分子的孤电子对后形成配位键，这类"电子对给予—接受键"就是配位键。由于水分子中氧原子上有两对孤电子对，所以除了成键电子对外，氧原子还可与有空轨道的金属阳离子形成配位键。$CuSO_4\cdot 5H_2O$晶体中，4个水分子与Cu^{2+}以配位键结合，第5个水分子以氢键与2个配位水分子和SO_4^{2-}结合，即$CuSO_4·5H_2O$晶体中还有氢键。

（四）氢键

【例4】 氨气溶于水时，大部分NH_3与H_2O以氢键（用“…”表示）结合形成$NH_3·H_2O$分子。根据氨水的性质可推知$NH_3·H_2O$的结构式为（　　）。

A. 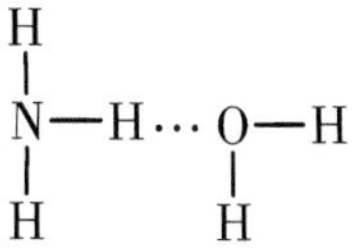
B. 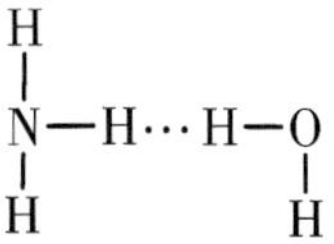

C. 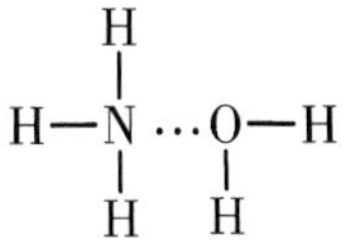
D. 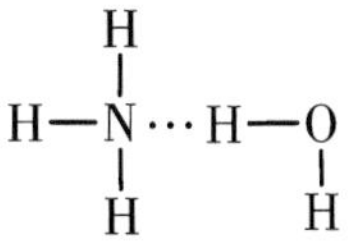

分析： 人教版必修教材《化学2》“化学键”一节提及“氢键”，并将氢键解释为“一种较强的分子间作用力”。人教版选修教材《物质结构与性质》（选修3）中“范德华力及其对物质性质的影响”和“氢键及其对物质性质的影响”两部分对范德华力和氢键进行了系统研究，包括氢键成因、氢键在生活中的作用等。例如，由于水分子间存在氢键，所以冰的密度比水小，冰是浮在水上面的，水中生活的动植物在冬天就不会被冻死，这是大自然对动植物的馈赠。氢键普遍存在于已经与N、O、F等电负性很大的原子形成共价键的氢原子与另外的N、O、F等电负性很大的原子之间，可表示为“A—H…B—”。

《化学1》中关于氨水呈碱性的描述见图6，其中包含三个过程，一是NH_3与H_2O以氢键结合，二是H_2O中的共价键断裂，三是H_2O中共价键断裂的同时H^+与NH_3形成配位键生成NH_4^+。例4就涉及氨分子和水分子之间的氢键，无论是N—H…O还是O—H…N在溶液中都存在，由于溶液呈碱性，所以最终溶液中大多数氢键是前者。接着H_2O中的O—H发生断裂，形成OH^-和NH_4^+。解释氨水呈碱性时要综合考虑氢键、配位键和共价键等。

○资料卡片

氨水为什么显碱性

在常温下，一水合氨中有一小部分(约1%)电离成NH_4^+和OH^-，所以氨水显弱碱性，能使酚酞溶液变红，氨在水中的反应可以表示如下：

$$NH_3 + H_2O \rightleftharpoons NH_3 \cdot H_2O \rightleftharpoons NH_4^+ + OH^-$$

也可以简单表示如下：

$$NH_3 + H_2O \rightleftharpoons NH_4^+ + OH^-$$

图6 氨气为什么呈碱性

（五）分子间作用力

【例5】 用CO_2低压合成甲醇的反应：$CO_2+3H_2 \rightarrow CH_3OH+H_2O$，该反应涉及的4种物质中，沸点从高到低的顺序为________，原因是________。

分析： 沸点：$H_2O>CH_3OH>CO_2>H_2$。人教版必修教材《化学2》“化学键”一节提到分子间作用力和氢键。H_2O和CH_3OH中都存在氢键，所以H_2O和CH_3OH的沸点要比CO_2和H_2的高。水分子中的两个氢原子都可以参与形成分子间氢键，而甲醇分子中只有一个羟基上的氢原子可用于形成分子间氢键，所以水的沸点高于甲醇。二氧化碳的相对分子质量比氢气大，所以二氧化碳分子间作用力较大、沸点较高。此外，物质在溶剂中的溶解度大小也可以根据这种物质与水分子间的作用力大小来判断。例如，NH_3或CH_3OH在水中的溶解度较大的原因不但与氢键有关，也和NH_3、CH_3OH与水之间的分子间作用力大有关。

三、大概念“相互作用力”的抽象拓展研究

学习进阶（Learning Progressions，简写为“LPs”）也称为学习进程，是近几年美国科学教育改革中的一个新兴概念，是对学生在各学段学习同一主题的概念时所遵循的连贯的、典型的学习路径的描述，一般呈现为围绕核心概念展开的一系列由简单到复杂、相互关联的概念序列。学习进阶理论认为，学科知识和技能的学习是分阶段和有明确思维路径的，所以把学习进阶作为改善学生思维发展，促进知识整合和深层理解的一项研究成

果。学生对水分子内外相互作用力的理解程度存在差异，因此可以顺着学生的理解能力，循序渐进地介绍水分子内外相互作用力及多种作用力的“合成”，基于“基础知识—大概念—情境化”的认知顺序设计“进阶理论—相互作用力—水为素材”的教学模式。前一部分不但学习了知识点的单点结构，而且还综合分析了氨水呈碱性的原因，凸显了知识点的关联结构。化学学科核心素养将这一理念运用到新情境中去抽象拓展，其研究的核心内容之一就是情境化素材。笔者选取了乙二胺（$H_2NCH_2CH_2NH_2$）这一学生陌生的物质作为素材来培养学生的化学学科核心素养。乙二胺虽然在溶液酸碱性上与NH_3相似，其水溶液也呈碱性，但乙二胺的特殊之处在于它是一种二元弱碱，其电离形式与学生熟悉的二元弱酸的电离形式存在一定区别，值得细细推敲。

【例6】 乙二胺与NH_3相似，水溶液呈碱性，25 ℃时，向10 mL 0.1 $mol\cdot L^{-1}$乙二胺水溶液中滴加0.1 $mol\cdot L^{-1}$盐酸，各组分的物质的量分数δ随溶液pH的变化曲线如图7所示。

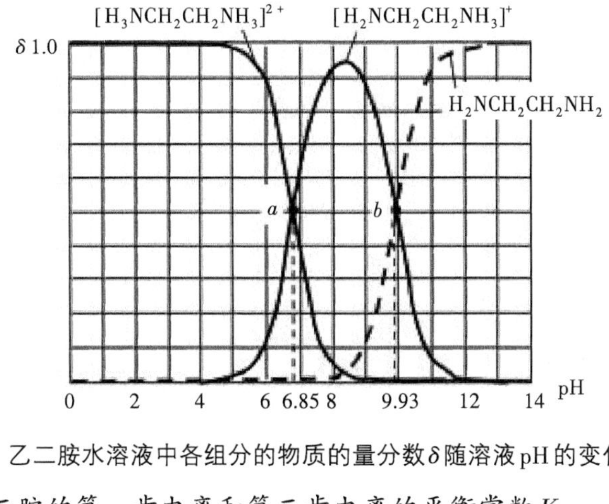

图7　乙二胺水溶液中各组分的物质的量分数δ随溶液pH的变化曲线

（1）乙二胺的第一步电离和第二步电离的平衡常数K_{b1}=______、K_{b2}=______；

（2）阳离子只有$[H_2NCH_2CH_2NH_3]^+$时，溶液显_____（填“酸性”“中性”或“碱性”）。

分析： 乙二胺水溶液显碱性，与氨水、联氨水溶液显碱性的原因是一样的，只不过该题以图像表征的形式呈现，给学生造成很大的思维障碍。$H_2NCH_2CH_2NH_2$先以氢键的形式与H_2O结合，再电离出OH^-使得溶液显碱性。

$$H_2NCH_2CH_2NH_2 + H_2O \rightleftharpoons H_2NCH_2CH_2NH_2 \cdot H_2O \rightleftharpoons [H_2NCH_2CH_2NH_3]^+ + OH^- \quad \cdots\cdots①$$

$$K_{b1}=\frac{c([H_2NCH_2CH_2NH_3]^+)c(OH^-)}{c(H_2NCH_2CH_2NH_2)}=10^{-(14-9.93)}=10^{-4.07}$$

$$[H_2NCH_2CH_2NH_3]^+ + H_2O \rightleftharpoons [H_2NCH_2CH_2NH_3]^+ \cdot H_2O \rightleftharpoons [H_3NCH_2CH_2NH_3]^{2+} + OH^- \quad \cdots\cdots②$$

$$K_{b2}=\frac{c([H_2NCH_2CH_2NH_3]^{2+})c(OH^-)}{c([H_2NCH_2CH_2NH_3]^+)}=10^{-(14-6.85)}=10^{-7.15}$$

$$[H_2NCH_2CH_2NH_3]^+ + H_2O \rightleftharpoons H_2NCH_2CH_2NH_2 \cdot H_2O + H^+ \quad \cdots\cdots③$$

$$K_{h1}=\frac{K_W}{K_{b1}}=10^{-14-(-4.07)}=10^{-9.93}$$

若溶液中阳离子只有$[H_2NCH_2CH_2NH_3]^+$，其电离使溶液显碱性，水解使溶液显酸性。$[H_2NCH_2CH_2NH_3]^+$的电离程度以K_{b2}（$10^{-7.15}$）来度量，而水解过程（见③）的水解程度以K_{h1}（$10^{-9.93}$）来度量，$K_{b2}>K_{h1}$，所以此时溶液显碱性。

单独考查水分子内外相互作用力时，学生比较容易解答，但若将原子核与电子的相互作用力、化学键、配位键、氢键和分子间作用力等融合在一起则会复杂很多。相互作用力是一种核心概念，借用“大概念”“串联”起不同的相互作用力，学生理解起来就直接明了了。根据SOLO（Structure of the Observed Learning Outcome，可观察的学习结果结构）分类理论对水分子内外相互作用力进行研究，见表1。

表1　水分子内外相互作用力的进阶水平研究

进阶水平	SOLO层级	内容	课程或示例
水平1	单一结构水平	相互作用力是普遍存在的一种“大概念”，宏观物体、微观粒子等之间都存在相互作用力	化学：微粒之间的相互作用力 物理：宏观物体、微观粒子之间均存在相互作用力 生物：相互作用力是普遍存在的自然现象

续 表

进阶水平	SOLO层级	内容	课程或示例
水平2	多元结构水平	①原子核与电子之间的相互作用力 ②原子与原子之间的相互作用力（共价键） ③配位键 ④氢键 ⑤分子间作用力	①初中化学：原子的构成 ②化学选修4：原电池、电解池 ③化学必修2：共价键 ④化学必修2：分子间作用力和氢键、化学选修3：氢键及其对物质性质的影响 ⑤化学选修3：配位键
水平3	关联结构水平	①原子核与电子之间相互的作用力和原子与原子之间的共价键 ②共价键和配位键 ③氢键和配位键 ④氢键和分子间作用力	NH_3溶于水形成氨水，显碱性的过程是多步的，第一步是NH_3与H_2O以氢键连接在一起；第二步是H_2O电离出H^+；第三步是NH_3与H^+形成配位键。上述过程可以用多种相互作用力相互结合进行解释，属于关联结构水平
水平4	抽象拓展水平	以曲线表征形式，综合氢键、共价键和配位键等多种相互作用力，深度学习相互作用力，进而拓展相互作用力的一般研究思路，促进学生深度学习，把学习推向高阶层次	知识的迁移应该将眼光放得更加长远一些。二甲胺[$(CH_3)_2NH$]、乙二胺和肼(H_2NNH_2)等与NH_3相似，其水溶液显酸性或碱性，因此可以运用相同的思维过程进行分析

《科学教育的原则与大概念》一书提出了十项科学教育的原则，这些原则在高中学科教学中多有闪现，有些大概念还存在着学科交叉的特点。例如，大概念之一“当事物发生变化或被改变时，会发生能量转化，但是在宇宙中能量的总量总是不变的”，可以作为研究能量守恒的盖斯定律的理论基础。再如，电化学部分的学科教学遵循“氧化还原反应→简单的锌铜原电池→有盐桥的原电池→浓差电池”的路径。另外一种大概念“宇宙中所有物质都是由很小的微粒构成的”，初中时学生的理解是“物质是由原子构成的”，而到了高中之后情况变得复杂起来，当学生学习了多类物质（如NaCl、Na、金刚石、石墨、C_{60}、CO_2、SiO_2、He、H_2O等）之后，思维就变得混乱了。这些内容都可以运用“大概念+进阶理论”进行教学。

参考文献

张发新．大概念：学习进阶与教学策略——以“化学能与电能”为例[J]．中学化学教学参考，2017(4)：6-9.

化学学科核心素养的高路径迁移形成路径研究

摘　要：低路径迁移是思维惯性，优点是处理常规题时效率高，但面对创新程度较高的问题时常会束缚思维。本文从化学图像、化学计算、化学仪器和化学操作等方面分析低路径迁移形成的原因，并探究高路径迁移的形成路径。

关键词：思维定势；化学学科核心素养；低路径迁移；高路径迁移

人类拥有思维，但在知识迁移过程中人往往对思维产生依赖性，形成思维定势。在解决同类问题时，思维定势可使解题速度大大提高，所以在一定情境下教师的确可以充分发挥思维定势的积极作用。但思维定势有时也会妨碍对问题的创新分析，甚至导致错误的结论，束缚学生的思维，影响学生创造力的发挥。所以教师应不断探索思维定势对教学的影响，充分发挥其积极作用，避免其消极作用。什么是知识迁移？当先前学过的知识影响当前的学习或先前一个问题的解决影响新问题的解决时，迁移就发生了。在类似情境中自动的迁移是低路径迁移，相反，高路径迁移是有意识地把一个情境中学习的抽象知识运用到不同的情境中。

心理学家卢金斯著名的“量杯实验”如下：如果水罐a可盛18 L水（容积为A，下同），水罐b可盛43 L水（B），水罐c可盛10 L水（C），那么如何量取5 L水？答案是：用水罐b盛43升水，从其中倒出一些水盛满水罐a，接着倒出一些水盛满水罐c两次，最后水罐b中盛的水就是5 L。心理学家给实验组的同学介绍了上述例子，而没有给对比组的同学介绍。实验开始了，要求被试者用容积不同的量杯（a、b、c）去量一定量的水（目标值D），如表1所示。结果发现，实验组的同学由于先前进行了练习，因此容易发现现在的问题都可以应用三杯方法（$D=B-A-2C$）来解决，思维定势形成了，解题的速度也加快了，问题变得比较容易。从某种意义上来讲，思维定势对知识迁移产生了一种积极的心理作用。但是这种思维定势又阻碍和限制了其他更简便方法（如$D=A-C$或$D=A+C$）的产生，使思维僵化，难以灵活应用其他有效的经验来解决问题。实验发现，对比组同学大都使用了简便的解决方法。

表1　卢金斯的“量杯实验”

序号	A/L	B/L	C/L	目标值D/L	运算公式
1	21	127	3	100	
2	14	163	25	99	
3	15	39	3	18	
4	28	59	3	25	

日常学习中存在大量不需要深度思考就能解决的问题，当个体已经熟练掌握了解决问题的方案，就会形成很强的思维定势，很快进入问题解决的程序，并且也能达到快速解决问题的目的。高考理科综合考试时间短、题量大，在解答问题时经过大量训练、拥有大量知识的熟手远比没有经过训练的新手有更大的优势。思维定势虽然在解决常规问题时有很大的作用，但有些问题需要用创新思维来解决时，思维定势的弊端就会暴露无遗，它使问题解决的思维活动变得机械，不具备灵活性，甚至使学生走向思维困境。笔者在长期教学实践的基础上，从化学图像、化学计算、化学仪器和化学操作等方面探讨思维定势对学生创新能力的破坏，并提出形成高路径迁移的方法，以期培养学生的品格和能力。

一、低路径迁移案例分析

（一）化学图像

【例1】在丙烯腈（$CH_2=CHCN$）的工业制法中，合成丙烯腈过程中反应持续升温，图1为产率与反应温度的关系曲线，最高产率对应的温度为460 ℃。低于460 ℃时，丙烯腈的产率______（填“是”或“不是”）对应温度下的平衡产率，判断理由是________；高于460 ℃时，丙烯腈产率降低的可能原因是________（双选，填序号）。

A. 催化剂活性降低　　　　B. 平衡常数变大

C. 副反应增多　　　　　　D. 反应活化能增大

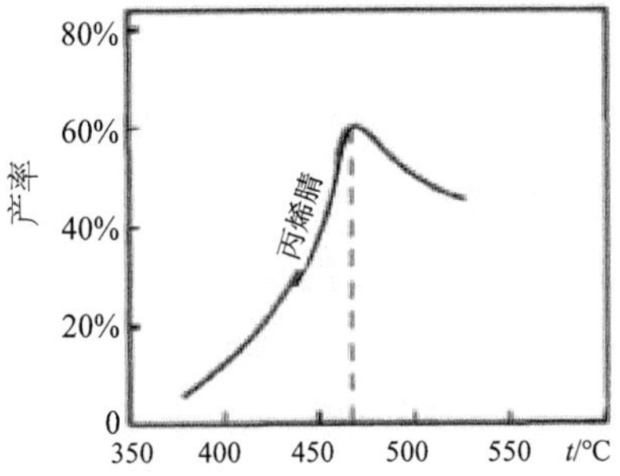

图1　丙烯腈产率与反应温度的关系曲线

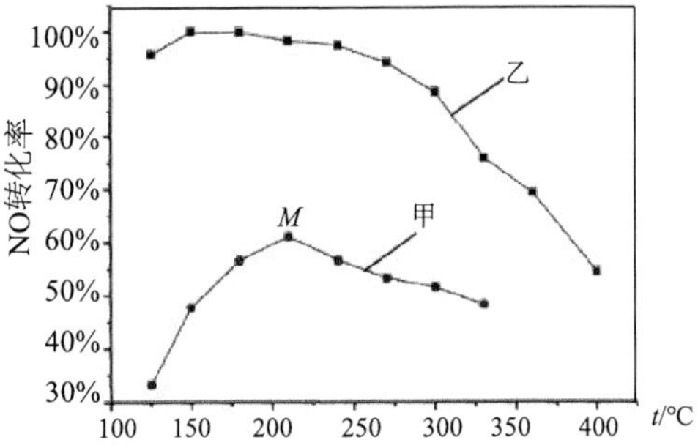

图2　NO转化率与温度的关系

【例2】 其他条件相同，反应 $4NH_3 + 4NO + O_2 \rightleftharpoons 4N_2 + 6H_2O$　$\Delta H<0$ 在甲、乙两种催化剂作用下NO转化率与温度的关系如图2所示。在催化剂甲作用下图中M点处（温度为210 ℃）NO转化率____（填“可能是”“一定是”或“一定不是”）该温度下的平衡转化率。

分析： 对可逆反应而言，若其他条件不变，包括浓度、压强、温度等，反应物平衡转化率就是该温度下的最大转化率。因此，对于正反应放热的可逆反应而言，在达到化学平衡后若继续升温，平衡会向逆反应方向移动。例1源自2016年高考理科综合全国Ⅱ卷，很多模拟题也会效仿高考题来命制，久而久之学生会产生思维定势：对于放热反应，温度升高后，产物的转化率会下降。例2源自2017年广州市第二次模拟考试试题，此题没有拘泥于高考题的出题思路，而是另辟蹊径。从学生的作答情况（见表2）可以发现，在解答例2时若受到例1的影响，就会出现思维定势，学生会自动过滤掉“无用”信息，但是这些信息却是最重要的。学生在解答例2时出错的原因在于没有注意到催化剂甲或乙的加入不会影响可逆反应中反应物的转化率。

表2 实验班级和对比班级“化学图像”题(例2)的测试结果

对比教学	测试结果
实验班级:课堂上讲授过例1的班级	实验班级35位学生中有23位学生认为“图中M点处NO转化率一定是该温度下的平衡转化率”,错误率高达65%。对比班级中,学生选择三种答案“可能是”“一定是”或“一定不是”的情况都存在,任何一种答案都没有明显的倾向性
对比班级:课堂上没有讲授过例1的班级	

(二)化学计算

【例3】工业生产中,单位时间内,单位体积催化剂所处理的气体体积叫做空速,单位可简化为h^{-1}。一定条件下,$CH_3OH(g)+H_2O(g) \rightleftharpoons CO_2(g)+3H_2(g)\quad \Delta H=+49\ kJ\cdot mol^{-1}$。甲醇转化率与温度、空速的关系如图3所示。其他条件相同,比较230 ℃时1 200 h^{-1}和300 h^{-1}两种空速下相同时间内H_2的产量,前者约为后者的________倍。(忽略副反应,保留2位有效数字)

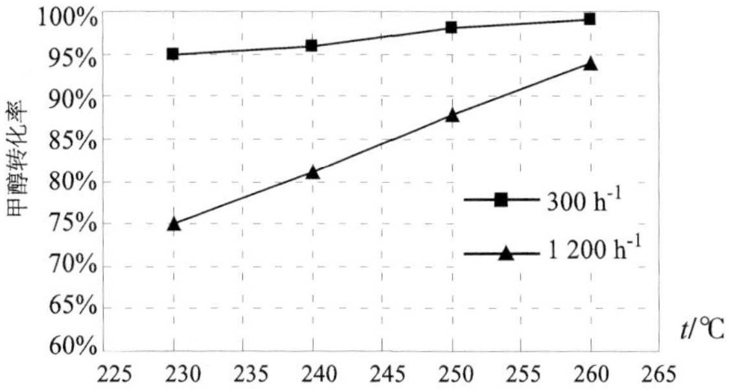

图3 甲醇转化率与温度、空速的关系

分析:研究真实世界的数学问题时,人们并非总能把他们所学习到的数学知识运用到生活实际问题解决中去。这种情况的发生是因为学习是情境性的,学习的是具体问题的解决方案,而不是适合任何问题的通用解决方案。当遇到一个似乎不同的问题时(至少在表面上不同),学生可能意识不到知识是相关的。试题中经常出现考查学生读取工业领域专有名词能力的问题,表明上看起来是化学计算题,但其实是一道“对化学概念的解读+数学计算”问题。2016年广州市第二次模拟考试考查了化工概念“空速”,对学生来说这是全新的概念。为了更好地研究学生的数学计算能力和对概念的理解能力,笔者针对同一班级进行对比调查,调查结果见表3。

表3　对"化学计算"题(例3)的调查结果

对比教学	调查结果
给出数学计算式，要求学生计算	给出数学计算式，要求学生计算：$\frac{1200\times75\%}{300\times95\%}$=3.2，学生正确率较高，且做题速度也快
化学反应原理题	学生从来没有接触过"空速"的概念，不免顾此失彼，很多学生仅仅计算出$\frac{75\%}{95\%}$=0.79

在理科综合考试时间比较紧张的情况下，使用化学术语，将数学计算融入化学知识，学生就得首先将化学术语转化为数学计算式，解题难度必然会加大，学生在有限的时间内很容易算错。学生一般都会注意到230 ℃时两条曲线中转化率的大小，问题往往出现在没有注意到"空速"概念，加入的甲醇体积被忽略了，因此计算就少了这一步，学生的错误率增加了，即没有将数学计算融入化工生产情境。

（三）化学仪器

化学仪器是必考内容，以多种仪器的连接为考查重点。下面以2015年高考理科综合全国Ⅰ卷第26题（内容有所改动）为例展开分析。

【例4】 乙二酸晶体（$H_2C_2O_4\cdot2H_2O$）无色，熔点为101 ℃，易溶于水，受热脱水、升华，170 ℃以上分解。乙二酸受热分解生成CO_2、CO和H_2O，如图4、5、6，下列说法不正确的是______（多选）。

A. 图4A中大试管应该底部朝上、口部朝下

B. 图4C中澄清石灰水变浑浊

C. 图4中应增加CO的收集装置

D. 图5和图6大试管口朝下的原因相同

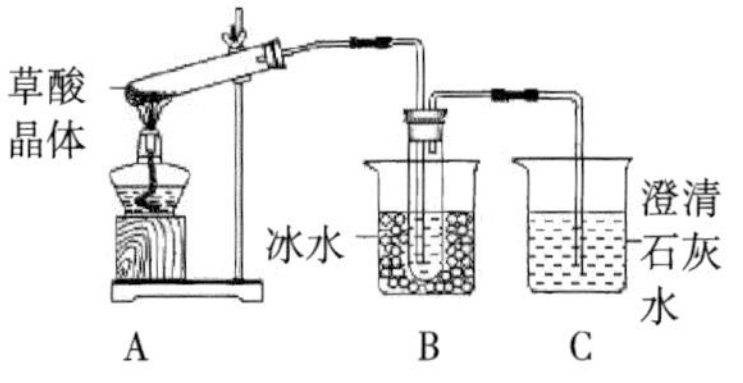

图4　草酸受热分解

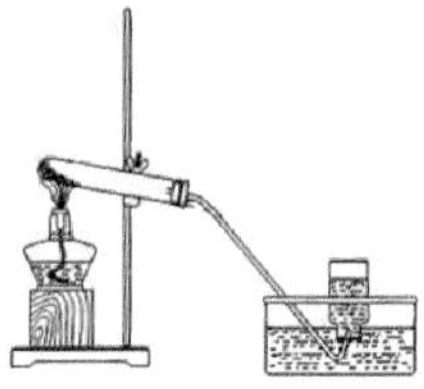

图5　$KMnO_4$受热分解

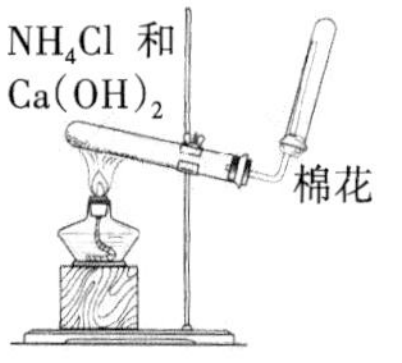

图6　实验室制氨气

分析： 学生常会遇到这个问题：为什么制氨气时盛装NH_4Cl和$Ca(OH)_2$

的大试管需要底部朝上、口部朝下？相似问题也出现在实验室制氧气中，两个问题的原因是一样的：固体试剂中有水分，防止水蒸气遇到试管口冷凝成液体，倒流回试管底部造成大试管炸裂。为了强化记忆，教师大都会不断强调加热固体时一定是“底部朝上、口部朝下”，这句话被重复了很多遍，让学生形成了思维定势，常常导致学生不会具体问题具体分析。按照这个思维惯性，认为本题中盛装乙二酸晶体的大试管也应该管口朝上，但没有注意到乙二酸晶体的熔点为101 ℃，在酒精灯加热的温度下完全可以熔化为液体，所以就不存在蒸气在试管口液化再倒流回灼热的试管底部的问题。实验班级和对比班级学生的作答情况如表4所示。

表4　实验班级和对比班级“化学仪器”题(例4)的测试结果

对比教学	测试结果
实验班级：没有解释过图5、图6中大试管底部朝上的原因	学生习惯性地认为加热时大试管底部朝上、口部朝下
对比班级：解释过图5、图6中大试管底部朝上的原因	学生了解大试管的放置方式与反应物的物理性质(包括熔点等)、是否含有水等有关

（四）化学操作

部分学生只是机械地记住了实验现象，而对现象背后的原理并不清楚，所以当试题变换装置形式，考查如何操作时，他们就会感到无所适从。一道检查装置气密性的文字叙述题引起了笔者的关注。

【例5】检验图7装置气密性的方法是＿＿＿＿＿＿＿＿＿＿。

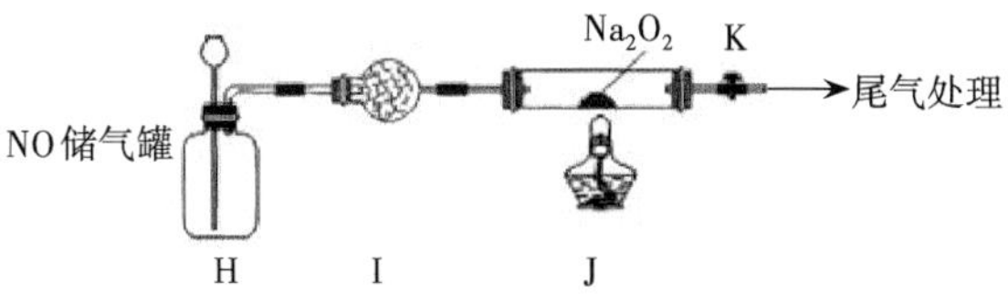

图7　检查装置气密性（一）

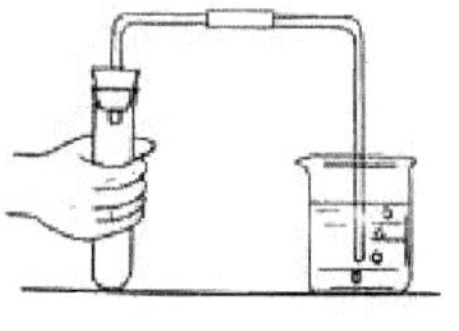

图8　检查装置气密性（二）

分析：关于检查装置气密性，常见的装置如图8所示，方法是“加热试管（或握紧试管），右侧导气管出现气泡，恢复到室温，导气管中出现液注，并且维持一段时间”。不少学生囿于这一方法，再加上教师经常归纳出“加热”“恢复到室温”“液注”等关键词，这些文字叙述题的套路在学生心中留下了深刻印象，因此针对图7一些学生回答“向H装置中加水至浸没长颈漏斗底部，加热J装置，若出现气泡，恢复到室温后H中长颈漏斗出现液柱则说明装置气密性良好”，可见学生在生搬硬套之前的记忆，没有真正形成化学学科核心素养。实验班级和对比班级学生的作答情况见表5。

表5　实验班级和对比班级“化学操作”题(例5)的测试结果

对比教学	测试结果
实验班级：不清楚检查装置气密性的原理	向H装置中加水至浸没长颈漏斗底部，加热J装置，若出现气泡，恢复到室温后H中长颈漏斗出现液柱则说明装置气密性良好
对比班级：清楚检查装置气密性的原理	关闭止水夹K，向长颈漏斗中加水至浸没长颈漏斗下端，微热硬质试管，若长颈漏斗内液面上升，且一段时间内不下落说明装置气密性良好

二、高路径迁移形成策略

学习习惯不同于学科思维，它们并不在同一层面上。人的很多行为开始时需要思考如何去做，脑细胞活动重点在外层，或者说在“上面”，但一旦重复多次，形成固定模式后，它就会“沉下去”，思维就把它交给基底核去自动控制了，大脑皮层则去处理新的信息。当然，这是很聪明的策略，节省精力。但这种大脑皮层与基底核的分工也有很多弊端，第一个弊端是基底核有相对独立性，万一沉下来的习惯是一个不良习惯，上面的指挥它已经不听了，这可能就是坏习惯难以改变的原因；第二个弊端是人类多数并非是热爱思考者，既然基底核储存的习惯已经能应付生活中的问题，则上面的大脑皮层也就乐得清闲，把凡是能转包给基底核的事情都包出去，学生就会一天比一天懒于思考，很快就进入“基底核时代”。其实应试教育大多是“基底核式教育”，题海战术就是把学生训练得想都不用想，按习惯“出牌”就可以把题目答对做好。课标力图打造出不断用新信息刺激学生大脑的教学模式，使学生的大脑皮层活跃起来，而不是只靠基底核生存、只靠自动化模式思考，唯有如此才能保持大脑的活力与创造性。

（一）练习使用多种形式的化学用语，提升学生的化学学科核心素养

化学用语以化学图像、晶胞、化学仪器等为载体，但学生常常因不能正确“翻译”出化学用语而出错。学生处理化学计算、化学现象文字叙述问题，以及解析化学图像等都属于“翻译”化学用语的一部分。学生在这方面失分并非完全是因为数学计算能力差、语文功底弱，归根到底还是化学学科核心素养不高、对化学用语的解读存在误区造成的，所以平时要加大对化学用语的教学。

【例7】我国学者结合实验与计算机模拟结果，研究了在金催化剂表面上水煤气变换的反应历程，如图9所示，其中吸附在金催化剂表面上的物种用“*”标注。可知水煤气变换的ΔH________0（填“大于”“等于”或“小于”），该历程中最大能垒（活化能）$E_{正}$= ________eV，写出该步骤的化学方程式：____________________________。

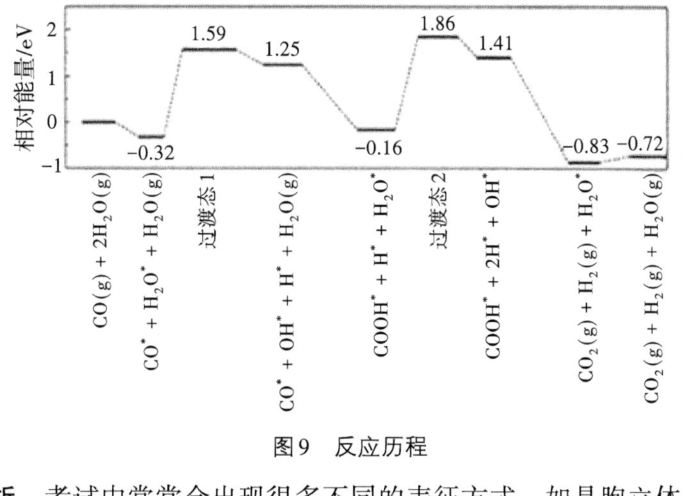

图9　反应历程

分析：考试中常常会出现很多不同的表征方式，如晶胞立体图像、数学计算式、微粒坐标、文字叙述等，因此培养学生认识不同表征方式的能力很重要。上述例7源于2019年高考理科综合全国Ⅰ卷，比较反应始（0）、末（−0.72 eV）的能量即知：ΔH<0，最大能垒为1.86−(−0.16)=2.02（eV）。该步骤的化学方程式即能量从−0.16 eV变成1.41 eV的过程，故将对应的反应物和生成物抄下来即可。

典型习题解析

【例8】固体界面上强酸的吸附和离解是多相化学在环境、催化、材料科学等领域研究的重要课题。图10为少量HCl气体分子在253 K冰表面吸附和溶解过程示意图。下列叙述错误的是（　　）

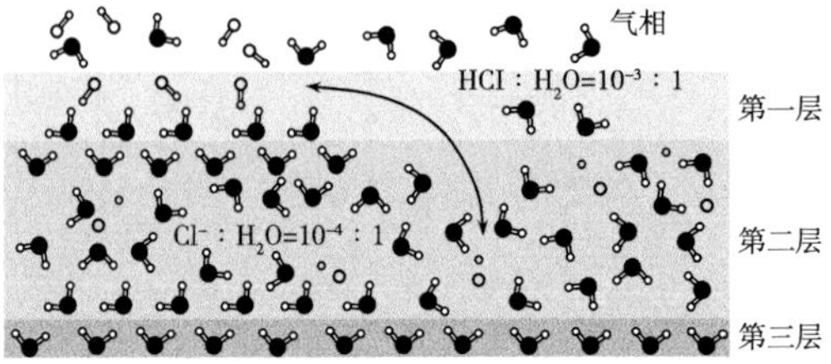

图10　少量HCl气体分子在253 K冰表面吸附和溶解过程示意

A. 冰表面第一层中，HCl以分子形式存在

B. 冰表面第二层中，H^+浓度为5×10^{-3} $mol\cdot L^{-1}$（设冰的密度为0.9 $g\cdot cm^{-3}$）

C. 冰表面第三层中，冰的氢键网格结构保持不变

D. 冰表面各层之间，均存在可逆反应$HCl \rightleftharpoons H^+ + Cl^-$

分析：例8也源于2019年高考理科综合全国Ⅰ卷，考查HCl气体在冰表面的吸附和溶解。本题侧重于考查学生接受、吸收、整合化学信息的能力及分析和解决化学问题的能力，通俗地讲就是“看图说话”时一定要认真读图，明确图像表达的化学意义。因为图像很新颖，所以解题时由图像获取信息的能力特别重要。分析选项B时不要计算，否则会浪费很多时间，而且也不一定能算出来。重点是看第三层，第三层只有冰，不存在HCl，所以D错。

（二）一题多解，从多个方向探寻方法，提升学生的发散性思维

一个问题使用多种方法解答能够拓宽学生的思路，增强解题技巧，避免学生思维僵化。根据吉尔福特创造性思维理论，遇到问题能够采用多种解答方法即具有了良好的变通性。对学生提出一题多解的要求，其本质就是培养学生的创造性思维。在训练中要注意问题的变换，注意一题多问、一题多变，在润物细无声中培养学生的辨别能力。教师要真正做到精讲精练，不盲目地搞题海战术。

【例9】如图11，反应 $4NH_3(g)+4NO(g)+O_2(g)\rightleftharpoons 4N_2(g)+6H_2O(g)$ $\Delta H<0$ 在催化剂甲作用下，高于210 ℃时，NO转化率降低的原因可能是________。

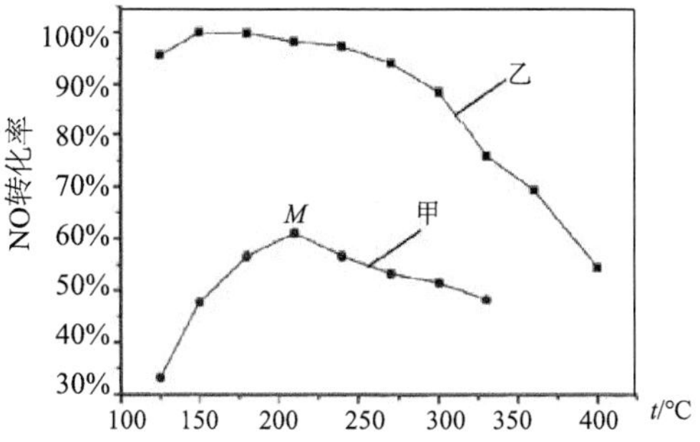

图11　NO转化率与温度的关系

分析：本题中，该反应正反应是放热反应，反应过程中温度升高，在反应达到平衡之前，因为温度升高化学反应速率增大，所以产物产率会增大，不能用化学平衡移动来解释。当反应达到平衡后再升高温度，由于正反应是放热反应，平衡会向逆反应方向移动，所以产物产率会降低。当然产物产率降低的因素远不止这一种，其他因素还包括催化剂在高温下失活、温度升高后副反应增多等。教师一定要提醒学生这其中包含一题多解的思想，让学生从多方面、多角度思考问题。

（三）对于化学规律，少简约化处理，多归纳提炼规律的内涵

在平时教学中，教师经常会以短语的形式归纳总结一些概念或规律，导致学生对概念或规律理解不清。例如，“盐类的水解”一节中，教师就会使用“越稀越水解”“越弱越水解”等短语，但是应该提醒学生它们指代的主语是弱电解质、可水解的盐等。

【例10】某温度下，体积和pH都相同的盐酸和氯化铵溶液加水稀释时的pH变化曲线如图12所示，下列判断正确的是（　　）

A. C点两溶液的导电能力相同

B. B点溶液中 $c(H^+)+c(NH_3\cdot H_2O)=c(OH^-)$

C. 用等浓度NaOH溶液和等体积B、C处溶液反应，消耗NaOH溶液体积 $V_B=V_C$

D. A、B、C三点溶液水的电离程度：$A>B>C$

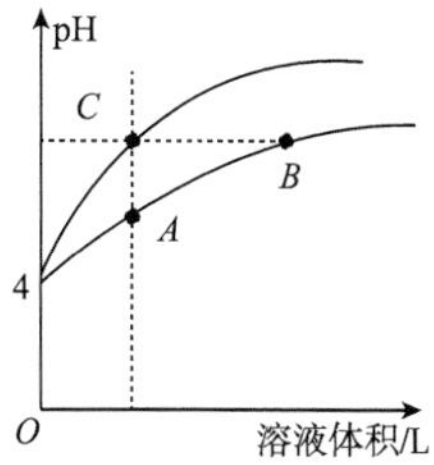

图12　溶液pH变化曲线

分析： 对于电离反应$NH_3·H_2O \rightleftharpoons NH_4^+ + OH^-$，“越稀越电离”指的是加水稀释时弱电解质$NH_3·H_2O$的电离程度将增大，因此“弱电解质浓度越稀，则弱电解质的电离程度越大”才是全面准确的表述。而对于水解反应$NH_4^+ + H_2O \rightleftharpoons NH_3·H_2O + H^+$，“越稀越水解”指的是加水稀释时，$NH_4^+$浓度越小，则$NH_4^+$的水解程度越大，因此“可水解的阳离子或弱酸酸根离子浓度越稀，则可水解的阳离子或弱酸酸根离子的水解程度越大”才是全面准确的表述。“越电离”或“越水解”指代的对象并非是H_2O，而是弱电解质、可水解的阳离子或弱酸酸根离子。CO_3^{2-}和CH_3COO^-的水解方程式分别是$CO_3^{2-} + H_2O \rightleftharpoons HCO_3^- + OH^-$和$CH_3COO^- + H_2O \rightleftharpoons CH_3COOH + OH^-$。比较相同浓度的$CO_3^{2-}$和$CH_3COO^-$两种离子的水解程度，可以用“越弱越水解”这一结论。这一结论的准确表述是“水解生成的弱酸越弱，相应酸根离子的水解程度越大”。NH_4Cl溶液中NH_4^+水解，促进水的电离，A点溶液的pH小于B点，故溶液中水电离出的H^+浓度A点大于B点，C点表示的是盐酸的pH，抑制水的电离，故水的电离程度$A>B>C$，D项正确。

参考文献

［1］WOOLFOLK A. 教育心理学［M］.10版．何先友，等译．莫雷，审校．北京：中国轻工业出版社，2008.

［2］王晓春．“教育与习惯”系列（六）［J］．班主任之友（小学版），2016(5)：20-22.

基于SOLO分类理论的学习迁移思维探究

摘　要：曲线表征是一种重要的表征形式，体现着思维的迁移。学生的思维存在着正迁移和负迁移，在教学过程中要提倡正迁移，摒弃负迁移。

关键词：曲线表征；正迁移；负迁移

曲线表征类试题考查了学生接受、吸收和整合化学信息的能力，这种能力是课程标准明确的学生必须具备的三大基本能力之一。由于图像形式多样，该类试题要求学生通过对图像进行观察，获取有关感性知识，并初步加工、吸收、有序存储，然后准确地提取实质性内容，与已有知识块整合、重组为新的知识块，解决实际问题，因此实践中这类试题对学生而言存在一定难度。

【例1】（广东省2016届高三年级3月适应性考试理科综合第28题）对于反应$N_2O_4(g) \rightleftharpoons 2NO_2(g)$，一定条件下$N_2O_4$与$NO_2$的消耗速率与自身压强间存在如下关系：$v(N_2O_4)=k_1p(N_2O_4)$，$v(NO_2)=k_2p^2(NO_2)$。其中，$k_1$、$k_2$是与反应及温度有关的常数。相应的速率–压强关系如图1所示。

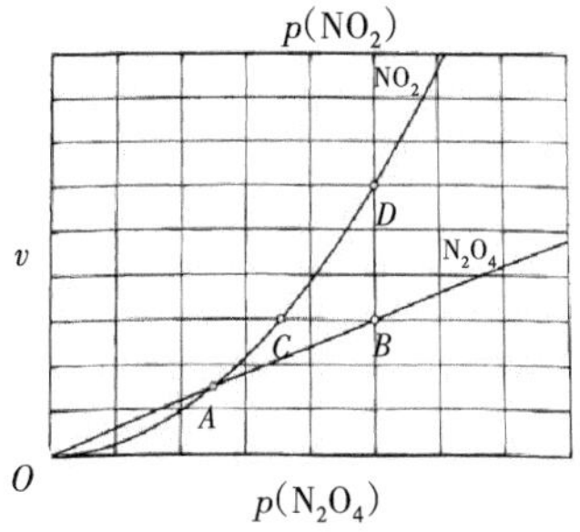

图1　速率–压强关系

在上图标出的点中，指出能表示反应达到平衡状态的点并说明理由：

________________。

SOLO分类理论是基于学生对某一具体问题的分析展开的，学生的思维水平由低到高可划分为以下五个基本结构层次：（1）前结构水平，学生被无关信息和已有经验误导，无法理解和解决问题；（2）单一结构水平，学生通过一个与问题相关的线索来建立问题与答案之间的联系；（3）多元结构水平，学生能够利用多个相互独立的线索来建立问题与答案之间的联系；（4）关联结构水平，学生能够在问题情境下各个线索之间建立本质联系，使其成为一个有机整体；（5）拓展抽象水平，学生能够超越问题本身，归纳各种信息并进行更抽象的概括，使结构更加完整。SOLO分类理论具有层次性，学生在解决问题时，需要经历每一个水平，前一种水平的发展是后一种水平发展的基础。依次递增的五级结构水平的问题，能引导学生实现不同水平的再认知，有利于促进学生更好地发展。

解决问题本质上是思维延伸的过程。在哪个地方“卡壳”，表明思维停留在哪个层面。表1是佛山市某国家级示范性高中2016届高三学生对例1的解答情况及SOLO分类理论分析情况。统计结果表明，只有不到三分之一的学生得出正确答案，不难看出学生对图形的理解存在较大误区。从解答情况来看，学生的错误集中于对图像解读不够严谨，理解不够清晰。学生对“新”图的理解程度源于对教材基本图像的理解，然后在认知结构上逐步深入，显然，很多学生达不到这一水平。

表1　解答情况及SOLO分类理论分析

序号	典型答案	所占比例	选项分析	思维评级
1	*A*点	34.2%	因为图像的纵坐标是速率，所以部分考生认为交点*A*就是正逆反应速率相等的点。虽然*A*点是两条线的交点，但只表示分别以NO_2和N_2O_4来表示化学反应速率时，速率在数值上相等。*A*点的状态满足$p(N_2O_4)=p(NO_2)$和$v(N_2O_4)=v(NO_2)$这两个条件，故*A*点时可逆反应并没有达到化学平衡状态。出错原因在于考生不清楚曲线的横、纵坐标的内涵	低

续　表

序号	典型答案	所占比例	选项分析	思维评级
2	*B*、*C*点	22.2%	错误与1类似。*B*、*C*两点位于不同曲线上，这两点的状态只满足$v(N_2O_4)=v(NO_2)$这一条件，故也未达到化学平衡状态。出错原因在于考生没有完全清楚纵坐标的含义。此处的符号v不是针对正逆反应，而是特指以某种物质来表示的化学反应速率	中
3	*B*、*D*点	30.1%	考虑$N_2O_4(g)\rightleftharpoons 2NO_2(g)$中两种物质系数的倍数关系，当以某种物质的浓度变化来表示化学反应速率时，两者的速率也应该是2倍关系	高
4	*A*、*B*或*A*、*C*点	8.4%	—	—
5	空白	5.1%	—	—

依据SOLO分类理论，本文对学生的学习层次进行分析，准确了解学生学习的质量和认知水平，并以此为鉴培养学生的学习迁移思维。

一、曲线表征基本形态——以化学反应速率及化学平衡图像为例

能否理解化学反应速率或化学平衡图像，与学生曲线表征能力的高低有很大关系。一些基本的曲线表征，其本身的难度并不大。例如，以反应$2HI(g)\rightleftharpoons H_2(g)+I_2(g)$为例，就有$c-t$图（图2）和$v-t$图（图3）等基本形态，这些图像都是学生可以理解的。

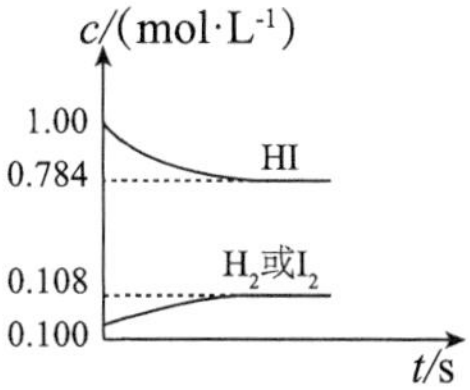

图2　$c-t$图

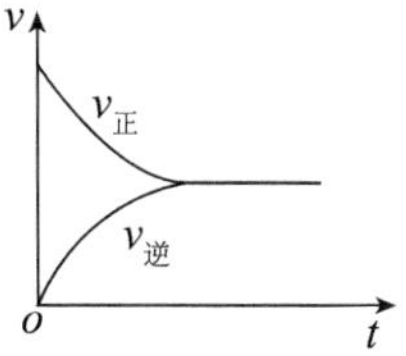

图3　$v-t$图

随着反应的进行，由$c-t$图可见，$c(HI)$在不断减小，平衡时为0.784 $mol\cdot L^{-1}$，而$c(H_2)$或$c(H_2)$在不断增大，平衡时浓度是0.108 $mol\cdot L^{-1}$（见图2），这些从曲线中就可以发现的内容都是易于理解的。仍然是反应$2HI(g)\rightleftharpoons H_2(g)+I_2(g)$，分析$v-t$图时学生的思考方向将发生变化，思维将进行迁移，但仍在掌握范围内。由$v-t$图可见，$v_{正}$和$v_{逆}$的变化趋势正好相反。起初反应物的浓度最大，生成物的浓度是0，随着反应的进行，$v_{正}$在减小，$v_{逆}$在增大，一段时间后达到平衡，实现$v_{正}=v_{逆}$（见图3）。

下面的变式对学生思维的考查有所变化，但总的来说变化不是很大。将图2的纵坐标改为p，由于反应$2HI(g) \rightleftharpoons H_2(g)+I_2(g)$是一个反应前后系数不变的反应，所以即使将纵坐标改为压强，反应过程中整个体系的总压强是不会发生变化的。但毕竟纵坐标的意义发生了变化，曲线会有些微变化，但是变化不大（见图4）。

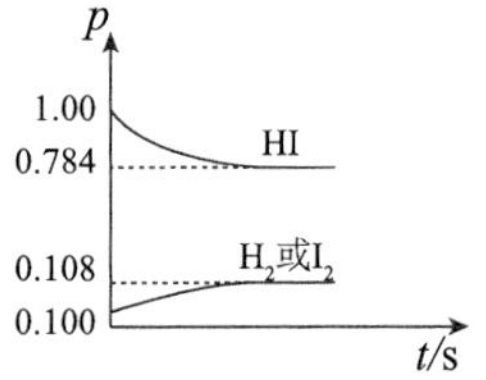

图4　$p-t$图

二、v(反应)－x图：思维的正迁移

【例2】 Bodensteins研究了反应$2HI(g) \rightleftharpoons H_2(g)+I_2(g)$在716 K时，气体混合物中碘化氢的物质的量分数$x(HI)$、氢气的物质的量分数$x(H_2)$与反应时间$t$的关系，结果如表2所示：

表2　$x(HI)$、$x(H_2)$与t的关系

t/min	0	20	40	60	80	120
$x(HI)$	1	0.91	0.85	0.815	0.795	0.784
$x(H_2)$	0	0.60	0.73	0.773	0.780	0.784

由上述实验数据计算得到$v_{正}-x(HI)$和$v_{逆}-x(H_2)$的关系可用图5表示。当升高到某一温度时，反应重新达到平衡，相应的点分别为________（填字母）。（节选自2015年高考理科综合全国Ⅰ卷第28题）

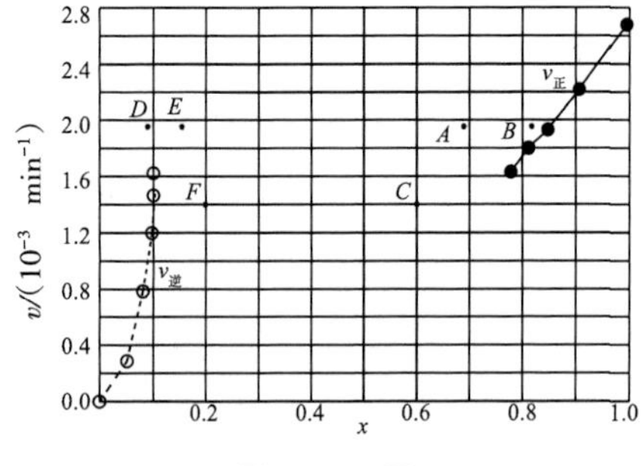

图5　$v-x$图

分析：由于该反应是一个反应前后系数不变的反应，所以在反应过程中所有物质的总浓度不变，因此横坐标虽然是x，即物质的量分数，但也可以代表反应物HI和生成物H_2、I_2的浓度相对大小。

图2中，随着时间的增长，反应物浓度在减少，而生成物的浓度在增大，最终都不变。图3中随着时间的增长，反应物浓度减少了，所以$v_{正}$在减小，而生成物浓度增加了，所以$v_{逆}$在增大，最终达到平衡时$v_{正}=v_{逆}$。图5中，$v-x$图是一种崭新的曲线表征形式，尽管新，但对已经学习过多年化学图像的学生而言，也是完全可以理解的，关键是要抓住题设中的一些关键词。速率v是浓度c的函数，虽然题设条件没有给出$v_{正}$和$v_{逆}$与反应物及生成物浓度之间的数学关系式，但是题设条件给出了曲线表征形式，从曲线趋势可以发现，$v_{正}$在减小，$v_{逆}$在增大，最终达到平衡时$v_{正}=v_{逆}$。但与图3不同的是，此时$x_{正}\neq x_{逆}$，即$c_{正}\neq c_{逆}$，这是由图像横坐标的物理含义所决定的。

教育心理学研究的学习迁移是指前一种学习对后一种学习的影响或者后一种学习对前一种学习的影响。根据迁移的性质和结果，迁移分为正迁移和负迁移。正迁移是指在学习的迁移中，一种学习可能对另一种学习起到促进、助长作用，学习是利用过去的知识经验的过程，过去的知识经验对新的学习起着积极的促进作用，同时新的学习也会进一步扩充已有的知识经验，学生的知识、技能在这一过程中不断获得发展。若$c-t$图和$v-t$图对学生的思维考查来说是较正常的，那$v-c$图就显得不那么“正常”了，它对学生的思维是一种“撞击”。新知识的考查都会集中于对基本图像进行科学的变形，在变形过程中考查学生的思维、能力与核心素养。

三、v(物质)$-c$图：思维的负迁移

【例3】 在一恒温恒容、容积为1 L的容器中存在如下可逆反应：$2NO_2(g) \rightleftharpoons N_2O_4(g)$。已知$NO_2$、$N_2O_4$的消耗速率与其自身浓度存在以下关系：$v(NO_2)=k_1c^2(NO_2)$，$v(N_2O_4)=kc(N_2O_4)$，其中$k_1$、$k_2$是与反应及温度有关的常数，可以根据上述关系式建立一个$v-c$图，如图6所示。

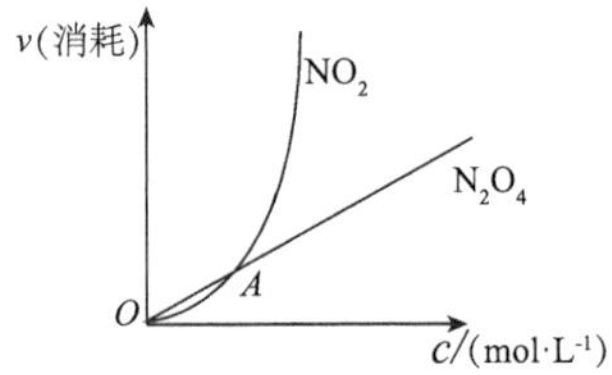

图6　v−c图

图中的交点A对应的可逆反应是否达到化学平衡状态？______。（填“是”或“否”）做出此判断的理由是________________。（改编自《一道化学平衡创新题》）

分析：图6中，随着反应物、生成物浓度的变化，反应速率也在不断变化。判断一个可逆反应达到化学平衡状态的最基本依据是$v_{正}=v_{逆}$，在$2NO_2(g) \rightleftharpoons N_2O_4(g)$这个可逆反应中，消耗速率只要满足$v(NO_2)=2v(N_2O_4)$即可认为该反应达到了化学平衡状态。该题中交点$A$的状态只是满足$c(N_2O_4)=c(NO_2)$和$v(N_2O_4)=v(NO_2)$这两个条件，故该反应在$A$点并没有达到化学平衡状态。2016年广东省3月适应性测试卷第28题是例3的翻版，很多学生之所以做错就是因为对例3中曲线的纵坐标含义理解不清。例2的$v_{正}$-$x(HI)$和$v_{逆}$-$x(H_2)$中的v代表的是正、逆反应，在本文中用v(反应)来表示，与例3题设条件“$v(NO_2)=k_1c^2(N_2O_4), v(N_2O_4)=k_2c(N_2O_4)$”中$v$的含义完全不同，代表的是用某种物质的浓度变化表示的反应速率，在本文中用v(物质)来表示。

学习迁移除了前面介绍的正迁移外，还存在负迁移。负迁移与正迁移正好相反，是指前一种学习对后一种学习产生了干扰或者阻碍作用，即产生了消极的影响，是我们在教育工作中应该消除和克服的。教学实践中，经常有学生会把相似的概念弄混淆，如在例1中就有多达34.2%的学生选择了A点，笔者认为可以用思维的负迁移来解释。

人教版教材《化学反应原理》（选修4）对于化学反应速率的表述如下：

对任意一个反应，用符号来代替具体的化学物质，反应方程式表示为：$mA + nB = pY + qZ$。反应体系中各物质的浓度分别表示为：$c(A)$，

$c(B)$，$c(C)$，$c(D)$，则反应速率分别表示为：$v(A)=\frac{\Delta c(A)}{\Delta t}$，$v(B)=\frac{\Delta c(B)}{\Delta t}$，$v(Y)=\frac{\Delta c(Y)}{\Delta t}$，$v(Z)=\frac{\Delta c(Z)}{\Delta t}$。

对于使用人教版教材的学生而言，这个关于化学反应速率概念的界定，他们烂熟于心。

鲁科版选修教材《化学反应原理》对化学反应速率概念的表述如下：

对于反应体系体积不变的化学反应 $aA + bB = dD + eE$，可以用单位时间内某反应物浓度（或质量、物质的量等）的减少或某生成物浓度（或质量、物质的量等）的增大来表示化学反应速率，例如 $v(A)=\frac{\Delta c(A)}{\Delta t}$。对于一个具体的化学反应，用不同的反应物或生成物表示的化学反应速率的数值往往不相同，用各物质表示的化学反应速率的数值之比等于化学方程式中各物质的系数之比。为了统一起见，将化学反应速率定义为 $v=\frac{1}{-a}\cdot\frac{\Delta c(A)}{\Delta t}=\frac{1}{-b}\cdot\frac{\Delta c(B)}{\Delta t}=\frac{1}{d}\cdot\frac{\Delta c(D)}{\Delta t}=\frac{1}{e}\cdot\frac{\Delta c(E)}{\Delta t}$。因为规定化学反应速率为正值，所以反应物的系数要乘以负号。这样，无论用哪一种物质表示，化学反应速率都是相同的。

由此可见，从不同的角度对同一个概念进行界定是有区别的，但只要学生仔细分析题设条件就不会出现错误。

四、反思

学习不是简单的刺激-反应之间的连接，不是简单的一种情境与另一种情境的相互影响，而是一个利用认知结构中的适当观念不断获得新知识的过程，所以学生原有的认知结构就是实现学习迁移的最关键的因素。美国著名心理学家奥苏贝尔指出，当新知识与认知结构中原有的知识相似而不相同时，原有的知识倾向于先入为主，新知识容易被旧知识所取代，因此容易产生遗忘，这对长期记忆的影响很大，不利于新知识的掌握。笔者认为这就是负迁移的弊端。在有意义学习中，如果学生原有认知结构中具有能够同化新知识的观念（包括概念、命题或具体的例子等），学生就能够获得新知识，因此也就能够产生迁移；反之，如果面对一种新知识的学习，学生原有认知结构中缺少相应的知识，就不可能实现有意义学习。

针对上述例2中的v(反应)$-x$(或c)图给学生留下深刻的印象，进而产生对思考例1或例3中v(物质)$-p$(或c)图的影响，笔者认为可从以下两方面着手应对。一方面，教师要多研读教材，对化学反应速率的两种表达形式（人教版与鲁科版教材），要求学生进行对比认识；另一方面，曲线表征形式多样，学生对曲线的解读要更多地借助于观察坐标系中横、纵坐标的意义和题设条件，如“$v_{正}-x(HI)$和$v_{逆}-x(H_2)$”与“$v(H_2)=k_1c(H_2)$，$v(HI)=k_2c^2(HI)$”是明显不同的两种表达形式，内涵完全不同。

参考文献

[1]洪杰.“曲线表征”类化学试题的命制特点与解析[J].化学教学，2012(8)：66-68.

[2]宋柳娟，谢洁纯，李佳，等.SOLO分类理论在中学化学实验教学中的应用——以“铁盐和亚铁盐”为例[J].中学化学教学参考，2016(5)：41-43.

[3]莫雷.教育心理学[M].北京：教育科学出版社，2016.

[4]李明亮，田棋宏.一道化学平衡创新题[J].化学教学，2009(1)：80.

基于化学学科核心素养建构角度的试题评析

——由2017年高考理科综合全国Ⅰ卷第28题引出的思考

摘　要：从化学学科核心素养的五个维度看高考试题将有更深刻的体会。本文在保持高考试题原貌的基础上做了补充和拓展，使之化学学科核心素养的“个性”更加突出。

关键词：化学学科核心素养；高考理科综合全国Ⅰ卷

2014年《教育部关于全面深化课程改革　落实立德树人根本任务的意见》提出，“教育部将组织研究提出各学段学生发展核心素养体系，明确学生应具备的适应终身发展和社会发展需要的必备品格和关键能力”。学生发展核心素养是指学生在接受相应学段的教育过程中，逐步形成的适应个人终身发展和社会发展需要的必备品格和解决问题的素养和关键能力。化学学科核心素养包括“宏观辨识与微观探析”“变化观念与平衡思想”“证据推理与模型认知”“科学探究与创新意识”“科学态度与社会责任”等五个维度。化学学科核心素养各维度的关系如图1所示。“科学探究与创新意识”处于中心位置，这充分说明化学是一门以实验为基础、富有科学探究与创新内容的学科。“宏观辨识与微观探析”“变化观念与平衡思想”既以化学科学探究为载体，又是科学探究的研究内容和思维视角。“证据推理与模型认知”是通过科学探究形成结论的思维方法。“科学态度与社会责任”是科学探究在情感态度与价值观维度的重要成果。

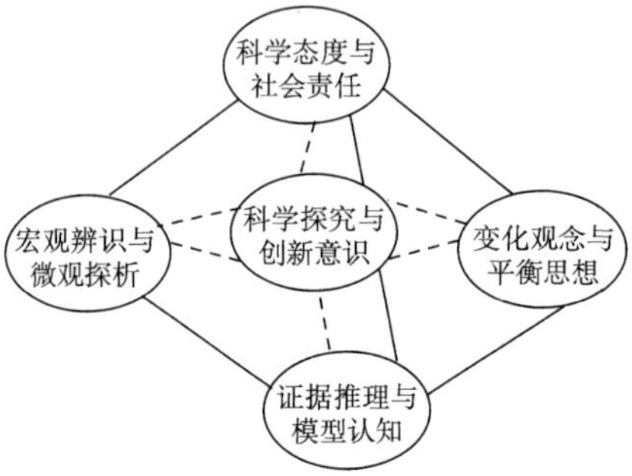

图1　化学学科核心素养要素结构

2017年高考理科综合全国Ⅰ卷第28题是典型的化学反应原理题，考查了用实验的方法判断酸性强弱、热化学反应方程式的书写、化学平衡的移动和转化率等，知识点覆盖较全面，考查的方法包括实验探究、计算、推理和判断等。原题如下：

近期发现，H_2S是继NO、CO之后的第三个生命体系气体信号分子，它具有参与调节神经信号传递、舒张血管减轻高血压的功能。回答下列问题：

（1）下列事实中，不能比较氢硫酸与亚硫酸的酸性强弱的是_____（填标号）。

A.氢硫酸不能与碳酸氢钠溶液反应，而亚硫酸可以

B.氢硫酸的导电能力低于相同浓度的亚硫酸

C.0.10 $mol \cdot L^{-1}$的氢硫酸和亚硫酸的pH分别为4.5和2.1

D.氢硫酸的还原性强于亚硫酸

（2）下图是通过热化学循环在较低温度下由水或硫化氢分解制备氢气的反应系统原理。

热化学硫碘循环水分解制氢系统（I）

$H_2SO_4(aq) = SO_2(g) + H_2O(l) + \frac{1}{2}O_2(g)$　　$\Delta H_1 = 327\ kJ \cdot mol^{-1}$

$SO_2(g) + I_2(s) + 2H_2O(l) = 2HI(aq) + H_2SO_4(aq)$　　$\Delta H_2 = -151\ kJ \cdot mol^{-1}$

$2HI(aq) = H_2(g) + I_2(s)$　　$\Delta H_3 = 110\ kJ \cdot mol^{-1}$

$H_2S(g) + H_2SO_4(aq) = S(s) + SO_2(g) + 2H_2O(l)$　　$\Delta H_4 = 61\ kJ \cdot mol^{-1}$

热化学硫碘循环硫化氢分解联产氢气、硫黄系统（II）

通过计算，可知系统（Ⅰ）和系统（Ⅱ）制氢的热化学方程式分别为____________、__________，制得等量H_2所需能量较少的是__________。

（3）H_2S与CO_2在高温下发生反应：$H_2S(g)+CO_2(g) \rightleftharpoons COS(g)+H_2O(g)$。在610 K时，将0.10 mol CO_2与0.40 mol H_2S充入2.5 L的空钢瓶中，反应平衡后水的物质的量分数为0.02。

①H_2S的平衡转化率α_1=_______%，反应平衡常数K=________。

②在620 K重复试验，平衡后水的物质的量分数为0.03，H_2S的转化率α_2______α_1，该反应的ΔH____0。（填“>”“<”或“=”）

③向反应器中再分别充入下列气体，能使H_2S转化率增大的是_____（填标号）。

A.H_2S　　B.CO_2　　C.COS　　D.N_2

分析：高考题是学生复习备考的风向标，导向性很强。富含化学学科核心素养因素的试题对于提升高中教师在教学中融入化学学科核心素养的能力具有积极意义，对高中化学教学的导向性更强。对于2017年高考理科综合全国Ⅰ卷第28题，若从单个题目来看，其对化学学科核心素养的五个维度体现得并不全面，因此笔者在保持试题原貌的基础上做了必要的补充和拓展，使化学学科核心素养更加突出。

一、科学探究与创新意识

化学实验通过一定的实验技术和方法获取物质及其变化的信息，再从结构与性质相联系、变化与平衡相统一的视角，运用比较分析、归纳概括、证据推理、模型建构等方法对实验现象和事实做出合理的解释，揭示化学变化的规律，形成科学的结论。化学实验是探索物质奥秘的重要研究方法，也是学生化学学习中进行科学探究、培养化学学科核心素养的重要途径。依托探究实验进行考查的内容很多，如探究实验背后所包含的“宏微结合”观可以是元素周期律的内涵，即“结构决定性质”。实验所体现出来的变化观念包括平衡移动、转化率等内容。探究实验不是按照既定的方案重复教材的范例，而是要发现和提出有价值的问题，设计方案、优化操作、分析数据等，故可以通过探究实验考查学生的化学学科核心素养。

上述高考题第（1）题仅就氢硫酸与亚硫酸的酸性和还原性进行分析，与接下来考查的比较H_2S和H_2O稳定性的关联性不强。

【自编题1】四种短周期元素在元素周期表中的相对位置如下：

氧(O)	氟(F)
硫(S)	氯(Cl)

（1）根据O和S的相对位置，判断两者的非金属性强弱：O_____S（填“>”或“<”）。

（2）设计实验证明H_2O和H_2S的稳定性强弱：__________________。

分析：学生不可能在考场上动手做实验，因此一般对实验的考查都是以实验设计的形式出现。根据氧和硫两元素在元素周期表中的相对位置及元素周期律，学生即可判断出氧元素的非金属性强于硫元素。第（2）题通过“设计实验证明H_2O和H_2S的稳定性强弱”考查学生的实验设计能力和科学探究的核心素养。可以从“硫化氢水溶液露置于空气中变浑浊”这一点着手，说明H_2O比H_2S更稳定。

二、宏观辨识与微观探析

“宏微结合”观要求学生能从不同层次认识物质的多样性，能从元素和原子、分子水平认识物质的组成、结构、性质和变化，形成“结构决定性质”的观念，也能从宏观和微观相结合的视角分析与解决实际问题。可以从不同方面测评学生是否具备“宏观辨识与微观探析”素养，如能否依据物质的组成、结构和性质特点，对物质进行分类；能否运用化学符号、化学用语正确描述物质的组成、性质及其变化等。元素周期表和元素周期律是高中化学的重要组成部分，这是前人对微观原子和宏观物质的性质相关性的一种经验总结。无氧酸的酸性强弱可以依据非金属性强弱进行判断，非金属性越强，则该原子与氢原子的结合能力就越强，在水溶液中就越难电离，酸性就越弱。例如，卤族元素从F到I，原子半径逐渐增大，与H形成的共价键的键长逐渐增大，越易被水破坏而电离出H^+，酸性增强；同时，从F到I，原子半径逐渐增大，吸电子能力逐渐减弱，因而对应的负离子对H^+的吸引能力逐渐减弱，所以质子就越容易解离出来，即酸性越来越强，HF是弱酸，而HI是无氧酸中的最强酸。HF分子间易形成氢键，使溶液中的HF缔合，导致有效浓度减小，电离出的H^+很少，酸性很弱。

【自编题2】硒（Se）位于元素周期表的第四周期，与O、S同族，则H_2Se的酸性比H_2S______（填“强”或“弱”）。

分析：无氧酸的酸性强弱由元素非金属性的强弱决定，非金属性越强，则其原子与氢原子的结合能力越强，在水溶液中就越难电离出H^+，酸性就越弱。Se原子比S原子的半径大，形成氢化物时，H_2Se中Se对H的吸引能力弱一些，因此H_2Se比H_2S更容易电离出H^+，所以酸性更强。非金属性强弱：S>Se，所以酸性：$H_2Se>H_2S$，思考的路径就是贯彻“结构决定性质”思想的过程。

三、变化观念与平衡思想

人类对客观世界的认识并不仅仅满足于对物质的存在状态和变化现象的观察、辨识和表征，还不断探析其运动变化的本质原因。化学学科主要从两个视角进行探析，一方面从物质的结构与性质相联系的视角分析，即“微观探析”；另一方面从变化与平衡相统一的视角分析，即“变化观念与平衡思想”。2017年高考理科综合全国Ⅰ卷第28题第（3）题考查的是可逆反应中的化学平衡问题，包括化学平衡的移动和转化率等，体现了可逆反应中的变化观念。本题包含了与化学平衡移动有关的三个影响因素。①中，610 K时计算得出$\alpha_1=2.5\%$，$K=2.8\times10^{-3}$；②中，620 K时，$\alpha_2=3.75\%$，因此$\alpha_2>\alpha_1$，结果反映了温度对化学平衡移动的影响：温度升高，平衡向正反应方向移动，所以该反应是吸热的，即$\Delta H>0$；③考查了浓度对化学平衡移动的影响以及转化率的问题：增加H_2S或COS，H_2S的转化率减小，N_2的增加对H_2S的转化率没有影响；增加CO_2，H_2S的转化率增大。本题中，由于反应前后反应物和生成物的系数之和是相等的，所以压强对此化学平衡移动没有影响，在本题中没有考查。笔者设计了自编题来考查压强对化学平衡移动的影响。

【自编题3】压缩体积可变的反应器，H_2S的体积分数将（　）（填标号)。

A. 不变　　　B. 减小　　　C. 增大　　　D. 不能确定

四、证据推理与模型认知

“证据推理与模型认知”要求学生具有证据意识，能基于证据对物质组成、结构及其变化提出可能的假设，通过分析推理加以证实或证伪。可以通过分析、推理认识研究对象的本质特征、构成要素及其相互关系，建立模型。上述高考题第（2）题的考点包括书写热化学方程式、比较所需能量大小。第一问比较常规，是对学生基本计算能力的考查，答案如下：

$$H_2O(l)= H_2(g)+\frac{1}{2}O_2(g) \qquad \Delta H= +286\ kJ\cdot mol^{-1}$$

$$H_2S(g)= H_2(g)+S(s) \qquad \Delta H= +20\ kJ\cdot mol^{-1}$$

第二问涉及消耗能量较少的是哪个系统，其实也是在为工业生产的路径选择做铺垫。考题的设问到此为止，没有做更多的论述，笔者认为，其实完全可以从化学学科核心素养的角度继续深入探讨，可依据事实分析研究对象的构成要素和各要素的关系，建立实物模型、认识模型和数学模型，反映研究对象的本质特征，揭示其中所蕴含的规律。

2015年高考理科综合北京卷第26题如下：

氢能是一种极具发展潜力的清洁能源。以太阳能为热源，热化学硫碘循环分解水是一种高效、无污染的制氢方法。其反应过程如图3所示。

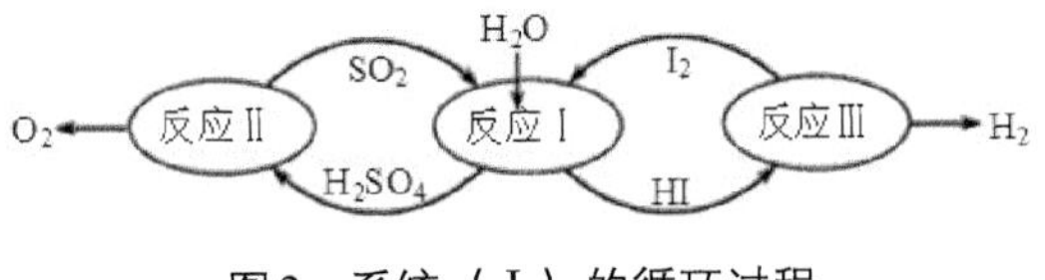

图2　系统（Ⅰ）的循环过程

分析：图2也即上述系统（Ⅰ）的循环过程。类似地，也可以建立上述系统（Ⅱ）的循环过程，如图3所示。

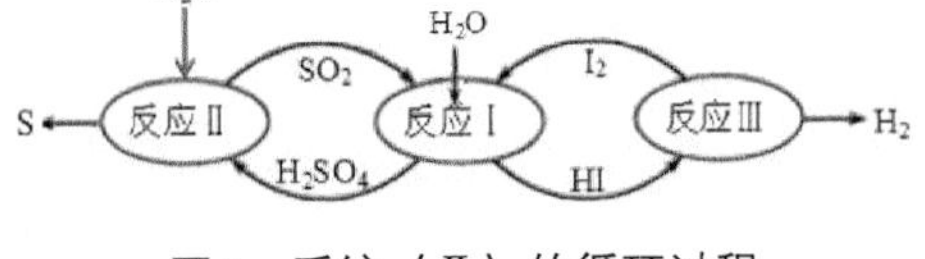

图3　系统（Ⅱ）的循环过程

从两幅图可以看出，系统（Ⅰ）和系统（Ⅱ）的循环过程有不少区别，包括：由于反应物不同，所以分解所需要的能量不同，得到的产物对环境的影响不同，循环使用的物质对工业生产过程的影响不同。因此，从这个角度分析两个系统后，我们想到了化学学科的社会价值和社会责任。化学科学技术不断推动经济的发展，给人类提供丰富的物质财富，这是实现人的自由发展的根本条件。但是片面追求化学科学技术的应用价值，就会带来对生态环境、人类健康的影响，导致化学科学技术不利于人类发展的异化现象，无法实现其最终价值。实现化学科学技术的价值既要充分发挥化学科学技术为人类提供物质财富的作用，又要充分分析化学科学技术应用对人类社会发展可能带来的负面影响，即充分承担起化学科学技术对促进人类社会发展的社会责任。从上面的循环图可以看出，有些物质可以循环使用，如I_2、SO_2、H_2SO_4和HI等，体现了环境保护、资源节约的理念。

参考北京卷试题，笔者设计了如下自编题：

【自编题4】从环境保护角度出发，评述系统（Ⅰ）和系统（Ⅱ）的优劣势：____________________。

分析：系统（Ⅱ）生产后会产生大量的硫黄，不利于环境保护，系统（Ⅰ）不仅没有固体产物产生，而且还会产生大量的O_2，有利于环境保护，所以系统（Ⅰ）更好。

五、科学态度与社会责任

全球能源消费增长迅速，必须找到替代能源才能可持续发展，而环境保护问题又促使我们寻找绿色能源，氢能源、太阳能是很好的选择。“廉价制氢”非常贴近生活和社会，起点非常新颖，且落点非常低。化学正是以特有的学科秉性、价值理念影响着人类的生活，如“低碳生活”“低碳经济”等理念。

“科学态度与社会责任”素养包括：具有安全意识和严谨求实的科学态度，具有探索未知、崇尚真理的意识；深刻认识化学对创造更多物质财富和精神财富、满足人民日益增长的美好生活需要的重大贡献；具有节约资源、保护环境的可持续发展意识，从自身做起，形成简约适度、绿色低碳的生活方式；能对与化学有关的社会热点问题作出正确的价值判断，能参与有关化学问题的社会实践活动。

上述全国Ⅰ卷试题只是从能量的角度比较两个系统的优劣，但是在工业生产中不但要考虑所需要的能量，还要考虑产物的处理问题，因此可以从这个角度考查学生的社会责任意识。

一道好的高考题对未来的高三复习备考，甚至是学生的未来发展都有非常大的导向作用。化学学习的最终目标并非是学习知识与技能，而应该是形成一种化学学科思维。化学是一门与社会生产、生活联系较为紧密的学科。当前，由于工业生产日益发达造成了环境污染、资源浪费，给一些人留下了“化学就是对环境造成危害的学科”的印象。其实这是一种错误的想法，化学在为广大人民群众提供优质生活的同时，若充分考虑生产工艺、环境保护和社会责任，将会改变化学给人们留下的负面印象。人教版必修教材《化学1》中关于硫化氢有如下描述：“某些天然气矿发生井喷时，常由于喷出气体中含有较多的硫化氢，会造成人中毒甚至死亡”，“硫化氢是一种无色、有臭鸡蛋气味的气体，有剧毒，是一种大气污染物”，“如发生急性硫化氢中毒，应迅速将患者转移到空气新鲜的地方，对呼吸暂停者实行人工呼吸，并迅速送医院救治”。但全国Ⅰ卷题目中提到“H_2S是继NO、CO之后的第三个生命体系气体信号分子，它具有参与调节神经信号传递、舒张血管减轻高血压的功能”，可以改变H_2S在人们心目中刻板的印象。以H_2S为中心，化学学科核心素养的五个维度可以用图5来表示。

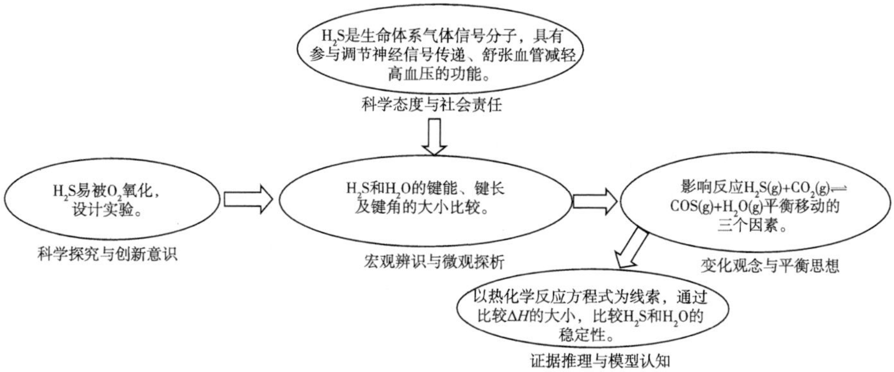

图4　以H_2S为中心的化学学科核心素养的五个维度

参考文献

[1]李艺，钟柏昌.谈“核心素养”[J].教育研究，2015(9)：17-23，63.

[2]吴星.对高中化学核心素养的认识[J].化学教学，2017(5)：3-7.

从证据推理角度看试题的分层考查功能

——以2018年高考理科综合全国Ⅱ卷第36题为例

摘　要：有机合成流程是考查学生证据推理素养的重要形式。本文用试题水平分层的方式考查学生的思维层级，并提出提升学生化学学科核心素养的方法。

关键词：有机合成；化学学科核心素养；证据推理；水平分层

化学学习评价是化学教学的重要组成部分。学生能力存在差异，因此出题者在编制试题时要特别注意针对不同素养水平的学生分层设置问题。作为化学教师，我们也期望能研究出分层次的试题，对不同水平的学生予以分类指导。有机化学基础题以有机合成流程为知识载体，围绕有机化学反应既考查已往的有机化学反应，也考查新的有机化学反应。

根据有机合成流程的特点，可以将以下三个方面作为抓手。一是考查有机化学的核心知识：以合成物质为目标，以有机反应为手段对核心知识进行考查。二是考查构造有机化学反应的核心能力：以有机合成流程为载体集中考查同分异构体的数目、化学反应条件、官能团和反应类型的判断、有机合成路线的设计等。三是考查学生的高阶思维：以碳、氢等守恒为突破口，考查解释证据和结论之间的逻辑关系，力争从“简单模仿”到“归纳演绎”进而达到“再创新”的高度，促进学生的思维从低阶水平向高阶水平发展。

一、2018年高考理科综合全国Ⅱ卷第36题试题分析

2018年高考理科综合全国Ⅰ、Ⅱ、Ⅲ卷的有机化学基础题从流程上看均有5～7步，考查分子式书写、同分异构体数目、有机反应方程式书写等

典型问题，在题型设计上有很多共同点，在试题形式上保持了稳定性。不过从具体试题看，2018年高考理科综合全国Ⅱ卷第36题典型考点比较齐全，因此本文将其作为典例予以研究。题目如下：

以葡萄糖为原料制得的山梨醇（A）和异山梨醇（B）都是重要的生物质转化平台化合物。E是一种治疗心绞痛的药物，由葡萄糖为原料合成E的过程如下：

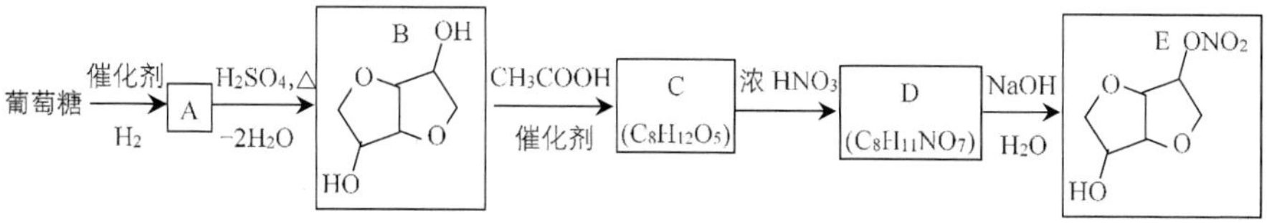

回答下列问题：

（1）葡萄糖的分子式为__________。

（2）A中含有的官能团的名称为________。

（3）由B到C的反应类型为__________。

（4）C的结构简式为______________。

（5）由D到E的反应方程式为__________。

（6）F是B的同分异构体，7.30 g的F与足量饱和碳酸氢钠反应可释放出2.24 L二氧化碳（标准状况），F的可能结构共有_____种（不考虑立体异构），其中核磁共振氢谱为三组峰，峰面积比为3∶1∶1的结构简式为_____。

【答案】

（1）$C_6H_{12}O_6$　（2）羟基　（3）取代反应（或酯化反应）

（4）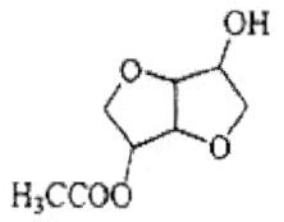

（5）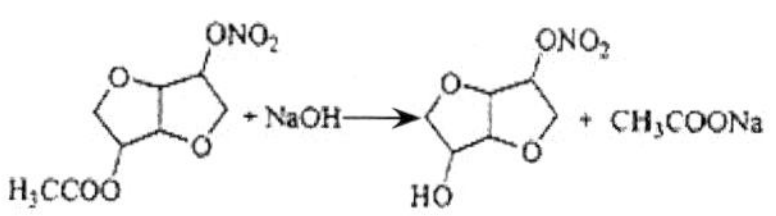

（6）9 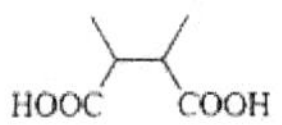

该题考查的背景是医药工业中的重要反应及山梨醇、异山梨醇和化合物E等的相关知识，考查内容以有机合成流程为线索，这也是有机化学的重要研究方法。

二、有机化学题的水平层级分析

化学教学中的证据推理是根据化学概念、理论和事实性知识，通过比较分析、抽象概括和归纳演绎等推理形式，进行证实或证伪，从而获取新知识、解决新问题的高级思维过程。《普通高中化学课程标准（2017年版）》指出，证据推理有4级水平。为了简洁描述证据推理水平，笔者参考相关文献将证据推理水平概括如下（见表1）。

表1　证据推理水平

水平	证据类型	水平表现
1	宏观证据	能从宏观现象提取证据，侧重进行证实或证伪
2	微观证据	能收集宏观证据，侧重从微观结构提取证据进行推理
3	定量证据	能结合宏微现象进行分析，侧重通过定量计算进行推理
4	逻辑证据	能解释证据和结论之间的逻辑关系，探寻模型优化的证据

高考化学试题对有机化学知识的考查方式比较固定，通常以生产、生活中学生陌生的有机物的合成工艺流程为载体考查有机化学的核心知识。它要求学生能够通过题设情境适当迁移，运用所学知识分析、解决实际问题，这也成为有机化学复习备考的方向。

2018年高考理科综合全国Ⅱ卷第36题有以下两个亮点：一是由B到E的多步反应本质上是为了发生取代反应，是将B的两个羟基中的一个羟基进行硝化。虽然这看起来只是一个简单的取代过程，但是需要注意的是物质B中有两个羟基，所以若只需要硝化其中一个硝基，就需要几步过程，这也是有机化学中非常重要的合成策略，即“先保护，再反应，最后脱除保护”策略。本题先用羧基与其中一个羟基发生酯化反应，目的就是为了在下一步反应中保护这个羟基不被硝化。当发生硝化反应后，在后续的反应中用NaOH溶液将酯基水解而重新得到羟基。

二是求二元羧酸F的可能结构有几种，这也是考查学生抽象思维的题眼，它的难点在于同分异构体的判断。同分异构体的类型通常有碳链异构、官能团异构、位置异构等，有时还存在空间异构，要充分利用题目提供的信息来书写符合题意的同分异构体。对于二元取代物同分异构体的判断，可固定一个取代基的位置，再移动另一取代基来确定。由F是B的同分异构体可知F的分子式是$C_6H_{10}O_4$。且7.30 g的F与足量饱和碳酸氢钠反应可释放出2.24 L二氧化碳（标准状况），说明F分子中含有羧基，7.30 g F的物质的量是0.05 mol，生成的二氧化碳是0.1 mol，因此F分子中含有2个羧基，则F相当于丁烷分子中的2个氢原子被羧基取代。如果是正丁烷，根据“定一移一”可知有6种结构；如果是异丁烷，则有3种结构，所以可能结构共有9种（不考虑立体异构），结构简式如下：

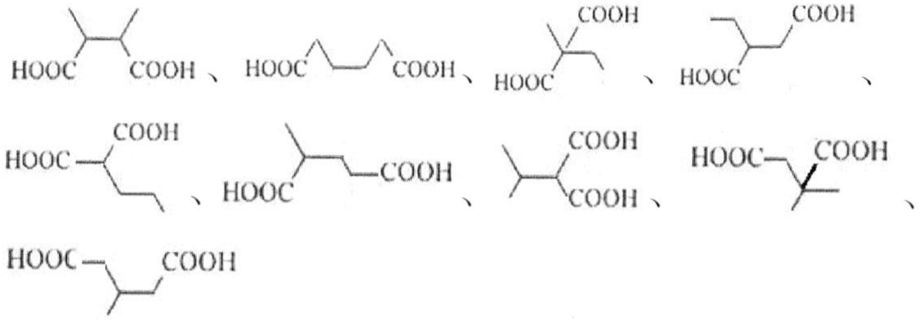

以表1的证据推理水平，对2018年高考理科综合全国Ⅱ卷第36题进行分析，见表2。

表2 对2018年高考理科综合全国Ⅱ卷第36题的证据推理分析

题号	题目	推理水平和证据类型	学科能力层次
（2）	A中含有的官能团的名称为______	2级，微观证据。根据A→B，生成酯基，且失去2分子H_2O，推断A中必定存在羟基（—OH）	学习理解层次
（3）	由B到C的反应类型为______	2级，微观证据。根据C的结构简式推断该反应是取代反应（或酯化反应）	实践运用层次
（4）	C的结构简式为_____		
（5）	由D到E的反应方程式为______	2级，微观证据；4级，逻辑证据	实践运用层次
（6）	F是B的同分异构体，7.30 g的F与足量饱和碳酸氢钠反应可释放出2.24 L二氧化碳（标准状况），F的可能结构共有______种（不考虑立体异构）	3级，定量证据；4级，逻辑证据。由F的质量和摩尔质量计算出物质的量，根据CO_2的物质的量可以推断F中的羧基数目	迁移创新层次

《普通高中化学课程标准（2017年版）》指出，学业质量水平2是高中毕业生在本学科应该达到的合格要求，是化学学业水平合格性考试的命题依据

（学考要求）；学业质量水平4则是化学学业水平等级性考试的命题依据（选考要求）。虽然2019年高考广东省仍未实行“学考+选考”的考试模式，但是其所用的全国卷按照课标的要求命制试题，必然引起广东省高中化学教师的重视。目前我国高考化学试题对核心素养的考查主要集中在“宏观辨识与微观探析”“变化观念与平衡思想”“证据推理与模型认知”上。证据推理是重要的学科思维，也是衡量学生化学认知能力的重要指标。因此在高考题中采用不同层级水平的试题考查学生的认知能力必定是试题命制的主流，教师需要从这个视角去评价试题和命制试题。笔者作为广东省教育科研“十三五”规划2017年度研究课题“模型方法在普通高中化学教学中的应用研究”（课题批准号：2017YQJK069）的课题组成员，与课题组老师一起根据“模型建构”的水平测试编制了下面的原创题：

【原创题】化合物J是一种重要的有机中间体，可以由苯合成：

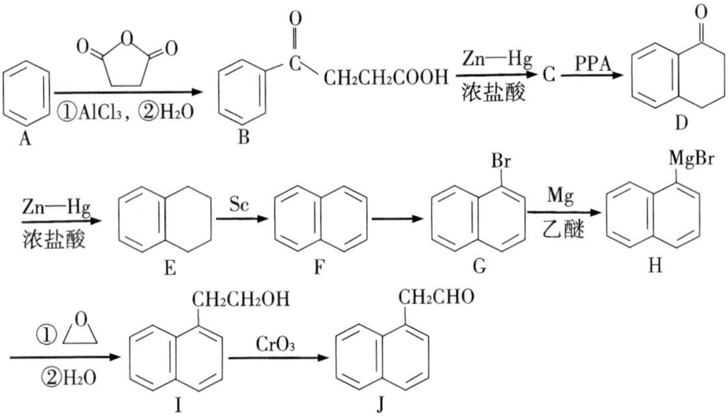

（1）B中含氧官能团名称为__________、__________。

（2）D→E的反应类型为__________。

（3）C的分子式为$C_{10}H_{12}O_2$，经取代反应得到D，写出C的结构简式：__________。

（4）F→G的反应条件是__________。

（5）写出同时满足下列条件的J的一种同分异构体的结构简式：__________。

①属于芳香族化合物；②不能与金属钠反应；③有3种不同化学环境

的氢原子。

（6）已知：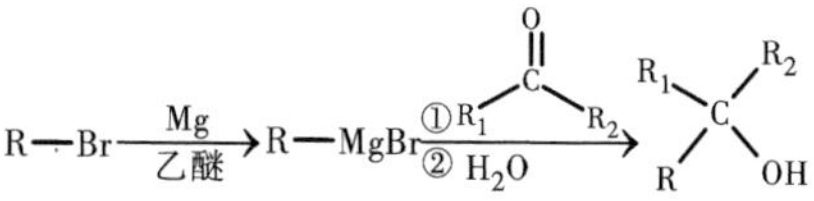（R表示烃基，R_1、R_2表示氢或烃基)。请写出以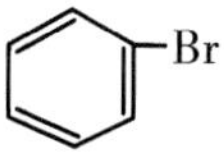、为原料制备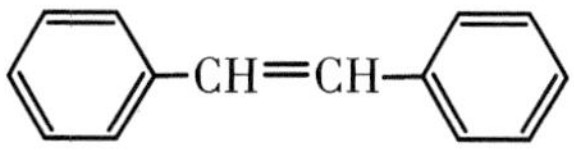的合成路线（无机试剂任选，合成路线示例见本题题干）。

【答案】

（1）羰基（酮基）　羧基（2分）

（2）还原反应（2分）

（3）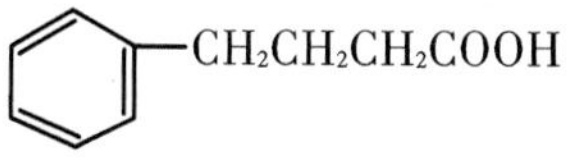（2分）

（4）液溴、铁（2分）

（5）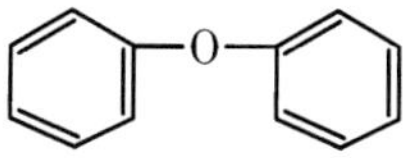（2分）

（6）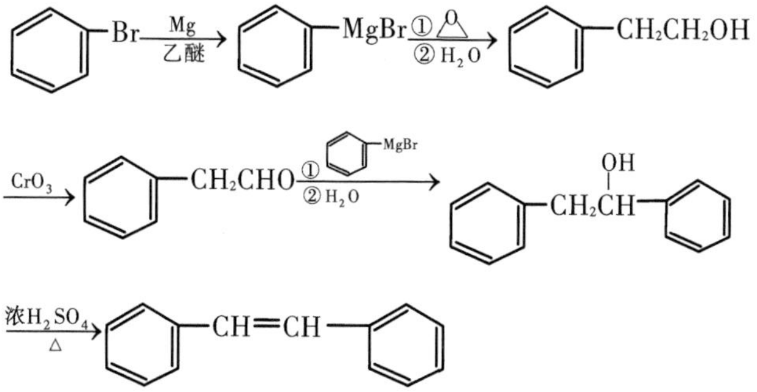

从题意可以看出，若想正确做出这一题，必须对有机合成流程非常清晰。同时，即使对整个流程比较熟悉也不能确保能够做对所有题目，因为从素材到题目还需要考生根据自己的理解才能转化为答案。本题就是根据证据推理的水平命制的，其内涵见表3。

表3　对原创题的证据推理分析

水平	证据类型	题目	水平表现
1	宏观证据	写出C的结构简式:________	根据D→E的反应条件“Zn-Hg/浓盐酸”,推出此步骤将羰基还原为烃基
2	微观证据	F→G的反应条件是________	F→G是在苯环上取代一个Br原子的过程,根据以前所学习的知识,在“液溴、铁”的条件下可以实现该过程
3	定量证据	—	—
4	逻辑证据	写出合成路线	题干中C→D使用的PPA、E→F使用的Se、I→J使用的CrO_3等,可以根据反应前后物质官能团的区别,通过逻辑推理得到其各自的作用,这对于研究整个流程至关重要

参考文献

何银华,肖中荣.证据推理:化学高考试题评价的新视角——从浙江学考-选考卷说起[J].中学化学教学参考,2018(9):51-54.

化学学科思维探究

从关键能力角度看学生的化学计算能力

摘　要： 化学计算题是学生的薄弱环节，得分率普遍较低。本文提出解答化学计算题的思维步骤，包括学科观念的形成、关键能力的训练和必备品格的培养，彰显了“学科观念是基础，关键能力是重点，必备品质是核心”的内涵。

关键词： 化学学科核心素养；化学计算；学科观念；关键能力

从教学实践来看，学生普遍存在怕化学计算、计算能力不强等问题，有教师认为其主要原因是学生的数学基础差，但笔者经过分析认为学生化学计算能力弱本质上与数学基础差关系不大，主要还是学生的化学学科核心素养不高所致。化学学科核心素养可分为三个方面。

一是学科观念，表现为通过化学课程的学习所形成的从化学视角认识事物、解决问题的思想、方法和观点，如元素观、微粒观、能量观和平衡限度观等。化学计算自然会涉及学科观念，但这些学科观念往往都是隐性的，学生难以从表面直接看出来。

二是关键能力，表现为理解并掌握化学家研究物质世界的基本思想和方法，如宏微结合、量变引起质变、变化与守恒等，形成分析、判断、综合、抽象和推理等化学学科思维。关键能力至关重要，信息识别、概念转变、计算能力等都属于关键能力的范畴。

三是必备品格，表现为通过具体的探究活动应用所学知识、方法解决现实生活问题的意识和能力，能正确认识科学和技术的本质，能对与化学有关的社会和生活问题做出合理的分析和判断，具有保护环境、节约资源的责任感，形成可持续发展的思想。

化学计算过程中关键能力是重中之重，它包含三方面内容。一是信息解读能力，即学生的信息素养。学生对题目条件的理解程度本质上也体现了学生的化学素养的高低。二是化学思维能力。学科思维是学科观念的显性化，如平衡限度观不但可以运用到可逆反应的化学平衡中，也可以运用到弱电解质的电离平衡和盐类的水解平衡中，因此对可逆反应的深度理解有利于对电离平衡和水解平衡的理解，这是"对比与类比"的学科思维方式。三是数学计算能力，即通过学科思维建立数学公式，代入数据后通过数学运算得出结果。虽然化学计算属于数学计算的延伸，但一般来说化学计算不会过于复杂，主要考查的还是化学公式背后的化学思维和逻辑思路，因此在研究化学计算题时不能只注重计算能力而忽略背后的思维层面。

从认知加工的角度来看，学生的学习能力分为阅读能力（输入）、思考能力（加工）和表达能力（输出）三种，这三种能力是学生学习的基本能力、核心能力，具有基础性、生长性和关键性等特征，其他能力如创新能力、研究能力、设计能力等都是建立在其之上的。相似的，关键能力是建立在化学学科观念之上的，要在教学过程中培养学生的必备品格，提升学生的关键能力。

本文从化学学科核心素养的三个方面（学科观念、关键能力、必备品格），着重从关键能力方面，考查造成学生化学计算能力薄弱的原因，并提出解决学生思维问题的建议（见表1）。

表1　从化学学科核心素养的三个方面看化学计算题

核心素养	学科观念	关键能力			必备品格
		信息解读能力	化学思维能力	数学计算能力	
具体内容	学科观念是解答化学计算题的基础，包括微粒观、元素观、分类观、物质转化观、能量观和平衡限度观等	解读不同表征形式的信息：符号表征，如化学方程式、离子方程式、化学式等；化学仪器和装置；曲线表征，包括图像、曲线等；新的化学概念等	平衡曲线蕴含平衡限度观，用平衡常数表达式来表示；晶胞蕴含抽象思维能力，用数学计算式来表示；守恒观包括质量守恒、电荷守恒、电子得失守恒、能量守恒等，用等式表示	用数学计算式测评学生的数学运算水平	化学学习活动专门需要的重要品格，如浓厚持久的化学学习与化学探究兴趣；科学技术领域普遍需要的重要品格，如严谨，理性，智慧的灵活性，实证精神，敢于质疑、创新，不怕困难的精神

为了明确学生化学计算能力的薄弱环节，笔者设计了调查问卷一，由4道题组成。这4道题紧紧围绕化学计算展开，但各自又有所区别。第1题涉及化学平衡常数的计算，但需要学生从曲线中找到所需要的数据；第2题涉及晶胞计算，考查学生对晶胞表征的理解；第3题涉及对化学方程式符号表征的解读，考查学生是否理解化学方程式中各物质或各离子化学计量数之比就是物质的量之比；第4题考查学生对陌生化学概念的理解，其本质也是考查学生对守恒规律的运用。对于调查问卷一，学生如果想得出正确的结果必须将整个思维过程走完。此外，笔者还设计了调查问卷二，学生只要直接根据列出的式子计算出结果就可以了，考查学生的数学计算能力。

调查问卷一

列出下列计算题的式子（不需要计算结果）。

1. CrO_4^{2-}和$Cr_2O_7^{2-}$在溶液中可相互转化，用离子方程式$2CrO_4^{2-}+2H^+ \rightleftharpoons Cr_2O_7^{2-}+H_2O$表示。室温下，初始浓度为1.0 mol·L^{-1}的Na_2CrO_4溶液中$c(Cr_2O_7^{2-})$随$c(H^+)$的变化如图所示。根据A点数据，计算该反应的平衡常数。

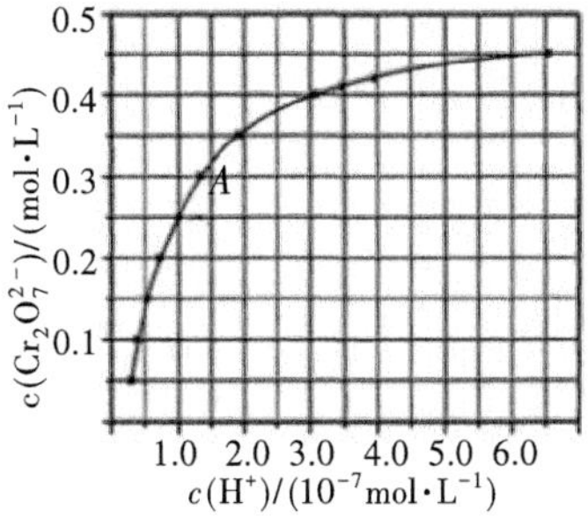

2. CaF_2晶胞如图所示，a表示Ca^{2+}，b表示F^-，晶胞边长为540.0 nm。Ca^{2+}在晶胞的顶点和面心，F^-均匀分布在晶胞内部（若将该晶胞8等分，则F^-分布在8个小立方体的体心）。a位置Ca^{2+}与b位置F^-之间的距离为___nm。

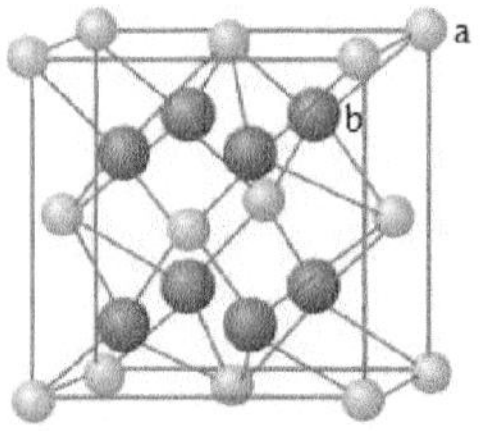

3. 高锰酸钾纯度的测定：称取5.00 g高锰酸钾样品配成溶液，摇匀，加入稀硫酸酸化。该$KMnO_4$溶液恰好与20.00 mL 0.500 $mol \cdot L^{-1}$的$H_2C_2O_4$标准溶液完全反应。该高锰酸钾样品的纯度为______。已知$2MnO_4^-+5H_2C_2O_4+6H^+=2Mn^{2+}+10CO_2\uparrow+8H_2O$，$M$（$KMnO_4$）$=158\ g \cdot mol^{-1}$。

4. “有效氯含量”可用来衡量含氯消毒剂的消毒能力，其含义是：每克含氯消毒剂的氧化能力相当于多少克Cl_2的氧化能力。则$NaClO_2$的有效氯含量为______。

调查问卷二

计算下列各式。

1. $\dfrac{0.25}{(10^{-7})^2 \times 0.5^2}$

2. $\dfrac{540 \times \sqrt{3}}{2 \times 2}$

3. $\dfrac{2 \times 158 \times 0.5 \times 0.02}{5.00 \times 5.0} \times 100\%$

4. $\dfrac{\dfrac{1}{90.5} \times 4}{\dfrac{1}{71} \times 2}$

化学计算题的形式很多，本文仅列举上述四种情况。无论是哪一种化学计算题形式，笔者认为都可以从学科观念、关键能力和必备品格这三个方面，或者说这三个层次去分析。

一、学科观念测评

化学学科观念包含微粒观、元素观、分类观、物质转化观、能量观和平衡限度观等。学科观念是一种思想观念，是内隐的，要了解学生的学科观念如何，必须让其以显性方式展现出来。可以通过三阶试题调查问卷考查学生的学科观念，本文仅以平衡限度观为例加以说明。

化学平衡限度观的三阶试题调查问卷

1. 一定温度下，恒容容器中反应 $2NO_2$(g, 红棕色)$\rightleftharpoons$$N_2O_4$(g, 无色)达到平衡后，向容器中充入一定量 NO_2，则混合气体的红棕色将（　　）

A. 变深　　B. 变浅　　C. 不变　　D. 无法判断

2. 回答第1题的理由是（　　）

A. 平衡向正反应方向移动，消耗 NO_2，NO_2 的浓度减小

B. 平衡不移动，消耗 NO_2 的同时产生 NO_2，NO_2 的浓度不变

C. 平衡向正反应方向移动，消耗 NO_2，但最终浓度仍大于初始平衡浓度

D. 平衡向正反应方向移动，消耗 NO_2，但无法判断充入量与消耗量的大小

E. 其他理由：________

3. 你对第1、2题的答案（　　）

A. 确定　　B. 不确定

平衡限度观被有机地嵌入化学计算中，因此对平衡限度观的理解与解答化学计算题息息相关。从上面三阶试题和对个别学生的访谈发现，学生对平衡限度观的理解基本上是透彻的，大部分学生能够形成平衡限度观的核心概念。虽然从学科观念角度看，学生似乎懂得了平衡限度观，但如果题设信息复杂，则学生理解起来就显得困难了。一旦基本的学科观念学生理解不好，就会耽误后续思考的进度。要将学科观念进一步落实下去，必须依靠关键能力。例如，平衡是存在限度的，限度就意味着不可能无限度地多，限度可以用平衡常数进行定量表示。

二、关键能力测评

学生在具备一定的化学学科观念后就会进入解决具体问题的环节，这种解决具体问题的能力就是关键能力。相较于学科观念，关键能力显得更加显性。第一步，学生应该具备信息解读能力，需要看懂化学表征形式。这一步属于“输入”环节，曲线、装置、化学方程式、离子方程式、晶胞、化学概念等都属于学生应该识别的化学语言。第二步，在识别化学表征形式获取相关数据，通过学科思维建立数学公式之后，就需要将数据代入公式，这一步属于对数据进行“加工”。例如，化学平衡常数公式的应用、方程式中各物质比例关系式和电子守恒（电荷守恒、能量守恒）关系式的应用等都是数据加工环节的重要内容。第三步，列出计算式，完成计算（见图1）。

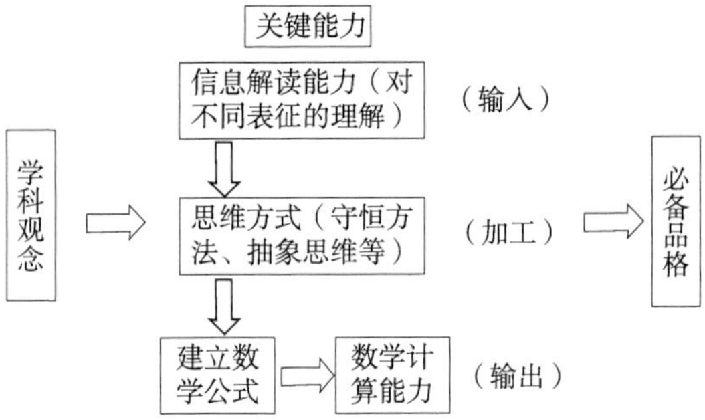

图1　关键能力是解读化学计算题的重要部分

（一）信息解读能力测评

学科观念显性化需要学生对题目信息进行解读，曲线、晶胞、化学方程式、离子方程式、新的化学概念等都是化学表征形式。笔者根据调查问卷一的题设条件设计信息素养能力测评问卷。

信息素养能力测评问卷

1. 第1题中曲线中平台的含义是____________________。

2. 第1题中达到平衡状态时，CrO_4^{2-}和$Cr_2O_7^{2-}$的浓度分别是__________。

3. 第1题中 $2CrO_4^{2-} + 2H^+ \rightleftharpoons Cr_2O_7^{2-} + H_2O$ 平衡常数表达式为__________。

4. 第2题中晶胞内离 F^- 最近的 Ca^{2+} 有__________个。

5. 第2题中晶胞内离 Ca^{2+} 最近的 F^- 有__________个。

6. 第3题中反应中的 MnO_4^- 与 $H_2C_2O_4$ 的物质的量之比是________。

7. 第4题中 ClO_2^- 得到电子生成的稳定离子形式是__________。

8. 第4题中 Cl_2 得到电子生成的稳定离子形式是__________。

从题目中提取有用的信息是解题的关键，从上述问卷的测评结果来看，学生主要在以下两方面存在问题：晶胞内分别离 F^- 最近的 Ca^{2+} 和离 Ca^{2+} 最近的 F^- 的个数、ClO_2^- 得到电子后的稳定离子形式。这说明学生的抽象思维能力不强，对稳定离子形式的判断存在障碍。

（二）化学思维能力测评

化学学科的学习不仅是为了积累丰富的知识，更为了掌握一种认识和思考世界的方式，即化学学科思维。学科思维方式是可以迁移的，这种思维对学生未来的学习和职业发展具有重要价值。因此，在培养学生化学学科核心素养的过程中要注重提升学生的思维能力。通过信息输入获得有用的数据之后，要对获得的信息进行加工。例如，平衡限度观反映了反应物和生成物的物质的量浓度或物质的量浓度不变时的状态，这就可以运用平衡常数对化学平衡进行度量。第1题与平衡限度有关，定量描述使用的是化学平衡常数。微粒观表明离子或原子可以用一个球来表示，离子之间是有距离的，化学键可以用一条线来表示等。第2题与立体几何有关，运用勾股定理可解答。守恒定律是指在自然界中某种物理量的值恒定不变的规律，根据化学方程式或离子方程式进行计算时，物质之间、离子之间的物质的量是成比例的，第3题即运用了此规律。

1. 平衡限度思维——用化学平衡常数公式加工信息

平衡限度思维测试问卷

某反应达到化学平衡状态，所有离子或分子的浓度满足什么条件？以

反应 $2CrO_4^{2-}+2H^+ \rightleftharpoons Cr_2O_7^{2-}+H_2O$ 为例，所有离子或分子的浓度满足关系式：________________。

由于平衡发生了移动，所以离子的浓度总是在不断变化着，但由于平衡限度的存在，可逆反应最终会有一个极限，所有离子或分子的浓度都会保持不变。与平衡限度有关的定量方法就是化学平衡常数公式，反应达到平衡状态时，所有分子或离子的浓度满足平衡常数关系式，即运用平衡常数关系式可将所有数据整合在一起，因此解题过程中学生总会围绕着平衡常数关系式去寻找数据。运用平衡限度观结合曲线表征形式获得相关数据信息之后，再代入平衡常数关系式中，列出代数式，这个过程属于模型建构的范畴。以离子反应 $2CrO_4^{2-}+2H^+ \rightleftharpoons Cr_2O_7^{2-}+H_2O$ 为例，当反应达到平衡状态时，所有离子的浓度必须满足关系式 $K=\dfrac{c(Cr_2O_7^{2-})}{c^2(CrO_4^{2-})c^2(H^+)}$。

2. 抽象思维——用数学公式加工信息

晶胞是学生看不见、摸不着的，所以第2题以晶胞模型的形式考查晶胞的相关知识。晶胞可看作一个立方体，因此可以利用数学中立方体的相关知识解决问题。这是微粒观的一种反映。将晶胞的顶点等想象为一个个微粒，如分子或离子，大部分情况下各点之间的距离满足“勾三股四弦五”的勾股定理，因此在解答关于晶胞的计算问题时，可以沿着这一思路思考。学生对晶胞模型理解得不透彻，主要原因是晶胞属于立体图形，是三维表征形式，与曲线等二维表征形式存在很大区别。从前期调查问卷结果可以看出学生的抽象思维比较薄弱，因此关于晶胞的题目得分率不高。针对这种情况可将思维过程进行分解。图2a是晶胞的结构，把该图进行处理得到图2b，其某一个面的截面图是图2c，这时就可以运用勾股定理列式计算了。

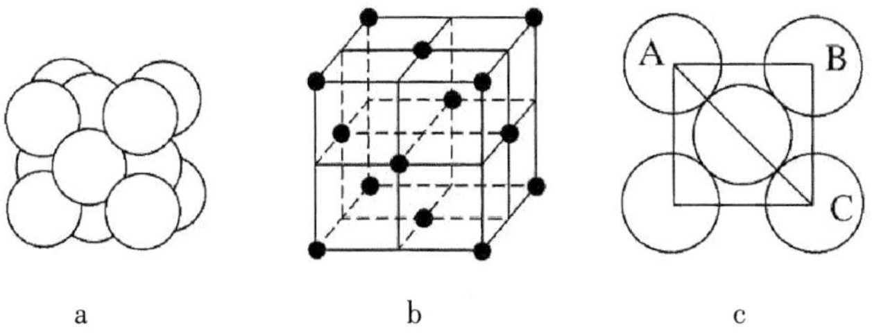

图2　晶胞结构及模型

要计算A与C之间的距离（原子半径为r），就需要将A与C两者放到同一平面中，图2a是晶胞的结构，比较抽象，学生难以理解。图2b是一般意义上的晶胞模型，初具雏形，但是学生仍然难以从三维结构中想象，因此就有了图2c，将A与C放到二维平面中。从结构到模型，从三维到二维，学生思维得到拓展。

抽象思维测试问卷

1. A与B之间的距离是________。

2. B与C之间的距离是________。

3. A与C之间的距离是________。

3. 守恒思维——用守恒关系式加工信息

守恒思维本质上也是建立一种思维模型。例如，化学方程式中，不同物质的物质的量或质量呈比例关系；分析氧化还原反应时，氧化剂和还原剂得失电子的数目相同，因此可以列出守恒式；根据“化学式中所有元素的化合价之和为0”可列出算式；盖斯定律更是彰显了能量守恒等。此外，还有电解质溶液中的三大守恒，即物料守恒、电荷守恒和质子守恒。

守恒思维测试问卷

1. 用双线桥法考查学生的电子得失守恒思维

反应$CuO+H_2=Cu+H_2O$中，得失电子的元素分别是________和________，1 mol CuO完全反应共得到____mol e^-，1 mol H_2完全反应共失去_____mol e^-。

2. 用化学方程式（或离子方程式）即符号表征的方式考查物质的量守恒关系

$2ClO_2+10I^-+8H^+=2Cl^-+5I_2+4H_2O$ ……①

$I_2+2S_2O_3^{2-}=2I^-+S_4O_6^{2-}$ ……②

反应①中，ClO_2与I_2的物质的量之比是__________，反应②中，I_2与$Na_2S_2O_3$的物质的量之比是__________，所以ClO_2与$Na_2S_2O_3$的物质的量之比是__________。

从上述调查问卷结果可以看出，学生的平均分并不是很高，主要原因在于不够仔细和细心，导致一些不必要的失分。

（三）数学公式列式和数学计算能力测评

调查问卷一只要求列出式子，不需要计算结果，每道题赋1分，给学生10分钟时间进行测试；调查问卷二要求计算出各式的结果，每道题也赋1分，给学生5分钟时间进行测试。同一批学生先做调查问卷一再做调查问卷二。测试结果见表2。

表2　调查问卷一和调查问卷二的测试结果

	调查问卷一	调查问卷二
问卷内容	涉及4个方面，每个方面1分，共4分： (1)曲线表征：平衡限度观 (2)立体晶胞表征：立体观念 (3)符号表征（一步化学方程式）：守恒观，变化观 (4)文字表征：新概念，守恒观	与“调查问卷一”相关的4个数学计算式，每题1分，共4分
平均分	2.14分	3.74分

从表2可以看出，以化学语言为背景的化学计算题与纯粹的计算式之间存在较大区别，很明显，学生对纯粹的数学计算题更得心应手，得分更高。在调查问卷一中，学生仅需从题设条件中获取信息列出式子，而在调查问卷二中，学生仅需根据式子计算出结果。从测试结果可以看出，调查问卷二学生的平均分高于调查问卷一，说明化学计算题学生得分低的原因

并非在于数学计算能力弱，而在于计算之前从题设条件中获取信息，根据各种关系列出式子等思维能力弱。一旦这一过程学生思考得较慢，在考试“惜时如金”的环境下学生就会更加惧怕化学计算，这才是化学计算题学生得分低的症结所在。其实学生的数学计算能力并不弱，而是弱在化学学科素养方面。

三、从化学计算题看学生的必备品格

对调查问卷一的详细解读如表3所示。

表3　调查问卷一的解读

题目	表征方式	学科观念	关键能力	必备品格
1. CrO_4^{2-}和$Cr_2O_7^{2-}$在溶液中可相互转化，用离子方程式$2CrO_4^{2-}+2H^+ \rightleftharpoons Cr_2O_7^{2-}+H_2O$表示。室温下，初始浓度为1.0 $mol \cdot L^{-1}$的Na_2CrO_4溶液中$c(Cr_2O_7^{2-})$随$c(H^+)$的变化如图所示。根据A点数据，计算该反应的平衡常数 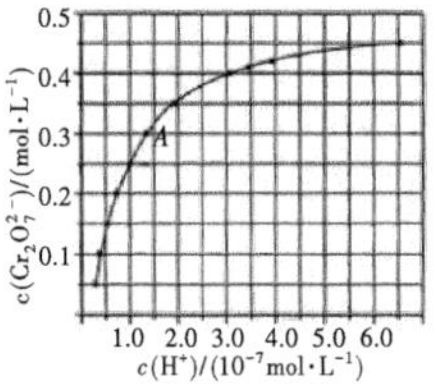	曲线表征	平衡限度观	(1)信息解读能力。平衡限度观是学生正确理解曲线平台含义的基础。平衡时，平台对应的纵坐标数据就是平衡时$Cr_2O_7^{2-}$的浓度 (2)化学思维能力。变化观念与平衡思想是学生掌握曲线起点、趋势和平台所蕴含的相关数据和意义的基础 (3)数学计算能力。学生在掌握化学平衡常数表达式及其内涵的基础上，结合曲线中的数据，列式$K=\dfrac{0.25}{(10^{-7})^2 \times 0.5^2}$，计算得出结果	任何事物都在不断变化中，且在变化中不断发展，但事物的变化总是有限度的，受到某种规律的制约
2. CaF_2晶胞如图所示，a表示Ca^{2+}，b表示F^-，晶胞边长为540.0 nm。Ca^{2+}在晶胞的顶点和面心，F^-均匀分布在晶胞内部(若将该晶胞8等分，则F^-分布在8个小立方体的体心)。a位置Ca^{2+}与b位置F^-之间的距离为__nm 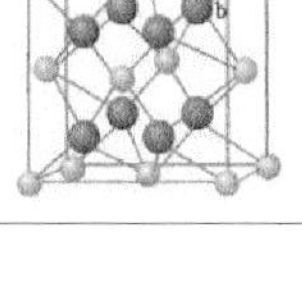	立体晶胞表征	物质结构观	(1)空间想象和微观探析能力，使得学生理解到Ca^{2+}离子和F^-离子分别在立方体的顶点、面心、内部等位置 (2)物质结构观是学生理解晶胞结构的基础，是学生信息解读能力的基础。学生理解到CaF_2是由无数Ca^{2+}和F^-构成，Ca^{2+}和F^-之间有一定的距离 (3)数学计算能力。运用“勾三股四弦五”列式，距离是$\dfrac{540 \times \sqrt{3}}{2 \times 2}$ nm，计算得出结果	在学习过程中将物质看作无数个质点也是一种能力

续 表

题目	表征方式	学科观念	关键能力	必备品格
3. 高锰酸钾纯度的测定：称取5.00 g高锰酸钾样品配成溶液，摇匀，加入稀硫酸酸化。该$KMnO_4$溶液恰好与20.00 mL 0.500 $mol\cdot L^{-1}$的$H_2C_2O_4$标准溶液完全反应。该高锰酸钾样品的纯度为__________。已知$2MnO_4^-+5H_2C_2O_4+6H^+=2Mn^{2+}+10CO_2\uparrow+8H_2O$，$M(KMnO_4)=158\ g\cdot mol^{-1}$	符号表征	变化观	(1)化学(离子)方程式是化学学科独特的语言，表示化学反应中各物质的质量关系、物质的量关系等。学生能否有效理解化学(离子)方程式是学习能力强弱的体现 (2)从化学(离子)方程式中获取信息。离子方程式中的化学计量数之比就是物质的量之比，是守恒观、变化观的体现。除了电子得失守恒之外，电解质溶液中的电荷守恒、质子守恒等都可以作为列计算式的基础 (3)数学计算能力。根据比例列出式子$\frac{2\times158\times0.5\times0.02}{5.00\times5.0}\times100\%$，计算得出结果	按比例反应是化学反应所遵循的最基本的量的关系。社会发展也遵循着一定的公序良俗
4. "有效氯含量"可用来衡量含氯消毒剂的消毒能力，其含义是：每克含氯消毒剂的氧化能力相当于多少克Cl_2的氧化能力。则$NaClO_2$的有效氯含量为______	文字表征	守恒观	(1)概念"有效氯含量"是文字与化学之间的桥梁。对文字表述的新概念的理解程度是学生化学实践能力高低的体现。消毒剂得电子是其氧化能力的体现，无论是$NaClO_2$还是Cl_2，氯元素最终都转化为稳定的Cl^-形式 (2)守恒思想是一种化学思维方式，能否掌握守恒关系式是思维能力高低的体现 (3)数学计算能力。列式$\frac{\frac{1}{90.5}\times4}{\frac{1}{71}\times2}$，计算得出结果	对文字的理解程度是化学学科素养高低的表现。元素在自然界中的稳定形式是物质转化观的体现

从上述调查发现，学生的数学计算能力一般比较强，化学计算题得分低的真正原因在于学生的化学学科核心素养不高。化学计算题看似是数学问题，但经分析发现其本质上还是化学问题，是对化学学科观念和学科思维的理解，包括抽象思维、平衡限度观和守恒思想等，即学生的化学学科关键能力。因此，化学计算题也是考查学生能力的题型。学生在落实好学科观念和关键能力的同时，通过化学计算题的磨炼，可以培养必备品质。平衡限度观使学生理解任何事物都在不断变化中，并在变化中不断发展，但事物的变化总是有限度的，受到某种规律的制约。在学习过程中将物质看作无数个质点也是一种能力，这就是微粒观。除此之外，守恒观在高中

化学中所占的分量更重。能量守恒是自然界中的一种普适规律，所以可以利用盖斯定律计算反应热ΔH。若几种元素能够形成稳定的化合物，则化合物中各元素之间必定存在一定的关系，即化合物中各元素的化合价之和为零。化学计算题的解题核心在于学科观念和关键能力，解答化学计算题的过程能培养学生的耐心、恒心和细心，更能告诉学生大自然的普适规律。

参考文献

崔俊莉，闫春更，周青．基于三阶试题的“化学平衡”学习困难分析[J]．化学教学，2017(2)：26-31.

模型认知在解构认知冲突问题中的应用*

摘　要： 从 SO_2 漂白品红转变为 HSO_3^- 漂白品红，外部信息的变化在考验学生承受认知冲突的能力。本文从模型认知的角度解构学生的认知冲突，提升学生化学学科核心素养。

关键词： 模型认知；认知冲突；化学学科核心素养

学生认知能力的提升是一个循序渐进的过程，因此教师为了更好地适应学生认知水平的变化，在教学中有些知识点的讲授并非一步到位，而是要停留在原始的甚至是“错误”的层面上一段时间，等待时机成熟后再去完成对旧知识的修正与完善。例如，初中化学总结复分解反应发生的条件是“生成沉淀、气体或水”，其实是不完善的。在高中学习离子反应时，复分解反应发生的条件就被修正为“生成沉淀、气体或弱电解质”。化学学科的特点决定了学生在学习过程中必定会由于知识螺旋式上升而经常遭遇认知冲突。王继璋通过实验证明使品红褪色的真正物质（或离子）是 SO_3^{2-} 或 HSO_3^-，这与人教版必修教材《化学1》所描述的“SO_2 与某些有色物质生成不稳定的无色物质”存在差异，这一信息对学生的认知产生较大的冲击，笔者就此命制了原创的选择题。

【原创题】 研究发现品红分子结构中的发色基团与亚硫酸氢根离子（HSO_3^-）反应生成不稳定的无色化合物才是 SO_2 使品红褪色的真正原因。SO_2 与水反应生成 H_2SO_3，H_2SO_3 电离产生 HSO_3^- 的过程可逆，故加热经 SO_2 漂白的品红溶液，SO_2 会从溶液中溢出，品红溶液又恢复红色。根据上述事实判断下列说法正确的是

* 本文发表于《广东化工》2020年第4期。

A. SO_2使品红溶液褪色的原理与氯水使品红溶液褪色的原理相同

B. 向经SO_2漂白的品红溶液中加入一定量的$NaHCO_3$固体，品红溶液仍无色

C. 将SO_2通入品红的无水乙醇溶液中，可使溶液褪色

D. 加热经$NaHSO_3$溶液漂白的品红溶液，红色恢复

此题答案为B。但从实验班学生的答题情况来看，绝大部分解答错误的学生选择了D。因为学生根据原有认知认为，既然教材论述到SO_2与品红结合生成无色物质，则根据该题的条件，情况似乎变得更加“清楚”了，是HSO_3^-与品红结合生成无色物质，因此只要加热，则最终就又会分解生成红色的品红。错误的出现凸显了学生并非真正懂得题目条件背后的逻辑。

2014年《教育部关于全面深化课程改革　落实立德树人根本任务的意见》提出，教育部将组织研究提出各学段学生发展核心素养体系，明确学生应具备的适应终身发展和社会发展需要的必备品格和关键能力。高中化学学科核心素养是学生发展核心素养的重要组成部分，是高中生通过化学课程学习所获得的在知识与技能、过程与方法、情感态度与价值观等方面的综合品质与关键能力。从学生发展核心素养、科学素养和化学课程的价值等方面综合分析，高中化学课程为了落实立德树人的任务，就要让学生通过自主、探究与合作等多样化的学习方式，形成和发展化学学科观念、化学学科思维和科学探究能力，树立和发展科学精神和价值观。通过高中化学课程的学习，学生要能通过观察和实验收集物质及其变化的证据，基于证据进行分析推理形成结论，并且能依据物质及其变化的信息进行抽象概括并建构模型，用模型思想认识物质及其变化的一般规律。本文基于以上原创题，从化学学科观念、化学学科思维、化学学科实践和化学学科价值四个层次对学生的认知冲突进行解构。

一、化学学科观念：SO_2或HSO_3^-使品红溶液褪色本质上都是平衡的移动

人教版必修教材《化学1》提到，“品红溶液被二氧化硫漂白，因此溶

液褪色。二氧化硫具有漂白性，它能漂白某些有色物质。工业上常用二氧化硫来漂白纸浆、毛、丝、草帽辫等。二氧化硫的漂白作用是由于它能与某些有色物质生成不稳定的无色物质。这种无色物质容易分解而使有色物质恢复原来的颜色，因此用二氧化硫漂白过的草帽辫日久又变成黄色。”这段文字让学生在脑海中形成了一种认知模型，即“SO_2 + 品红⇌无色物质”，而无色物质不稳定，加热会分解。但上述原创题给出的信息提到“研究发现品红分子结构中的发色基团与亚硫酸氢根离子（HSO_3^-）反应生成不稳定的无色化合物才是SO_2使品红褪色的真正原因”，让学生在脑海中形成“HSO_3^- +品红⇌无色物质”的认知模型。无论是SO_2漂白品红，还是HSO_3^-漂白品红，加热后无色又恢复为红色，都与平衡移动密切相关，都是平衡移动在化学反应中的应用，因此笔者在教学中首先帮助学生建立平衡限度观。

二、从化学学科思维角度建构模型从而解构认知冲突

皮亚杰是研究认知冲突的先驱，他认为认知冲突对于学习者有着重要作用，当学习者的经验与现有的观念不匹配时，其原有思维平衡就会被打破，为了保持平衡，学习者就会产生学习行为。因为认知冲突的核心是认知发展过程中原有概念或认知结构与现实情境不相符时在心理上所产生的矛盾或冲突，因此设置认知冲突成为一种重要的教学方法，被广大教师同行所认可，并被广泛应用于课堂教学之中。可见，认知冲突不应成为学生进步的“绊脚石”，而应成为学生成长道路上的“垫脚石”。学生在学习新知识之前，头脑并非一片空白，而是有形形色色的认知，当遇到不能解释的新现象时，就会产生认知冲突。在学习新知识时，学生总是试图以原有的认知结构来同化对新知识的理解。例如，当学生得知真正使品红褪色的是HSO_3^-而非SO_2后，就会迅速调整思路。其实解决问题并没有那么复杂，无论SO_2还是HSO_3^-使品红褪色，都可以运用平衡限度观来解决问题。学生之所以在答题时出现问题，原因在于并未灵活运用平衡模型，并未充分掌握弱电解质的电离和离子水解的方式。因此，如果从学生较为熟悉的电离和水解方式出发建立认知模型，会是较好的思维形成方式。

选项B“向经SO_2漂白的品红溶液中加入一定量的$NaHCO_3$固体，品红溶液仍无色”是一种“电离模型”（见图1）。HSO_3^-是由SO_2与H_2O反应生成的H_2SO_3经第一步电离后生成的，所以当HSO_3^-与品红分子反应生成无色物质后，溶液中尚残留大量的H^+，当向该溶液中加入$NaHCO_3$，$NaHCO_3$将与H^+反应生成CO_2。可用下面的平衡直观地理解这一过程：

$$SO_2 + H_2O \rightleftharpoons H_2SO_3 \rightleftharpoons H^+ + HSO_3^- \qquad \cdots\cdots①$$

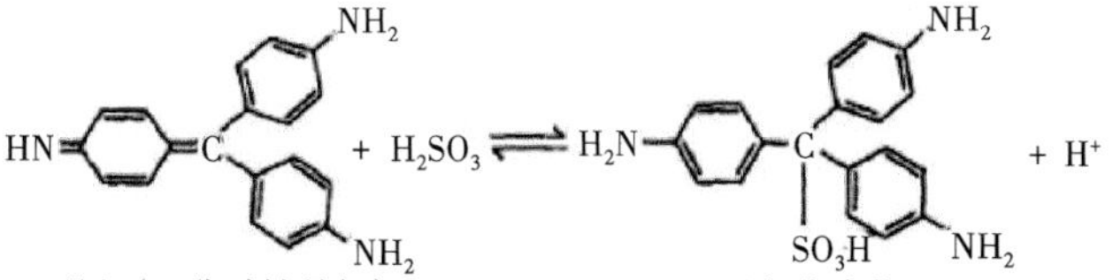

品红（又称碱性品红）　　无色化合物　　……②

图1　电离模型

溶液中有H_2SO_3，加热后SO_2溢出，平衡①会向生成SO_2的方向移动，即向逆反应方向移动。加热经SO_2漂白的品红溶液，无色物质不稳定，平衡②向逆反应方向移动。加热时H_2SO_3会分解生成SO_2和H_2O，随着H_2SO_3不断减少，无色物质会逐渐转化为红色品红。若品红溶液褪色的原因是SO_2与有色分子结合生成无色分子的话，则溶液中并不会有大量的H^+，但实验证明，加入HSO_3^-后试管中剧烈反应，出现大量无色气泡，说明溶液中的确存在大量H^+。

选项D“加热经$NaHSO_3$溶液漂白的品红溶液，红色恢复”是错误的表述，它的认知模型是“水解模型”（见图2）。无论是弱电解质的电离还是盐类的水解均是“较弱”的过程。经$NaHSO_3$溶液漂白的品红溶液中存在HSO_3^-离子的水解平衡，虽然加热后溶液温度升高，但是水解程度并不会很大，就如加热Na_2CO_3溶液时，不会因为CO_3^{2-}的水解而有CO_2气体溢出。所以，HSO_3^-水解后生成的H_2SO_3不会大量分解，即平衡③不会强烈地向正反应方向移动，平衡④更不会因为HSO_3^-离子的水解而向逆反应方向移动，因此溶液中无色物质仍然会存在，该溶液不会褪色。

$$HSO_3^- + H_2O \rightleftharpoons H_2SO_3 + OH^- \qquad \cdots\cdots③$$

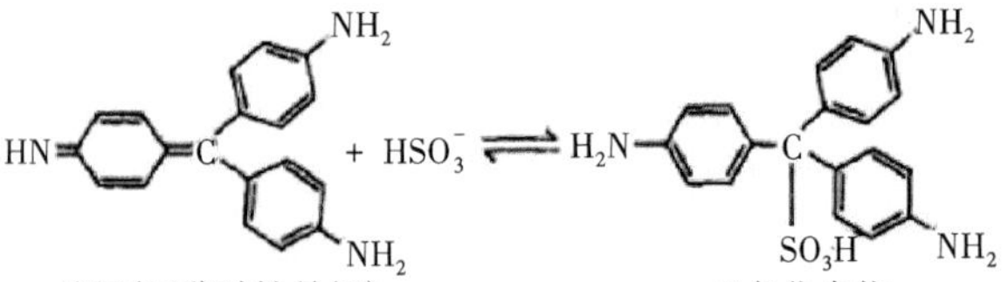

……④

图2　水解模型

加热经SO_2或$NaHSO_3$溶液漂白的品红溶液产生不同现象的根本原因在于前者电离出HSO_3^-，漂白品红后，溶液中存在大量的H^+，而后者漂白品红后，溶液中并没有大量的H^+。加热后前者要考虑的是“电离平衡”，而后者要考虑的是“水解平衡”，运用的模型不同，因此考虑问题的角度就会发生显著变化。

三、用课堂实验建构化学学科实践

化学学科发展至今，实验仍然是探索物质奥秘的重要研究方法，是高中学生进行科学探究的重要途径，也是培养学生创新精神和实践能力的重要活动。化学实验通过一定的实验技术和方法获取物质及其变化的信息，再运用比较分析、归纳概括、证据推理、模型建构等方法对实验现象和事实做出合理的解释，揭示化学变化的规律，形成科学的结论。在出现“认知冲突”时，虽然上述理论分析推理出了结果，但为了彻底解除学生的疑惑，笔者特意做了两个课堂实验。

【实验1】向品红溶液中通入SO_2气体，品红溶液逐渐褪色，将褪色后的溶液分成两份，一份加热，红色慢慢恢复；另一份加入$NaHCO_3$固体，有大量气泡生成，但溶液仍无色。

【实验2】向品红溶液中加入一定量的$NaHSO_3$固体，品红溶液褪色。加热褪色的溶液，未见恢复红色。

从学生的答题情况来看，大部分学生错选了D，笔者认为这与认知模型“SO_2 +品红⇌无色物质”有很大的关系。虽然题目已经给出了新的信息，但“镌刻”在学生心中“旧”的认知仍然存在，所以学生就会用“加热后HSO_3^-会分解出来”比拟“加热后SO_2从无色物质中分解出来”，而事实上这种比拟是错误的。学生对题目内涵理解不清，从本质上来说反映出学生的化学学科核心素养水平尚处于较低层次，未能灵活运用模型建构的思路。教师在这个阶段要引导学生迅速转变原有概念，准确快速地处理好认知冲突，进行概念转变和模型建构。

四、从化学学科价值角度建构化学学科核心素养

课程标准以培养学生核心素养为终极目标。高中化学课程以进一步提高学生的科学素养为宗旨，是科学教育的重要组成部分，对提高学生的科学素养，促进学生全面发展有着不可替代的作用。化学学科观念是化学学科核心素养的重要组成部分。

恩格斯曾说，平衡是和运动分不开的。平衡是动态的、相对的，是自然界中普遍存在的现象，动中有静，静中有动。例如，化学教材中有“溶解与结晶”“化学反应平衡”“电解质的电离平衡”“沉淀与溶解平衡”“氧化还原反应平衡”等，平衡理论贯穿了化学理论的大部分内容。不但化学学科研究平衡，物理学科中虽然没有专门设章节讨论平衡，但同样能找到平衡的踪迹。例如，简谐振动中最简单的例子是弹簧的振动，手拉一下弹簧，它就会在平衡位置的上下相同距离范围内振动。从中可以看出，虽然是不同的学科，但平衡原理却如出一辙。

参考文献

[1]周忠辉.例谈高中化学课堂中“认知冲突”的设置[J].中学化学教学参考,2014(11):16-18.

[2]王继璋.探究二氧化硫使品红溶液褪色的原因[J].中学化学教学参考,2016(7):70.

[3]罗美玲.认知冲突策略在概念转变中的应用研究[J].化学教育,2014,35(5):34-36.

[4]张秀球,汪荣新.比品红溶液更灵敏的检验二氧化硫的试剂[J].化学教育,2014,35(15):74-75.

从素养水平分层角度看化学学科核心素养背景下的平衡限度观

——以探究反应物平衡转化率的变化为例

摘　要：化学学科核心素养五个方面的素养水平是分层的，反映出学生能力水平的差异，也可以作为教师进行教学设计的依据。可逆反应反应物的平衡转化率体现了变化观念与平衡思想，学生不同素养的水平反映出学生关键能力的水平。

关键词：素养水平；平衡观念；关键能力

笔者在教学实践中发现学生在理解化学学科观念的程度上存在着差异，这与化学学科核心素养五个方面的素养水平分层相符合。以“变化观念与平衡思想”为例，有的学生对其的认识度较低，有的学生学习了可逆反应的化学平衡移动无法将相关规律迁移到电离平衡中，而有的学生在意识到化学平衡与电离平衡的相似关系后，自以为能融会贯通了，但实际上还是无法运用到水解平衡中。与“变化观念与平衡思想”息息相关的平衡限度观是化学学科的基本观念，学生是否拥有基本观念无法直观看出，但可以通过关键能力的强弱体现出来。关键能力是实实在在的思维方法，能够将化学平衡的相关规律迁移到电离平衡、水解平衡中也是一种关键能力，而且属于需要内化的更高层次的必备品格。将平衡限度观从可逆反应的化学平衡延伸到弱电解质的电离平衡、盐类的水解平衡具有重要的现实意义和价值观培养的功能。可逆反应的平衡移动是知识基础，只有平衡移动学得扎实了，接下来“CH_3COOH的电离平衡”和“Fe^{3+}的水解平衡”的学习才会水到渠成，其实也就是通过学习可逆反应的平衡移动，形成一种内在的能力和素养。化学学科观念对于学生来说只是一种朦胧的感觉，需要基于学科思维的锤炼。例如，可逆反应向正反应方向移动一定意味着反应物转化率提高吗？学生常常将平衡移动方向和反应物转化率变化这两个概念搞混淆。化学平衡移动的原因很多，平衡向正反应方向移动时反应物转化率可能增大，也可能不变甚至是减小。这些应用方面的内容，学生只有在能力和素养提升之后才能理解。《普通高中化学课程标准（2017年版）》指出“变化观念与平衡思想”有4级水平，其主要内容和典例如表1所示。

表1 “变化观念与平衡思想”素养水平和典例

素养水平	变化观念与平衡思想	典例
水平1	能认识到物质运动和变化是永恒的，能归纳物质及其变化的共性和特征，能认识化学变化伴随着能量变化；能根据观察和实验获得的现象和数据概括化学变化发生的条件、特征与规律	向$K_2Cr_2O_7$酸性溶液中滴加碱，溶液颜色有变化，可知溶液中存在平衡移动
水平2	能从原子、分子水平分析化学变化内因和变化的本质，能理解化学反应中量变和质变的关系；能从质量守恒，并运用动态平衡的观点看待和分析化学变化；能运用化学计量单位定量分析化学变化及其伴随发生的能量转化	向$Cr_2O_7^{2-}$（橙色）$+H_2O \rightleftharpoons 2CrO_4^{2-}$（黄色）$+2H^+$体系中加入NaOH溶液消耗$H^+$，平衡向正反应方向，溶液由橙色变为黄色
水平3	形成化学变化是有条件的观念，认识反应条件对化学反应速率和化学平衡的影响，能运用化学反应原理分析影响化学变化的因素，初步学会运用变量控制的方法研究化学反应	向$Cr_2O_7^{2-}$（橙色）$+H_2O \rightleftharpoons 2CrO_4^{2-}$（黄色）$+2H^+$的平衡体系中加入$H^+$，$c(H^+)$存在着先增大后减小的变化过程，根据勒夏特列原理，$c(H^+)$最终还是要比原来大
水平4	能从不同视角认识化学变化的多样性，能运用对立统一思想和定性定量结合的方式揭示化学变化的本质特征；能对具体物质的性质和化学变化作出解释或预测，能运用化学变化的规律分析说明生产、生活实际中的化学变化	可逆反应化学平衡移动的变化规律可以迁移到弱电解质的电离平衡和盐类的水解平衡中

为了简洁地描述“变化观念与平衡思想”，本文参考相关文献将平衡限度观水平概括为表2。

表2 平衡限度观水平

水平	证据类型	水平表现
1	宏观证据，从宏观看平衡	能从宏观角度定性判断存在平衡移动
2	微观证据，从微观看平衡	能从微观角度解构平衡移动的过程
3	定量证据，用变量控制法研究平衡移动	认识到平衡移动是有条件的，能够判断外界条件的变化引起平衡的移动
4	逻辑证据，对平衡移动变式的应用	将平衡移动的思想从基本化学变化延伸至其他反应类型

一、从宏观现象角度初步了解“变化观念与平衡思想”

平衡限度观在本质上就是“量变引起质变”的一种体现，由于物质的量发生了变化，平衡发生了移动，化学现象自然也可能有所变化，如颜色变化，出现气泡、沉淀等。

【问题1】向 $Cr_2O_7^{2-}$ 溶液中加入强碱溶液，将会发生什么现象，为什么？

铬酸根和重铬酸根离子存在平衡：$Cr_2O_7^{2-}$(橙色)$+H_2O \rightleftharpoons 2CrO_4^{2-}$(黄色)$+2H^+$，分别向两支小试管中加入4 mL 0.1 mol·L^{-1} $K_2Cr_2O_7$溶液，记为①和②。向①中滴加3滴蒸馏水，溶液仍显橙色，以$K_2Cr_2O_7$为主，作为对比；向②中滴加3滴6.0 mol·L^{-1} NaOH溶液，溶液显黄色，以K_2CrO_4为主（见图1）。实验揭示了由于外界条件的改变，正逆反应速率不相等，所以化学平衡状态发生移动（见图2）。

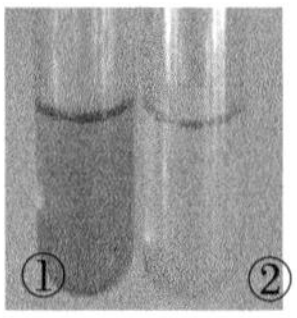

图1　对比实验

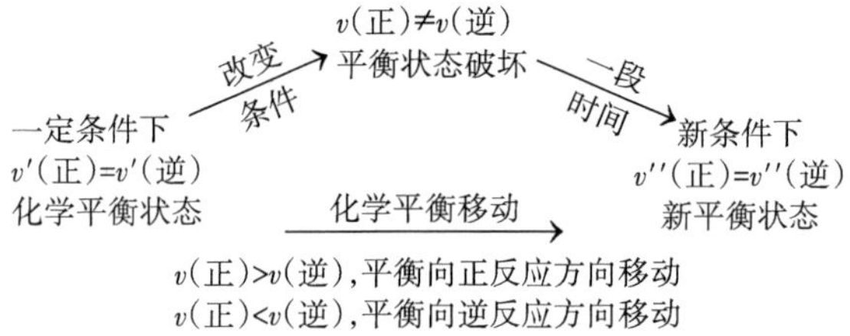

图2　“化学平衡移动”的认知模型

在新授课中，学生对于平衡限度观的理解始于化学实验和化学实验现象，从实验现象出发可以激发学生的学习热情。宏观现象的变化使学生在脑海中形成平衡移动的意识。

二、从微观角度用微粒的运动看平衡限度观

学习初期，学生难以形成平衡限度观，不易理解平衡移动是如何发生的。例如，0.1 mol CH_3COOH在溶液中电离出来的自由移动的H^+是0.005 mol，部分学生只看到自由移动的那部分H^+，认为CH_3COOH在与NaOH溶液反应时，NaOH只消耗0.005 mol，暂时还不能理解CH_3COOH还能继续电离出更多的H^+。因此，在从宏观角度让学生了解平衡是可以移动的这一事

实之后，还要从微观角度继续深入探讨平衡移动原理。笔者设计了下列问题来落实学生的平衡移动思维。从微观角度看待化学平衡移动，属于素养水平2的要求。这一层面的观察和分析有利于学生进一步学习平衡移动的相关内容，是学习化学的一种视角，即微粒观视角。

【问题2】已知$Cr_2O_7^{2-}$(橙色)+$H_2O \rightleftharpoons 2CrO_4^{2-}$(黄色)+$2H^+$，则$K_2Cr_2O_7$溶液中主要含有哪些离子？

【问题3】为什么向$Cr_2O_7^{2-}$(橙色)+$H_2O \rightleftharpoons 2CrO_4^{2-}$(黄色)+$2H^+$体系中滴加NaOH溶液后，溶液颜色会变成黄色？

【问题4】已知$2NO_2$(g，红棕色)$\rightleftharpoons N_2O_4$(g，无色)，$\Delta H<0$，为什么装有$NO_2$、$N_2O_4$混合气体的平衡球，一端浸入热水中，一端浸入冰水中，本来一样颜色的混合气体，热水一端颜色变深，冰水一端颜色变浅？

【问题5】向$2NO_2$(g，红棕色)$\rightleftharpoons N_2O_4$(g，无色)体系加压，为什么气体的颜色先变深后变浅？

【问题6】向$Cr_2O_7^{2-}$(橙色)+$H_2O \rightleftharpoons 2CrO_4^{2-}$(黄色)+$2H^+$体系中加水稀释，为什么平衡是向正反应方向移动？

$K_2Cr_2O_7$溶液中存在可逆反应$Cr_2O_7^{2-}$(橙色)+$H_2O \rightleftharpoons 2CrO_4^{2-}$(黄色)+$2H^+$，因此溶液中有$K^+$、$Cr_2O_7^{2-}$、$CrO_4^{2-}$、$H^+$和极少量的$OH^-$等离子。加入碱溶液后$OH^-$将与$H^+$反应生成水，$H^+$浓度减小，根据平衡移动原理，平衡将会向正反应方向移动，所以溶液将呈CrO_4^{2-}的黄色，这是由浓度这一影响因素造成的。而对于反应$2NO_2$(g，红棕色)$\rightleftharpoons N_2O_4$(g，无色)　$\Delta H<0$，可以从温度和压强两个角度来分析平衡移动方向问题。除此之外，还可以从整体观角度来看待可逆反应的平衡移动方向问题。例如，向$Cr_2O_7^{2-}$(橙色)+$H_2O \rightleftharpoons 2CrO_4^{2-}$(黄色)+$2H^+$体系中加水稀释，总的离子浓度将会下降，根据勒夏特列原理，只有平衡正向移动才能使得离子的总浓度增加。分析发现，通过设计的上述几个问题巩固了学生从微观角度看化学平衡移动的能力，从而很好地提升了学生的平衡限度观。

三、用变量控制法和虚拟容器法解析平衡转化率，提升学生的关键能力

关键能力不能仅局限于能够正确认识和分析简单平衡移动层面，而是要能提升学生在面对复杂情况时能够准确分析的能力。当影响化学平衡移动的因素从一种变为多种时，可以使用变量控制法和虚拟容器法相结合的方式进行分析，这一内涵属于素养水平3的要求。

【问题7】向容器甲中加入N_2O_4，N_2O_4会部分分解为NO_2，即$N_2O_4(g) \rightleftharpoons 2NO_2(g)$。平衡时分解的$N_2O_4$的量与原有的$N_2O_4$的量之比即为$N_2O_4$的平衡转化率。恒温恒容下，向容器甲中再加入一倍量的N_2O_4后，N_2O_4的平衡转化率将如何变化?

平衡限度观必定涉及平衡移动，而平衡移动也是平衡限度观的体现。要分析平衡转化率的变化情况，必定要解决“该平衡向哪个方向移动”和“与原来相比移动的程度如何”两个问题。对于外界条件改变下的平衡移动，可运用变量控制法和虚拟容器法对平衡移动过程进行“拆解”。

第1步：如图3，容器甲中存在可逆反应$N_2O_4(g) \rightleftharpoons 2NO_2(g)$，容器乙Ⅰ与容器甲一样，加入一样多的$N_2O_4$气体并达到化学平衡状态。容器乙Ⅰ上面有一个虚拟容器乙Ⅱ，体积与容器乙Ⅰ一样，并加入与容器乙Ⅰ一样多的N_2O_4气体。一段时间后达到平衡，如容器丙Ⅱ所示。

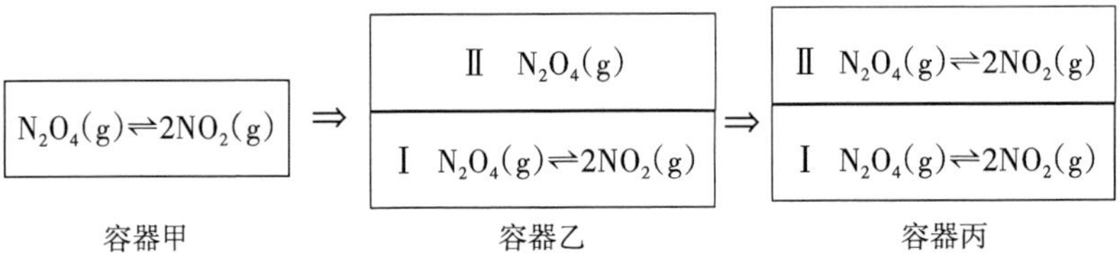

图3 虚拟容器法过程1

第2步：当容器丙Ⅱ中达到平衡后，将容器丙Ⅱ中的混合气体全部压入容器丙Ⅰ中（见图4）。

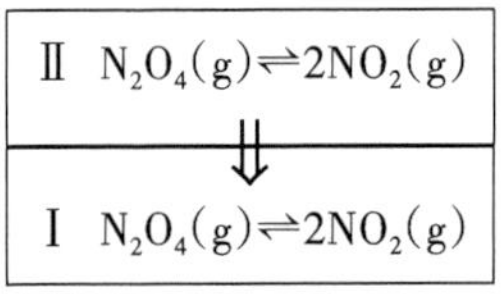

图4 容器丙中压缩过程1

第1步只涉及因浓度变化引起的平衡移动，由于加入了N_2O_4，根据勒夏特列原理N_2O_4必定会分解，所以容器乙Ⅱ中的平衡向正反应方向移动，直至与容器乙Ⅰ中一样。第1步中N_2O_4的平衡转化率与容器甲中的相同，没有发生变化。第2步中容器丙Ⅰ、Ⅱ两个容器中的物质类型和物质的量完全一样，将上面容器丙Ⅰ中气体压入下面容器丙Ⅱ中相当于加压，涉及因压强变化引起的平衡移动。由于反应方程式中系数左边<右边，即1<2，压强增大平衡必定会向逆反应方向移动，所以N_2O_4的平衡转化率会减小。由于该反应左、右两边的系数不同，所以原平衡和新平衡在反应程度上不相同，这一点就体现在反应物的平衡转化率上，这一点比较难理解，即知识的层次更高，学生若能理解甚至能灵活应用就说明学生的思维层次提高了。当然第1步和第2步的平衡移动在真实情境下是不分先后的，而是同时进行的，只是在本研究中人为地将其拆分为两步而已。

教师：容器乙Ⅱ中的N_2O_4气体发生反应$N_2O_4(g) \rightleftharpoons 2NO_2(g)$，该平衡向正反应方向移动的影响因素是什么？

学生：浓度。

教师：将容器丙Ⅱ中的气体全部压入容器丙Ⅰ中后，$N_2O_4(g) \rightleftharpoons 2NO_2(g)$平衡向逆反应方向移动的影响因素是什么？

学生：压强。

教师：最终容器丙Ⅰ中N_2O_4的平衡转化率与容器甲中N_2O_4的平衡转化率相比如何变化？

学生：由于相对于容器甲而言，容器丙Ⅰ中的平衡向逆反应方向移动了一点，所以在增加N_2O_4后其平衡转化率会减小。

学生的理解程度一般都可以达到第1步，这时只涉及一个影响因素，相对较为简单。由于增加了反应物N_2O_4，所以平衡肯定向正反应方向移动。但是由于反应的系数1<2，所以平衡虽然向正反应方向移动，但是总有一股向逆反应方向的力量在掣肘着平衡向正反应方向移动，表现为平衡转化率比之前的降低一些。对这一点的理解显然素养水平更高一些。

四、关键能力升华为必备品格的过程就是素养水平提升的过程

上述在塑造学生关键能力的过程中，通过变量控制法和虚拟容器法，将反应过程人为地拆分为两个阶段来分析平衡移动的方法，可以运用到很多现实问题中，因此可以将其进行扩展研究，深化为学生的必备品格。以下采用变式的方式，提升学生的思维水平。

（一）将反应$N_2O_4(g) \rightleftharpoons 2NO_2(g)$换成反应$2NO_2(g) \rightleftharpoons N_2O_4(g)$，容器中$NO_2$的物质的量增加一倍，$NO_2$的平衡转化率的变化情况

【问题8】向容器甲中加入NO_2，NO_2会部分二聚为N_2O_4，即$2NO_2(g) \rightleftharpoons N_2O_4(g)$。转化为$N_2O_4$的$NO_2$的量与原有的$NO_2$的量之比即为$NO_2$的平衡转化率。恒温恒容下，向容器甲中再加入相同物质的量的NO_2后，NO_2的平衡转化率将如何变化？

将反应$N_2O_4(g) \rightleftharpoons 2NO_2(g)$换成反应$2NO_2(g) \rightleftharpoons N_2O_4(g)$，两者在第1步变量控制法的分析中是没有任何区别的，都是在分析浓度因素，平衡向正反应方向移动，见图5容器丙Ⅱ。

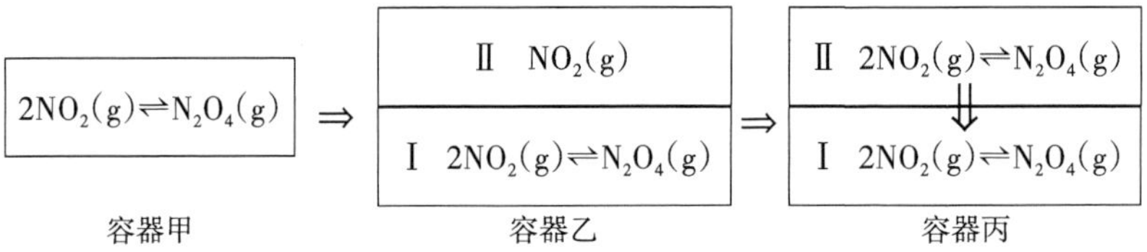

图5　虚拟容器法过程2

第2步中存在本质上的区别，那就是将容器丙Ⅱ中的混合气体全部压入容器丙Ⅰ中后，平衡是向正反应方向移动的，即反应物NO_2的平衡转化率与之前相比是增大的（见图6）。

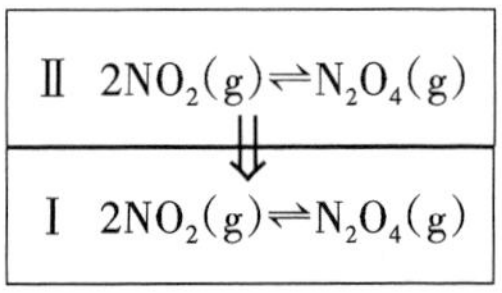

图6　容器丙中压缩过程2

在这个变式问题中，最大的变化就在于反应前后的系数与之前不同，学生可以得出第2步平衡移动的方向。这虽然仍然属于学生的关键能力，但是是在前者的基础上进行的深化，在素养水平上属于更高的层级。

教师：将容器丙Ⅱ中的混合气体全部压入容器丙Ⅰ中后，$2NO_2(g) \rightleftharpoons N_2O_4(g)$平衡向正反应方向移动的影响因素是什么？

学生：压强。

教师：最终容器丙Ⅰ中NO_2的平衡转化率与容器甲中NO_2的平衡转化率相比如何变化？

学生：由于相对于容器甲而言，容器丙Ⅰ中的平衡向正反应方向移动了一点，所以在增加NO_2后其平衡转化率会增大。

（二）将反应$N_2O_4(g) \rightleftharpoons 2NO_2(g)$中反应物的量从增加一倍变成减少一半，$N_2O_4$的平衡转化率的变化情况

【问题9】在容器甲中加入一定量的N_2O_4气体，发生反应$N_2O_4(g) \rightleftharpoons 2NO_2(g)$。$N_2O_4$的平衡转化率是指分解为$NO_2$的$N_2O_4$的量与原有的$N_2O_4$的比值。恒温恒容下，将混合气体的物质的量减少一半，则N_2O_4的平衡转化率如何变化？

问题9正好与问题8相反，将“增大浓度”变为“减小浓度”，此时仍可以运用虚拟容器法，将减少一半N_2O_4之后直到达到新的平衡状态的过程拆分为两个阶段，分阶段地解决问题，每个阶段只考虑一个因素，降低思维难度。其实本题是在上一个题的基础之上展开的，采取的是类比的思维方式，如果问题8思路清晰，问题9就可以轻松解决。

教师：如图7，容器乙刚开始与容器甲中气体的状态完全一样，第1步是将容器乙分成体积相等的两部分，再将容器乙上半部分的混合气体全部取出。第2步将下半部分的混合气体扩散到整个容器中，如图丙所示。此时平衡向正反应方向移动的原因是什么？

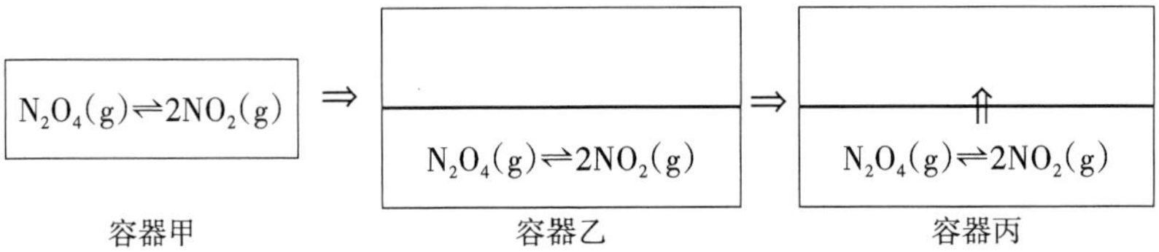

图7　虚拟容器法过程3

学生：该过程相当于降低压强，所以平衡向体积增大的方向移动。

教师：最终容器丙中N_2O_4的平衡转化率与容器甲中N_2O_4的平衡转化率相比如何变化？

学生：增大。

（三）增大乙酸（或Fe^{3+}）的浓度，乙酸（或Fe^{3+}）的电离程度（或水解程度）的变化情况

【问题10】增大CH_3COOH（或Fe^{3+}）的浓度，CH_3COOH（或Fe^{3+}）的电离程度（或水解程度）如何变化？

分析：从可逆反应到弱电解质的电离或盐的水解，虽然反应体系变了，但本质没变，还是要观察反应前后系数的大小关系，从微粒观出发寻找可逆反应“$N_2O_4(g) \rightleftharpoons 2NO_2(g)$”与弱电解质$CH_3COOH$的电离平衡“$CH_3COOH \rightleftharpoons CH_3COO^- + H^+$”、$Fe^{3+}$的水解平衡“$Fe^{3+} + 3H_2O \rightleftharpoons Fe(OH)_3$(胶体)$+3H^+$”的相似之处。反应$N_2O_4(g) \rightleftharpoons 2NO_2(g)$是微粒数“1→2”的变化，而“$CH_3COOH \rightleftharpoons CH_3COO^- + H^+$”和“$Fe^{3+} + 3H_2O \rightleftharpoons Fe(OH)_3$(胶体)$+3H^+$”分别是微粒数“1→2”和“1→4”的变化。此处不需要运用变量控制法和虚拟容器法逐步分析，只需要使用问题7的结论就可以解答了（见图8）。

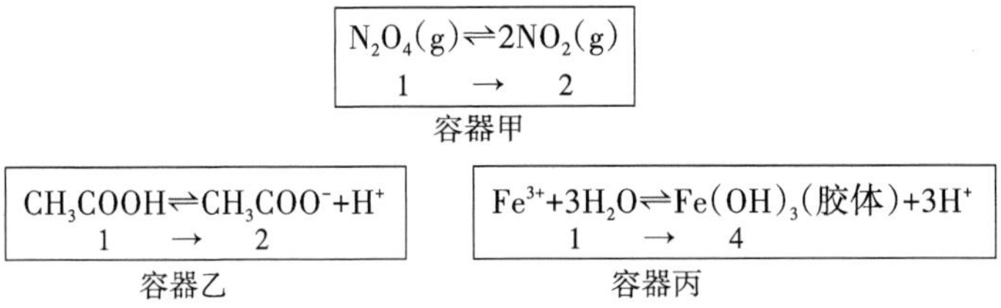

图8　类比推导

教师：$N_2O_4(g) \rightleftharpoons 2NO_2(g)$与$CH_3COOH$的电离平衡$CH_3COOH \rightleftharpoons CH_3COO^- + H^+$和$Fe^{3+}$的水解平衡$Fe^{3+} + 3H_2O \rightleftharpoons Fe(OH)_3$(胶体)$+3H^+$，在微粒个

数变化上有什么相同之处？

学生： 都是由1个微粒变为多个微粒。

教师： 向乙酸溶液中加冰醋酸，即增大乙酸的浓度，乙酸的电离程度如何变化？

学生： 类似于向 $N_2O_4(g) \rightleftharpoons 2NO_2(g)$ 体系中加入 N_2O_4，增大 N_2O_4 的浓度，N_2O_4 的转化率降低。同理，向乙酸溶液中加冰醋酸，乙酸的电离程度会降低。

学生： 以此类推，提高 Fe^{3+} 的浓度，Fe^{3+} 的水解程度会降低。

《普通高中化学课程标准（2017年版）》将“变化观念与平衡思想”素养划分为4个水平。从学生的个别访谈来看，学生从宏观或微观角度分析“平衡是移动的”较为轻松，但是一旦面临的情境素材从一种因素变成多种因素，如“增大反应物 N_2O_4 的浓度后平衡如何移动，N_2O_4 的平衡转化率如何变化”等，再让学生去落实勒夏特列原理就变得困难起来，归根到底还是学生关键能力和必备品格的培养不到位。在学习化学反应速率时教师已经强调过变量控制法，因此适时地将增加 N_2O_4 后平衡的变化过程拆分为两步：第1步是增加 N_2O_4，第2步是增大体系的压强，这样的处理使得条理更加清晰，也属于变量控制法的应用，是学生关键能力的一种体现。但是接下来才是对学生真正的考验，一是将反应 $N_2O_4(g) \rightleftharpoons 2NO_2(g)$ 改变为 $2NO_2(g) \rightleftharpoons N_2O_4(g)$ 后平衡如何移动？N_2O_4 的平衡转化率如何变化？二是不再增大反应物 N_2O_4 的浓度，而是降低反应物 N_2O_4 的浓度，平衡如何移动？N_2O_4 的平衡转化率如何变化？三是将反应的范围扩大，弱电解质的电离平衡和盐类的水解平衡从微粒观角度来看与 $N_2O_4(g) \rightleftharpoons 2NO_2(g)$ 没有区别，因此弱电解质的电离程度和盐类的水解程度的变化情况就成了检验学生必备品格的素材。

参考文献

何银华，肖中荣．证据推理：化学高考试题评价的新视角——从浙江学考-选考卷说起[J]．中学化学教学参考，2018(9)：51-54.

从大概念“稳定性”角度看物质转化观

摘　要： 物质转化观是化学学科观念之一，某个反应的产物本质上是多个反应竞争后的结果，属于大概念物质“稳定性”的具体体现。从大概念“稳定性”角度看“物质转化观”，其系统性、情境化成为培养学生化学学科核心素养的生动素材，深化了思辨性的价值观。

关键词： 稳定性；竞争反应；化学学科核心素养

2014年《教育部关于全面深化课程改革　落实立德树人根本任务的意见》提出，教育部将组织研究提出各学段学生发展核心素养体系，明确学生应具备的适应终身发展和社会发展需要的必备品格和关键能力。高中化学学科核心素养是学生发展核心素养的重要组成部分，是高中生通过化学课程学习所获得的在知识与技能、过程与方法、情感态度与价值观等方面的综合品质与关键能力。从学生发展核心素养、科学素养和化学课程的价值等方面综合分析，高中化学课程为了落实立德树人的任务，就要让学生通过自主、探究与合作等多样化的学习方式，形成和发展化学学科观念、化学学科思维和科学探究能力，树立和发展科学精神和价值观。

科学概念的形成源于人类对自然界的探索活动，而自然界又是一个普遍联系、相互作用的统一整体，因此不同学科之间必定会存在一些共通、跨越学科界限、具有普适性的科学主题。“尺度与结构”“变化的形式”“稳定性”“系统与相互作用”“能量”“演化”等被提炼为科学主题，上述科学主题在化学学科中以学科观念或核心概念的形式表现出来。例如，大概念“稳定性”就与化学平衡移动密切相关，物质及其变化都有向能量最低的平衡状态变化的趋势。

物质转化观是化学学科观念之一，化学的核心问题是物质及其相互转化，化学学科认识活动一是探寻“物质及其相互转化”的基本规律，二是建构“物质及其相互转化”的科学理论。

稳定性是物质在化学因素作用下保持原有物理、化学性质的能力，一般指物质在现实状态下发生变化的难易程度，稳定性好则不容易发生变化。这些变化大部分是化学变化，如与氧气反应、自然分解、与空气中水分反应等；也有物理变化，如挥发、沉淀、浓缩等。一般情况下要标示在何种环境中的稳定性，如高温稳定性，表明其在高温下难以发生变化，如不发生分解、燃烧、爆炸等；再如化学稳定性，一般是指在酸、碱、氧化剂等存在下不发生变化。通过高中化学课程的学习，学生要能通过观察和实验收集物质及其变化的证据，基于证据进行分析推理形成结论，并能依据物质及其变化的信息进行抽象概括并建构模型，用模型思想认识物质及其变化的一般规律。笔者将稳定性与物质转化观相结合，从竞争反应角度，系统总结培养学生化学学科核心素养的载体。

一种物质在溶液中可以发生多种竞争反应，那么为什么发生的是这个反应而不是那个反应？例如，在溶液中物质A同时遇到B_1和B_2，可以发生两个反应，分别是$A + B_1 = C_1 + D_1$和$A + B_2 = C_2 + D_2$，那么到底发生哪个反应呢？是不是反应进行得越快，这个反应就在竞争中“胜出”呢？答案显然是否定的。有的反应的反应速率快，属于动力学控制的反应，但生成物不一定稳定；而有的反应进行得比较慢，但是生成物比较稳定，属于热力学控制的反应。若某反应生成了难溶解、难电离或难分解的物质，或从反应来看生成物的熵增加、生成物从体系中瞬间分离、反应发生后能量降低等，则该反应可能就会从众多竞争反应中“胜出”。只要谈及物质稳定性，就会涉及竞争反应。例如，H_2和O_2相遇就倾向于生成更加稳定的H_2O，因为常温下该反应的$\Delta G<0$。虽然从热力学角度看H_2和O_2的反应能自发进行，但是从动力学角度看，这个反应的速度非常慢，所以还需要加热或点燃才能促使H_2和O_2反应。要研究化学反应的生成物，不但要考虑反应的动力学快慢，还要研究产物的稳定性，所以要研究竞争反应就必须综合考虑热力学和动力学问题。

什么是竞争反应？竞争反应既然无先后之别，那么又是在竞争什么呢？竞争反应竞争的焦点是化学反应速率和产物的产率。若混合体系中的竞争反应都是不可逆反应，且竞争反应发生后不进一步发生后续反应，则各竞争反应产物的产率取决于各反应速率的相对大小。但实际上混合体系中的竞争反应常常存在着可逆反应和连续反应，所以实际上竞争反应的产物及其产率一般都是各影响因素综合作用的结果。

当离子A在溶液中遇到不同离子B和C时，A与B、C都可以发生反应，到底A与哪种离子先反应呢？这是一个动力学问题，而最终产物谁更稳定，这就属于热力学问题。若反应物A和B反应按照①进行，不但速度快，而且产物稳定，最终就生成AB。但若产物AB不稳定，虽然该反应速度快，但最终反应还是按照③进行，因为反应③虽然速度慢，但是产物稳定（见图1）。当然这种模型是理想化的，真实的竞争反应的产物应该是既有AB，又有AC，只是二者含量有所差异而已。

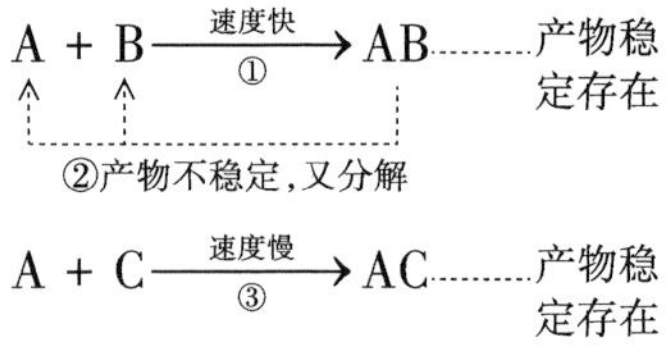

图1　竞争反应模型

部分学生误将反应物的活泼性顺序当成了竞争反应发生的先后顺序。反应物的活泼性只代表该物质在一定条件下单独参与某种反应的潜在能力，但并不代表该物质参与反应时的先后顺序。例如，从标准电极电势看，Fe^{2+}、Br^-、Cl^-三种离子的还原性强弱顺序是$Fe^{2+}>Br^->Cl^-$。该顺序表示标准状况下Fe^{2+}具有单独还原Br_2和Cl_2的能力，Br^-具有单独还原Cl_2的能力，但该顺序不表示Fe^{2+}与Br^-共存时，Fe^{2+}比Br^-先被Cl_2氧化。物质的稳定性主要根据分解温度或中心元素的非金属性进行判断。但是物质稳定性的判断依据不局限于此，除此之外，还有多种其他判断依据，如与物质的热稳定性有关。例如，$BeCO_3$、$MgCO_3$、$CaCO_3$、$SrCO_3$、$BaCO_3$的稳定性越来越强，HF、HCl、HBr、HI的稳定性越来越弱等，学生疲于记忆规律。

物质稳定性的案例在高中化学教材中比比皆是，本文从非氧化还原反应、氧化还原反应等方面分类辨析稳定性引领下的物质转化观。

一、从非氧化还原反应的产物稳定性看物质转化观

生成物的稳定性可以从多个方面分析，如反应后能量是否降低（$\Delta H<0$），反应是不是熵增（$\Delta S>0$）反应，物质在溶剂中的溶解度是否减少等。学生初学化学时认为化学反应只要遵循“AB+CD=AC+BD”的形式就属于复分解反应，条件是“生成气体、沉淀或水”，而高中化学将其修正为“生成气体、沉淀或弱电解质”。化学反应的发生必定伴随着物质的转化，其本质上就是生成更稳定的物质。物质转化观是化学核心观念之一，而分析稳定性是一种化学学科思维方式。例如，$CuSO_4$与NaOH之所以能够反应就在于生成了难溶物$Cu(OH)_2$。但有些反应在形式上看起来不像复分解反应，如$AlO_2^-+HCO_3^-+H_2O=Al(OH)_3\downarrow+CO_3^{2-}$，但实际上该反应不是双水解反应，而是复分解反应，因为生成了更加稳定的$Al(OH)_3$，此时HCO_3^-以电离为主，而不是以水解为主。磷酸氢二钠与偏铝酸钠溶液的反应$HPO_4^{2-}+AlO_2^-+H_2O=Al(OH)_3\downarrow+PO_4^{3-}$也是相同的道理。当次氯酸钠溶液与$CO_2$反应时，因为HClO的酸性介于碳酸的两步电离之间，所以无论CO_2是少量还是过量，最终生成的一定是HCO_3^-，即$ClO^-+CO_2+H_2O=HCO_3^-+2HClO$，这是物质稳定性促进物质转化的结果。但是当次氯酸钙溶液与CO_2反应时，却发生了反应$Ca(ClO)_2+CO_2+H_2O=CaCO_3\downarrow+2HClO$，为什么产物是$CaCO_3$，而不是$Ca(HCO_3)_2$呢？乍一看好像物质转化观出现了差错，但从产物的稳定性角度来看结果是没有问题的，原因在于$CaCO_3$是难溶物，而$Ca(HCO_3)_2$是易溶物，生成碳酸钙有利于整个体系更加稳定，所以HCO_3^-会电离出CO_3^{2-}，CO_3^{2-}再与Ca^{2+}反应生成$CaCO_3$。下面分别从生成沉淀、生成弱电解质、生成气体或者兼而有之等方面，从大概念“稳定性”角度去看化学学科核心观念之一“物质转化观”。

（一）沉淀A与B间的博弈

【问题1】除去粗盐中的杂质$MgCl_2$应选用哪种试剂？

人教版必修教材《化学1》第7页“思考与交流”中除去粗盐中的Mg^{2+}

选用的试剂是NaOH，而不是Na_2CO_3，原因是$Mg(OH)_2$比$MgCO_3$更难溶。其中就包含了“物质转化观”，即产物越稳定反应越容易发生的观点。在讲授“粗盐的提纯”时“选用NaOH，而不是Na_2CO_3”的观点是教师“强加”给学生的，并未进行计算说明或者给予更加令人信服、更合理的解释，因此只会在学生心中形成“生成更难溶物质时反应会更好”的刻板印象，他们对现象背后的科学性存疑，所以记忆也不深刻，不符合课程标准背景下培养学生化学学科核心素养的要求。除此之外，人教版选修教材《化学反应原理》（选修4）在第64页安排了两个“沉淀的转化”实验。

【实验3-4】 向盛有10滴0.1 mol·L^{-1} $AgNO_3$溶液的试管中滴加0.1 mol·L^{-1} NaCl溶液，至不再有白色沉淀生成。向其中滴加0.1 mol·L^{-1} KI溶液，观察、记录现象；再向其中滴加0.1 mol·L^{-1}的Na_2S溶液，观察并记录现象。

【实验3-5】 向盛有1 mL 0.1 mol·L^{-1} $MgCl_2$溶液的试管中滴加1～2滴2 mol·L^{-1} NaOH溶液，有白色沉淀生成，再滴加2滴0.1 mol·L^{-1} $FeCl_3$溶液，静置。观察并记录现象。

实验3-4和实验3-5两个实验现象说明了沉淀之间是可以相互转化的，可以从一种难溶物转化为另外一种更加难溶的物质，转化的背后实质上遵循了物质趋向于更稳定的原则。

2013年高考理科综合全国Ⅰ卷第27题表明“在$CoSO_4$溶液中加足量的NH_4HCO_3溶液会发生沉钴反应”。虽然学生根据题目信息可以正确写出化学方程式$Co^{2+} + 2HCO_3^- = CoCO_3\downarrow + CO_2\uparrow + H_2O$，但为什么是这样，而不是“$Co^{2+} + 2HCO_3^- = Co(OH)_2\downarrow + 2CO_2\uparrow$”呢？这在很多学生的心中留了一个大大的问号。

类似的，“能否用$CaCl_2$鉴别Na_2CO_3和$NaHCO_3$”一直是个难点和热点。随着研究的深入，广大教师同行的观点已趋于一致，认为不能用$CaCl_2$鉴别Na_2CO_3和$NaHCO_3$。但大部分学生不认同这一观点，仍认为$CaCl_2$溶液不能与$NaHCO_3$溶液发生反应。究其原因，一是学生一直以来接受$Ca(HCO_3)_2$是可溶物的观点；二是大多数高中教师囿于中学化学知识面的限制，在课堂上刻意回避这一问题。查阅资料发现，金属阳离子和酸根离子之间的反应较为复杂，既可以发生双水解反应，也可以发生复分解反应。根据不同金属离子的性质，笔者总结了如下规律（见表1）。

表1　金属阳离子与酸根离子发生双水解或复分解反应生成难溶物的规律

序号	类型	典例
1	Fe^{3+}、Al^{3+}与CO_3^{2-}、HCO_3^-间的双水解反应	Fe^{3+}与HCO_3^-反应是彻底的双水解反应：$Fe^{3+}+3HCO_3^-=Fe(OH)_3\downarrow+3CO_2\uparrow$；$Al^{3+}$与$HCO_3^-$反应是彻底的双水解反应：$Al^{3+}+3HCO_3^-=Al(OH)_3\downarrow+3CO_2\uparrow$
2	Fe^{2+}、Ca^{2+}、Ba^{2+}、Mg^{2+}与CO_3^{2-}、HCO_3^-间的复分解反应	以Fe^{2+}与HCO_3^-反应为例，既可以发生复分解反应生成$FeCO_3$，也可以发生双水解反应生成$Fe(OH)_2$。但研究发现$Fe^{2+}+2HCO_3^-=FeCO_3\downarrow+CO_2\uparrow+H_2O$是彻底的，而Fe2++$2HCO_3^-=Fe(OH)_2\downarrow+2CO_2\uparrow$较难发生。反应$Mg^{2+}+2HCO_3^-=MgCO_3\downarrow+H_2O+CO_2\uparrow$能进行，但是不彻底，而反应$Mg^{2+}+2HCO_3^-=Mg(OH)_2\downarrow+2CO_2\uparrow$很难发生，基本不生成氢氧化镁
3	Cu^{2+}与CO_3^{2-}或HCO_3^-的反应	Cu^{2+}与CO_3^{2-}或HCO_3^-反应是双水解反应，生成碱式碳酸铜：$2Cu^{2+}+2CO_3^{2-}+H_2O=Cu_2(OH)_2CO_3\downarrow+CO_2\uparrow$或$2Cu^{2+}+4HCO_3^-=Cu_2(OH)_2CO_3\downarrow+3CO_2\uparrow+H_2O$。李旭娃认为，$Cu^{2+}$与$CO_3^{2-}$开始混合时，相对来说$Cu^{2+}$、$CO_3^{2-}$和$OH^-$的浓度很大，但没有生成碱式碳酸铜。这是因为$Cu^{2+}$与$CO_3^{2-}$、$OH^-$之间的反应非常快，在混合的瞬间就生成了$CuCO_3$和$Cu(OH)_2$，使得三种离子的浓度变得很小，从而失去了生成碱式碳酸铜的条件。Cu^{2+}与CO_3^{2-}、OH^-的反应产物$CuCO_3$和$Cu(OH)_2$在一段时间内是能够存在的，但它们是过渡性物质，而$Cu_2(OH)_2CO_3$是永久性物质，是由$CuCO_3$转化而生成的。自然界中能够稳定存在的孔雀石的主要成分是$CuCO_3\cdot Cu(OH)_2$就是最佳证明，可以从这个角度去讲解
4	Ag^+与CO_3^{2-}、HCO_3^-的反应	$2Ag^++2HCO_3^-=Ag_2CO_3\downarrow+H_2O+CO_2\uparrow$，生成碳酸银沉淀的原因是碳酸银溶解度很小，而不会生成Ag_2O。金属阳离子和酸根离子之间的反应无论是哪一种情况，都可以从产物的稳定性上来分析

（二）弱电解质A与B间的博弈

当向NH_4HCO_3溶液中滴加足量NaOH溶液时，发生了两个离子反应：$NH_4^++OH^-\rightleftharpoons NH_3\cdot H_2O$和$HCO_3^-+OH^-\rightleftharpoons CO_3^{2-}+H_2O$。那么$OH^-$到底是先和哪一种离子反应呢？笔者和课题组成员设计了实验1。

【实验1】 向NH_4HCO_3溶液中滴加NaOH溶液，观察溶液电导率的变化。

用电导率传感器测量向NH_4HCO_3溶液中滴加NaOH溶液时溶液电导率的数据并绘制成曲线（见图2）。从曲线中可以发现，当向NH_4HCO_3溶液中滴加NaOH溶液时，溶液的电导率先增大后减小再增大，最终溶液的电导

率比原 NH_4HCO_3 溶液的电导率高出很多。

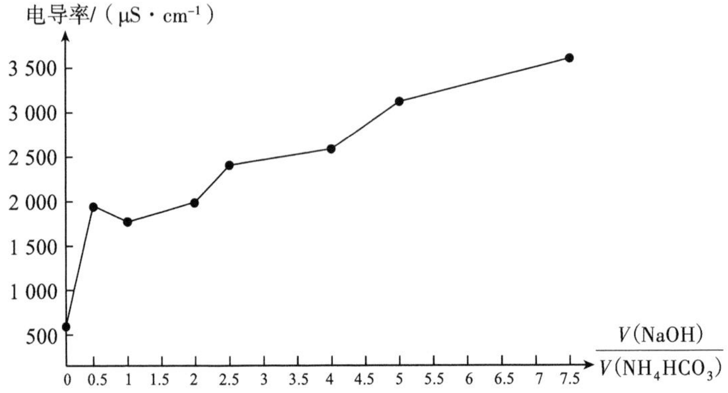

图2　向 NH_4HCO_3 溶液中滴加NaOH溶液时溶液电导率的变化情况

为什么向 NH_4HCO_3 溶液中滴加NaOH溶液时，溶液的电导率呈现先增大后减小再增大的变化趋势？究其原因就是竞争反应之间存在着反应速率博弈和产物稳定性博弈等因素。NH_4HCO_3 与NaOH的反应中，存在着 $NH_4^+ + OH^- = NH_3·H_2O$ 和 $HCO_3^- + OH^- = CO_3^{2-} + H_2O$ 两个竞争反应。一种观点认为 NH_4^+ 带正电荷，NH_4^+ 中的氮原子周围包围着4个氢原子，NH_4^+ 与 OH^- 所带的电荷电性相异，当 OH^- 中的氧原子从不同方向与 NH_4^+ 接触时，二者比较容易发生反应。HCO_3^- 带负电荷，HCO_3^- 中的碳原子周围包围着2个氧原子和1个羟基，HCO_3^- 与 OH^- 所带电荷电性相同，只有当 OH^- 中的氧原子以合适的速率与 HCO_3^- 中的羟基氢原子接触时，二者才比较容易发生反应。从电荷和结构的角度来说，NH_4^+ 与 OH^- 的反应速率应该比 HCO_3^- 与 OH^- 的反应速率大一些。当大量的 OH^- 与 NH_4^+ 和 HCO_3^- 相互扩散时，一定存在着 NH_4^+ 与 OH^- 和 HCO_3^- 与 OH^- 同时发生反应的机会，只是发生反应的机会大小存在差异而已。换个角度来说，当 OH^- 在溶液中以合适的方向和速率与 HCO_3^- 相遇时，OH^- 会选择不与 HCO_3^- 反应，而另外去寻找 NH_4^+ 发生反应吗？当然不会。这种反应先后选择性其实是部分教师的主观臆测，这就是“速度控制观”。另一种观点认为，从产物的稳定性来说，它们最终都会生成弱电解质 $NH_3·H_2O$，或是 H_2O。有观点认为，HCO_3^- 先与 OH^- 发生反应，因为 HCO_3^- 与 OH^- 反应生成的 H_2O 是比 NH_4^+ 与 OH^- 反应生成的 $NH_3·H_2O$ 更弱的电解质，从复分解反应的本质来看，生成更弱电解质的反应应该优先进行。

但是从实验的数据曲线及文献查阅来看，两种反应类型都是存在的，只是在不同的阶段两种反应比例不同而已。

（三）气体A与B间的博弈

【实验2】向等浓度（0.1 mol·L^{-1}）的$NaHCO_3$和$NaHSO_3$混合溶液中滴加几滴HCl溶液，观察溶液的现象变化。

向等浓度的$NaHCO_3$和$NaHSO_3$混合溶液中滴加强酸溶液时可能会生成CO_2和SO_2两种气体，那么到底先生成哪种气体呢？其实这就是产物气体之间的“博弈”。从观察的情况来看，溶液中确实出现了少量气泡，但由于气体的量较少，无法测定该气体是哪种气体。吴文中从热力学和气液相平衡两个角度分析研究认为，$NaHCO_3$和$NaHSO_3$溶液混合的确能产生CO_2，既然二者的溶液很难共存，而且会生成CO_2，所以难以精准地研究向等浓度的$NaHCO_3$和$NaHSO_3$混合溶液中滴加盐酸，究竟H^+先与哪种离子反应。

（四）弱电解质与难溶物间的博弈

人教版选修教材《化学反应原理》（选修4）第63页实验3-3表明，少量$Mg(OH)_2$沉淀可被NH_4Cl溶液溶解，主要原因是在$Mg(OH)_2$浊液中存在沉淀溶解平衡：$Mg(OH)_2(s) \rightleftharpoons Mg^{2+}(aq)+ 2OH^-(aq)$，$OH^-$与$NH_4Cl$溶于水电离产生的$NH_4^+$结合生成了比$Mg(OH)_2$更弱的电解质$NH_3·H_2O$，使$OH^-$浓度减小，使上述平衡向右移动，促使$Mg(OH)_2$溶解。但向该沉淀溶解平衡体系中加入$NH_4Cl$后到底是$OH^-$与$NH_4^+$反应，还是$NH_4^+$水解后生成的$H^+$与$OH^-$反应呢？虽然$NH_4^+$水解产生的$H^+$也能结合$OH^-$生成弱电解质$H_2O$，使$OH^-$浓度减小，从而促使上述平衡向右移动，但$NH_4^+$的水解十分微弱，这个原因显然是次要的，不必考虑。当然也有同行对此种解释表示怀疑，因此笔者设计了实验3。

【实验3】向少量$Mg(OH)_2$浊液中滴加CH_3COONH_4溶液，观察现象。

由于NH_4^+和$CHCOO^-$水解程度基本相同，所以CH_3COONH_4溶液显中性。当向$Mg(OH)_2$浊液中滴加CH_3COONH_4溶液时，沉淀溶解，说明NH_4^+与$Mg(OH)_2$电离出的OH^-离子反应使之溶解。相似的案例还有向H_2S溶液中滴加氯水，H_2S发生电离：$H_2S \rightleftharpoons H^+ + HS^-$，$HS^- \rightleftharpoons H^+ + S^{2-}$。那么$Cl_2$到底是先与$H_2S$反应，还是先与$S^{2-}$反应？因为$H_2S$溶液中$S^{2-}$极少，所以可以认为$Cl_2$与$H_2S$反应。这个反应就是浓度的大小影响化学反应速率的例子，属于动力学问题。再如Fe^{3+}水解反应$Fe^{3+}+3H_2O \rightleftharpoons Fe(OH)_3\downarrow+3H^+$，向$FeCl_3$溶液中滴加NaOH溶液，$OH^-$是先与$Fe^{3+}$反应，还是先与$H^+$反应？在自然界中有些变化极慢，如岩石的风化、溶洞的形成、矿物的形成等，因为这些是在自然条件下活化能较高的反应。另外，有些反应速率极高，当反应物相互接触时，瞬间发生反应，而且温度对其反应速率几乎没有什么影响，其活化能接近于零。例如，OH^-与H^+、Ag^+与Cl^-在水溶液中混合时，反应几乎都是在瞬间完成的。所以综合分析，OH^-应该是先与H^+反应。

【问题4】向$CuSO_4$溶液中滴加H_2S溶液，为什么会生成难溶物CuS？

$CuSO_4$可以与H_2S反应：$CuSO_4 + H_2S = CuS\downarrow + H_2SO_4$。根据强酸制取弱酸的原则，一般是用$H_2SO_4$制取$H_2S$，但是也会存在一些特殊情况。例如，如果生成的物质更加稳定，那么就会出现“异样”。上述例子就是很好的证明，这种变化也可以看作弱电解质与难溶物间的博弈，最终更难溶的CuS“胜出”。

从“生成两种难溶物之间的博弈”“生成两种弱电解质之间的博弈”“生成两种气体之间的博弈”或“生成一种弱电解质和一种难溶物之间的博弈”等案例中可以看出，研究竞争反应的产物及其产率时不但要考虑反应速率，还要考虑产物的稳定性，并且后者更重要些。笔者发现，只要是生成稳定的物质（包括弱电解质、难溶物），或者是能迅速与体系分离的物质（如气体），则这个非氧化还原反应就能够发生。当然不同难溶物、不同弱电解质、不同气体之间，甚至是难溶物与气体之间，谁更稳定，笔者还难以给出定论。本部分，笔者只是根据事实从定性的角度对化学反应及其现象进行介绍和剖析。除此之外，其实无论哪一种类型的反应都可以从平衡常数的大小进行判断，笔者在此没有进行探讨。

二、从氧化还原反应与非氧化还原反应的产物稳定性角度看物质转化观

除了非氧化还原反应之间存在竞争之外，氧化还原反应与非氧化还原反应之间也存在着“博弈”。过渡金属离子一般都有氧化性，如Ag^+、Fe^{3+}和Cu^{2+}三种阳离子的氧化性强弱顺序是$Ag^+>Fe^{3+}>Cu^{2+}$，而部分弱酸酸根离子或简单阴离子有还原性，如S^{2-}、SO_3^{2-}、I^-的还原性强弱顺序是$S^{2-}>SO_3^{2-}>I^-$。氧化性、还原性强弱的顺序是电极电势大小排序的结果，但随着离子浓度、环境温度或酸度等因素的变化，离子的氧化能力或还原能力也会发生变化。例如，理论上Ag^+、Fe^{3+}和Cu^{2+}三种离子都可以氧化I^-，如$2Fe^{3+}+2I^-=2Fe^{2+}+I_2$，但也会出现“意外”情况，如$Cu^{2+}$氧化$I^-$生成的却是难溶物$CuI$，即$2Cu^{2+}+4I^-=2CuI\downarrow+I_2$，而不是$Cu^+$；氧化性更强的$Ag^+$却因为与$I^-$生成难溶的$AgI$间接地保护了$I^-$不被氧化。虽然$HNO_3$难以氧化$Cl^-$和$Br^-$，却可以氧化$I^-$，但鉴别$I^-$时仍然可以用$HNO_3$酸化的$AgNO_3$溶液，也是因为$HNO_3$浓度小，所以氧化性弱。可见，氧化还原反应与非氧化还原反应之间由于产物的稳定性不同也存在着“博弈”。例如，金属阳离子（如Ag^+、Fe^{3+}和Cu^{2+}等）与弱酸酸根离子之间可能会发生氧化还原反应，也可能发生复分解反应或者双水解反应（见表2）。

表2　Ag^+、Fe^{3+}和Cu^{2+}与弱酸酸根离子之间的反应

序号	反应	典例
1	Ag^+与I^-、S^{2-}和SO_3^{2-}的反应	Ag^+、Fe^{3+}和Cu^{2+}三种离子中，尽管Ag^+离子的氧化性最强，但是分别与I^-、S^{2-}和SO_3^{2-}反应时Ag^+却发生复分解反应，分别生成AgI、Ag_2S和Ag_2SO_3（主要产物），主要原因是Ag^+在溶液中遇到I^-、S^{2-}和SO_3^{2-}时生成难溶物，降低了Ag^+/Ag电极电对的电极电势，因此Ag^+的氧化性就没有那么强了，所以Ag^+与I^-、S^{2-}和SO_3^{2-}的反应主要以复分解反应为主，生成难溶物。Ag^+与SO_3^{2-}的反应情况更特殊些，可逆反应$2Ag^++SO_3^{2-}+2OH^-\rightleftharpoons 2Ag\downarrow+SO_4^{2-}+H_2O$正向进行程度较大，但反应速率较慢，使得反应速率较快的Ag^+与SO_3^{2-}之间的沉淀反应成为主要反应：$2Ag^++SO_3^{2-}\rightleftharpoons Ag_2SO_3\downarrow$

续 表

序号	反应	典例
2	Fe^{3+}与I^-、S^{2-}和SO_3^{2-}的反应	Fe^{3+}与I^-、S^{2-}和SO_3^{2-}的反应规律性不强。Fe^{3+}与三种阴离子中还原性最弱的I^-会发生氧化还原反应：$2Fe^{3+}+2I^-=2Fe^{2+}+I_2$。$Fe^{3+}$与$S^{2-}$反应时，主要发生哪种反应视溶液的酸碱性而定。若将少量S^{2-}滴入Fe^{3+}溶液中，溶液呈酸性，发现溶液中立即生成黄色浑浊，发生的是氧化还原反应，即$2Fe^{3+}+S^{2-}=2Fe^{2+}+S\downarrow$；若将少量$Fe^{3+}$滴入$S^{2-}$溶液中，溶液呈碱性，发现立即生成大量黑色难溶物，即$2Fe^{3+}+3S^{2-}=2Fe_2S_3\downarrow$，而不考虑双水解反应。在上述两种情况的"中间"状态，即当Fe^{3+}和S^{2-}离子的浓度比例合适时，发生的反应是$2Fe^{3+}+3S^{2-}=2FeS\downarrow+S\downarrow$。$Fe^{3+}$与$SO_3^{2-}$反应时，主要发生哪种反应也视溶液的酸碱性而定，即与离子之间的滴加方式有关。若$c(SO_3^{2-})/c(Fe^{3+})=0.5$，发生$2Fe^{3+}+SO_3^{2-}+H_2O=2Fe^{2+}+SO_4^{2-}+2H^+$，即$Fe^{3+}$与$SO_3^{2-}$发生氧化还原反应；若$c(SO_3^{2-})/c(Fe^{3+})=1.5$，发生的反应是$2Fe^{3+}+3SO_3^{2-}+6H_2O=2Fe(OH)_3\downarrow+3H_2SO_3$，即$Fe^{3+}$与$SO_3^{2-}$发生双水解反应，所以两种离子间存在氧化还原反应与双水解反应的竞争
3	Cu^{2+}与I^-、S^{2-}和SO_3^{2-}的反应	Cu^{2+}与I^-、S^{2-}和SO_3^{2-}的反应规律性也不强。Cu^{2+}与S^{2-}不会发生氧化还原反应，而是发生复分解反应，生成难溶物CuS，即$Cu^{2+}+S^{2-}=CuS\downarrow$。$Cu^{2+}$与$I^-$发生的是氧化还原反应：$2Cu^{2+}+4I^-=2CuI\downarrow+I_2$。以石墨为电极电解$CuCl_2$溶液一段时间后，由于电解生成的Cu与溶液中的$Cu^{2+}$反应在阴极表面出现白色的CuCl，而电解$CuSO_4$溶液时发现在电极表面没有出现$Cu_2SO_4$，可知$Cu_2SO_4$是不稳定的物质。经过实验发现，$Cu^{2+}$与$SO_3^{2-}$两种离子的互滴方式不同最终的产物也有所区别。将少量Cu^{2+}滴入SO_3^{2-}的碱性溶液中，不但发生氧化还原反应$2Cu^{2+}+2SO_3^{2-}+2OH^-\rightleftharpoons Cu_2SO_3\downarrow+SO_4^{2-}+H_2O$，而且还会发生复分解反应生成$CuSO_3$，所以生成的产物往往是混合沉淀$Cu_2SO_3\cdot CuSO_3\cdot H_2O$。但是经过长时间的静置，最终在溶液中出现红色的单质铜。而换一种滴加方式，将少量SO_3^{2-}滴入Cu^{2+}的酸性溶液中，发现有单质铜生成，可能是因为在酸性溶液中，Cu_2SO_3的稳定性较差

金属阳离子有一定的氧化性，从能斯特方程可以发现，一般溶液的酸性越强，金属阳离子的氧化性就越强。但是如果溶液的碱性变强，则离子就容易形成氢氧化物，离子的浓度就会变小，离子的氧化性变弱，此时就容易发生双水解反应。

三、物质稳定性对培养学生化学学科核心素养的启示

"杂乱无章"是学生对元素化合物知识的直观印象，实际上教材中有多处涉及物质转化观的实例，但如果仅仅孤立地处理这些实例，教学效果可能不好，若是综合起来看则能促进学生的理解。前面的探讨主要从物质稳定性的角度出发，厘清竞争反应的规律。自然界中的一些现象也可以用物质转化观来解释，具体到细节就是物质稳定性，是化学学科观念的体

现，也是化学学科核心素养的重要方面，体现了化学学科核心素养所要求的“情境化”。从“非氧化还原反应之间的博弈”到“氧化还原反应与非氧化还原反应之间的博弈”，其关键要素就是产物的稳定性，这是一种化学学科思维。笔者发现教材中有很多与物质稳定性有关的素材。

（一）教材中与物质稳定性有关的素材

人教版教材提及的自然界中与物质稳定性有关的素材见表3。

表3　人教版教材提及的自然界中与物质稳定性有关的素材

序号	素材	分析
1	自然界中硅以二氧化硅和硅酸盐的形式存在，没有游离态的硅	单质硅的还原性较强。硅原子最外层电子在偏离和偏向之间存在着“博弈”，但最终还是偏离硅原子。硅是一种亲氧元素，在自然界中它总是与氧化合，所以在氧化气氛包围的地球上，硅首先与氧气反应生成二氧化硅，二氧化硅又在地壳中与钙、镁等化合物发生缓慢反应，最终主要以熔点很高的硅酸盐形式存在于地壳中
2	自然界中存在着溶解度小的矿物转化为溶解度更小的矿物的现象	人教版选修教材《化学反应原理》（选修4）中提到，各种原生铜的硫化物经氧化、淋滤作用后可变成$CuSO_4$溶液，并向深部渗透，遇到深层的闪锌矿（ZnS）和方铅矿（PbS），便慢慢地使之转变为铜蓝（CuS）。可见，CuS比ZnS和PbS溶解度更小，所以闪锌矿和方铅矿在自然界中会慢慢地转变为铜蓝
3	铜生锈得到的是碱式碳酸铜，而不是CuO、$CuCO_3$等	从生活现象来看，CuO在自然界中不稳定，因为铜锈的成分是碱式碳酸铜，即$Cu_2(OH)_2CO_3$，而不是CuO，说明CuO不稳定，在自然界中易与CO_2、H_2O等物质发生反应，最终转化为更加稳定的碱式碳酸铜
4	Cu_2O比CuO稳定，Na_2O_2比Na_2O稳定	因为Cu^+离子是半充满结构，而Cu^{2+}是$3d^6$结构，所以Cu_2O比CuO稳定，但这只限于以固体形式存在时，若是在溶液中，Cu^+离子会很容易发生歧化反应。Na_2O_2中的O是-1价，而Na_2O中的O是-2价，所以Na_2O可与O_2发生反应，Na_2O_2比Na_2O稳定
5	自然界中溶洞的形成	当碳酸钙遇到溶有CO_2的水时就会变成可溶性的碳酸氢钙：$CaCO_3+CO_2+H_2O=Ca(HCO_3)_2$。溶有碳酸氢钙的水如果受热或遇压强突然变小时溶在水中的碳酸氢钙就会分解，重新变成碳酸钙沉积下来，同时放出二氧化碳：$Ca(HCO_3)_2=CaCO_3\downarrow+CO_2\uparrow+H_2O$。自然界中不断发生上述反应，于是就形成了千姿百态的溶洞景观。上述过程表现的就是在不同的外界条件下，$CaCO_3$和$Ca(HCO_3)_2$的稳定性不同

物质转化观统领下的竞争反应对于学生物质稳定性的学科思维的培养非常重要，是培养学生化学学科核心素养的重要观念。一是能够使学习的

基础知识网格化，便于记忆；二是能够让学生在系统化学习中体会到化学学科的魅力；三是化学学习内容是一个整体，从初中到高中，从必修到选修逐步深入，学生能从中体会到认识发展观的层次性。

（二）物质稳定性对教育教学的启示

1. 用物质稳定性的学科思维开展教学设计和课堂教学

物质稳定性对物质转化观的解释效果很好，“强酸制弱酸”“沉淀的转化”“盐类的水解”等都可以在总复习阶段，在学生有了一定的知识积累之后从物质稳定性的角度去解释。因此，在教学中可以将物质稳定性作为教学理念统领教学设计。除此之外，化学学科观念之一的守恒观统领下的质量守恒、电荷守恒、能量守恒等，平衡限度观统领下的化学平衡、盐类的水解平衡、弱电解质的电离平衡等都是化学学科的思维方式。例如，化学计算题一直是得分率较低的题型，看起来好像是学生的数学计算能力问题，但是追根溯源是学生的化学学科思维问题。学生拿到试题的情境素材之后，如何解读出背后的学科思维非常重要。如果学生的信息解读能力和化学学科观念足够强，就可以用守恒思维、平衡思维等列出算式，得出答案。再例如，平衡转化率变化问题不但出现在可逆反应的化学平衡移动中，还出现在盐类的水解平衡和弱电解质的电离平衡中，这些变化均是平衡限度观的问题，因此，可以将系列知识加以统整，形成网络，系统地解决系列问题。

2. 融入整体性和系统性建构结构化知识的教学设计

教材编排的化学知识具有前后关联性，这与学生的认知水平阶段性发展有关系。正是由于认知具有阶段性，所以很多知识教师在不同学习阶段在说法和知识点的处理方式上是不同的。教学中，教师通过读透课程标准、读透教材可以掌握知识点的发展脉络，在思维上形成整体性和系统性。例如，“盐类的除杂”提及用NaOH溶液除Mg^{2+}，而不是用Na_2CO_3溶液，此时教材并没有说明为什么。在学习K_{sp}时学生才逐渐意识到虽然$Mg(OH)_2$和$MgCO_3$均是难溶物，但是相比较而言$Mg(OH)_2$更难溶，因此选用NaOH作为除Mg^{2+}的试剂。再例如，白色难溶物$Mg(OH)_2$可以转化为红褐色的

$Fe(OH)_3$、$BaCO_3$可以转化为$BaSO_4$等知识点都是沉淀转化的好情境、好素材。从“粗盐提纯”时的“说而不点”，到学习K_{sp}时学生的自我领会，再到水垢的转化等，知识点由易到难，由浅入深，体现了层次性，让学生逐步体会物质稳定性，切合学生的思维发展规律。其实这些转化背后的根源都是物质稳定性。

参考文献

[1]吴星.对高中化学核心素养的认识[J].化学教学,2017(5):3-7.

[2]吴孙富,罗国成,李红武.典型无先后次序竞争反应的实验探究及教学策略[J].化学教学,2015(9):94-97.

[3]王晓波,田松豪.探究磷酸氢二钠溶液与偏铝酸钠溶液的反应[J].中学化学教学参考,2013(8):51.

[4]肖中荣,陈进前.让学生理解碳酸氢钠和氯化钙能反应[J].中学化学教学参考,2015(1-2):46-48.

[5]李旭娃.对碳酸铜及有关反应的实验探究及问题分析[J].化学教学,2016(10):87-91.

[6]朱智铭,王美容.碳酸氢根与金属阳离子反应的理论推演和实验研究[J].化学教育,2014(17):64-67.

[7]吴文中.微观表征$NaHSO_3$和$NaHCO_3$溶液混合体系[J].中学化学教学参考,2017(10):40-43.

[8]李银秀.浅谈盐类水解的本质、应用及教学反思[J].中学化学教学参考,2016(11):11-15.

[9]张道年.利用手持技术探究Fe^{3+}与SO_3^{2-}反应的类型[J].实验教学与仪器,2017(2):33-35.

[10]王福成.以化学思想方法为支撑的学习能力考查——由一道高考化学实验探究题说起[J].中学化学教学参考,2017(3):42-45.

以"平衡移动与平衡转化率的变化"为载体的化学学科思维探究

摘　要：在化学平衡移动过程中，可以运用假设与建模、比较与类比、抽象与概括和归纳与演绎等化学学科思维方式分析反应物平衡转化率的变化情况。本文通过调查问卷和学生访谈等测评学生学科思维的薄弱环节，探讨解决学生结论化、碎片化学科思维问题。

关键词：平衡限度观；结论化；碎片化；学科思维；调查问卷

化学学科观念的形成是一个逐步深入的过程，而且不同学生对学科观念的理解力有差异，因此形成的过程也会不同。例如，平衡限度观是化学学科观念的重要组成部分，很多学生在化学平衡移动方向、平衡转化率的变化两者关系上存在认识误区，认为只要平衡向正反应方向移动则反应物的平衡转化率就一定会增大。笔者通过调查问卷和学生访谈的方式进行研究，发现其原因主要是碎片化和结论化的学习方式所致。此外，学生对变量控制法这一重要的化学方法掌握不理想也是重要因素。化学学科观念是建立在化学学科思维基础上的，学科观念的建构不理想必定是学生的学科思维不佳所致。针对这种情况，笔者采取将平衡限度观分解的策略，以佛山市中心城区某校高二理科班50位学生为研究对象进行调查研究，研究方法包括调查问卷、学生访谈和成绩数据分析等，力争从学科思维的角度提出建设性教学建议。

一、对平衡限度观和微粒观等学科观念的问卷测评

可逆反应平衡移动的方向和程度问题本质上是平衡限度观的问题，在运用勒夏特列原理理解平衡移动方向时又需要用微粒观等学科观念。笔者

设计调查问卷测试学生对平衡限度观和微粒观的理解程度，为后续的学科思维测试做铺垫。调查问卷一中，问题1测试微粒观，问题2～4测试浓度、温度和压强等因素对化学平衡移动的影响，问题5测试学生从整体上对平衡移动方向的理解程度。

调查问卷一

【问题1】已知$Cr_2O_7^{2-}$(橙色)+$H_2O \rightleftharpoons 2CrO_4^{2-}$(黄色)+$2H^+$，$K_2Cr_2O_7$溶液中主要含有哪些离子？

【问题2】为什么向$Cr_2O_7^{2-}$(橙色)+$H_2O \rightleftharpoons 2CrO_4^{2-}$(黄色)+$2H^+$体系中滴加NaOH溶液后，溶液颜色会变成黄色？

【问题3】已知$2NO_2$(g,红棕色)$\rightleftharpoons N_2O_4$(g,无色)　$\Delta H<0$，为什么装有NO_2、N_2O_4混合气体的平衡球，一端浸入热水中，一端浸入冰水中，本来一样颜色的混合气体，热水一端颜色变深，冰水一端颜色变浅？

【问题4】向$2NO_2$(g,红棕色)$\rightleftharpoons N_2O_4$(g,无色)体系加压，为什么气体的颜色先变深后变浅？

【问题5】向$Cr_2O_7^{2-}$(橙色)+$H_2O \rightleftharpoons 2CrO_4^{2-}$(黄色)+$2H^+$体系中加水稀释，为什么平衡向正反应方向移动？

上述问题主要从平衡限度观和微粒观两个角度进行测评。学生的作答情况整体良好，满分5分，学生的平均分4.3分，说明学生在平衡限度观和微粒观基础概念的理解上基本到位。但在问题4和问题5上也出现了一些思维性问题，因此笔者就这两道题进行了学生访谈，探究深层次的原因。

教师： 问题4中为什么你只解释了气体颜色变浅的原因？

学生： 问题4中，因为加压了，所以平衡肯定向分子数减小的方向移动，即向正反应方向移动了，所以颜色肯定变浅，其他的就不太清楚了。

教师： 问题5中你是怎么理解平衡向正反应方向移动的？

学生： 因为老师你说过"越稀越水解"，加水稀释了所以平衡肯定向正反应方向移动。

从学生访谈来看，学生无法灵活运用变量控制法。例如，问题4中学生只看见加压这种外界变化，而没有思考加压的方式是什么；只知道平衡向正反应方向移动，浓度下降，而没有思考平衡移动前NO_2浓度也在增加。问题5反映了部分学生结论化、碎片化的思维特别严重，他们想直接利用上课时老师总结性的言语作为依据进行解题，而没有自己的思维过程。

二、基于“平衡移动与平衡转化率的关系”的化学学科思维问卷测评

平衡移动是平衡限度观的重要载体，平衡向哪个方向移动、平衡移动后反应物的平衡转化率如何变化等问题都是化学学科核心素养的重点和难点。从调查问卷结果来看，学生对基本的化学学科观念的理解还是到位的，但如果进一步考查就会发现学生的化学学科思维有些混乱。因此笔者在对学生的化学学科观念考查之后，基于“平衡移动与平衡转化率的关系”问题，从假设与建模、比较与类比、抽象与概括和归纳与演绎等角度，通过创设问题情境对学生的化学学科思维进行考查和提升。

（一）假设与建模

恒温恒容下，向$N_2O_4(g) \rightleftharpoons 2NO_2(g)$平衡体系中再增加与初始时相同物质的量的$N_2O_4$气体，当再次达到平衡时$N_2O_4$的平衡转化率与原来相比如何变化？笔者采用变量控制法，一先一后改变浓度和压强两个因素，测评学生假设与建模的化学学科思维。

调查问卷二

【案例1】向容器甲中加入N_2O_4，N_2O_4会部分分解为NO_2，即$N_2O_4(g) \rightleftharpoons 2NO_2(g)$。平衡时分解的$N_2O_4$的量与原有的$N_2O_4$的量之比即为$N_2O_4$的平衡转化率。恒温恒容下，向容器甲中再加入一倍量的N_2O_4后，N_2O_4的平衡转化率如何变化？

第1步：如图1，容器甲中存在可逆反应$N_2O_4(g) \rightleftharpoons 2NO_2(g)$，容器乙Ⅰ与容器甲一样，加入一样多的$N_2O_4$气体，并达到化学平衡状态。容器乙Ⅰ

上面有一个虚拟容器乙Ⅱ，体积与容器乙Ⅰ一样，并加入与容器乙Ⅰ一样多的N_2O_4气体。一段时间后达到平衡，如容器丙Ⅱ所示。

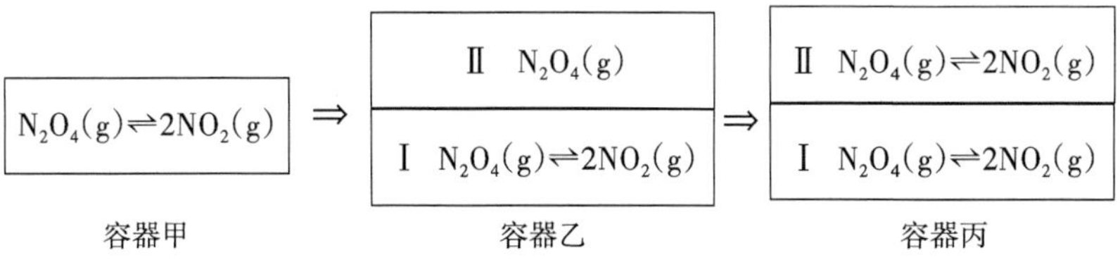

图1　虚拟容器法过程1

第2步：当容器丙Ⅱ中达到平衡后，将容器丙Ⅱ中的混合气体全部压入容器丙Ⅰ中（见图2）。

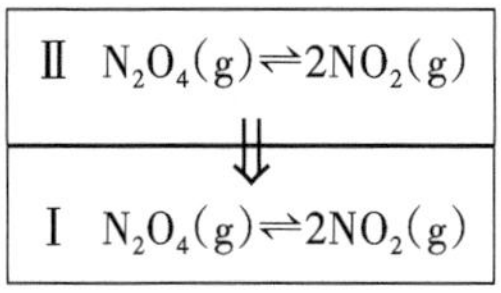

图2　容器丙中压缩过程1

【问题6】容器乙Ⅱ中的N_2O_4气体发生反应$N_2O_4(g) \rightleftharpoons 2NO_2(g)$，该平衡向正反应方向移动的影响因素是什么？

【问题7】将容器丙Ⅱ中的气体全部压入容器丙Ⅰ中后，$N_2O_4(g) \rightleftharpoons 2NO_2(g)$平衡向逆反应方向移动的影响因素是什么？

【问题8】最终容器丙Ⅰ中N_2O_4的平衡转化率与容器甲中N_2O_4的平衡转化率相比如何变化？

从测评结果来看，学生出错较多的是问题8，甚至有学生没有回答问题8，所以笔者就问题8进行学生访谈，探讨学生的思维缺陷。

教师：第8题为什么没有写任何答案？

学生：我实在不清楚经过浓度和压强两次影响后最终结果如何。

虽然测评问题已经将整个变化过程运用建模的方式拆分为浓度和压强两部分了，但是仍然有部分学生对整个过程理解得不深入。如果只考虑浓度或压强因素，学生解决问题的难度不大，但如果把这两个因素混杂在一起，学生仍然不是很清楚浓度和压强两部分的关系。经过进一步的学生访谈，笔者发现学生对变量控制法的思维模型理解得不深刻。向容器中再充入相同物质的量的N_2O_4，平衡会必定会向正反应方向移动，但移动的程度与原来相比是增大、减小还是不变呢？这是问题的焦点，学生一般很难理解，因此运用变量控制法将整个过程拆分为两步，每一步都只改变一个因素（浓度或压强），观察平衡移动的变化情况，促使学生更好地理解化学平衡移动的变化，这就属于假设与建模的学科思维。实际上增加反应物的浓度后，平衡的移动是没有分两步进行的，此处只是人为地将其拆分为两步而已。

（二）比较与类比

案例1涉及的反应是$N_2O_4(g) \rightleftharpoons 2NO_2(g)$，而在案例2中将反应换成$2NO_2(g) \rightleftharpoons N_2O_4(g)$，其他条件不变，考查学生比较与类比的化学学科思维。

调查问卷三

【案例2】向容器甲中加入NO_2，NO_2会部分二聚为N_2O_4，即$2NO_2(g) \rightleftharpoons N_2O_4(g)$。转化为$N_2O_4$的$NO_2$的量与原有的$NO_2$的量之比即为$NO_2$的平衡转化率。恒温恒容下，向容器甲中再加入相同物质的量的NO_2后，NO_2的平衡转化率将如何变化？

第1步：如图3，容器甲中存在可逆反应$2NO_2(g) \rightleftharpoons N_2O_4(g)$，容器乙Ⅰ与容器甲一样，加入一样多的$NO_2$气体并达到化学平衡状态。容器乙Ⅰ上面有一个虚拟容器乙Ⅱ，体积与容器乙Ⅰ一样，并加入与容器乙Ⅱ一样多的NO_2气体。一段时间后达到平衡，如容器丙Ⅱ所示。

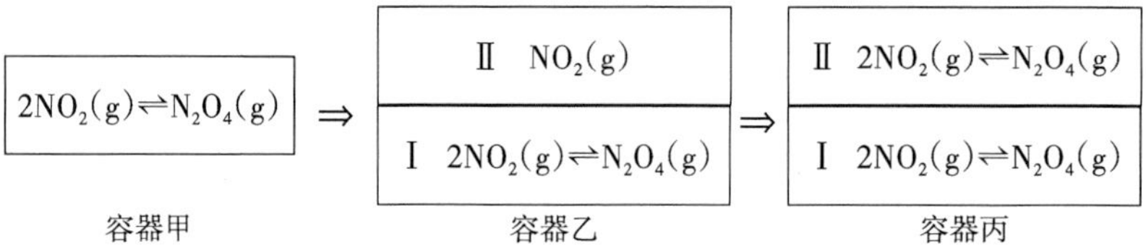

图3 虚拟容器法过程2

第2步：当容器丙Ⅱ中达到平衡之后，将容器丙Ⅱ中的混合气体全部压入容器丙Ⅰ中（见图4）。

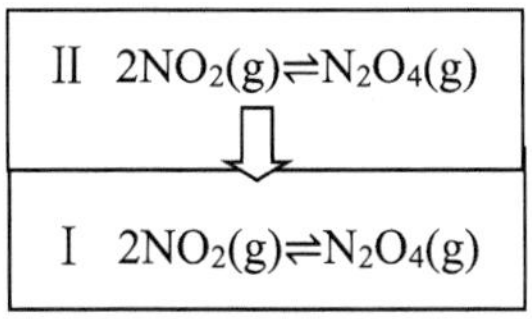

图4　容器丙中压缩过程2

【问题9】 容器乙Ⅱ中的NO_2气体发生反应$2NO_2(g) \rightleftharpoons N_2O_4(g)$，该平衡向正反应方向移动的影响因素是什么?

【问题10】 将容器丙Ⅱ中的气体全部压入容器丙Ⅰ中后，$2NO_2(g) \rightleftharpoons N_2O_4(g)$平衡向正反应方向移动的影响因素是什么?

【问题11】 最终容器丙Ⅰ中NO_2的平衡转化率与容器甲中NO_2的平衡转化率相比如何变化?

从测评结果来看，学生的作答情况总体良好。但与调查问卷二类似，学生的困惑集中在问题11中，因此笔者做了进一步的学生访谈。

教师： 为什么你认为最终容器丙Ⅰ中NO_2的平衡转化率与容器甲中NO_2的平衡转化率相比是增大的?

学生： 因为与上一个问题相比正好反应相反，所以结论也应该是相反的。

教师： 能不能具体分析一下?

学生： 具体过程我就不清楚了。

调查问卷二也采用了虚拟容器法和变量控制法，即将加入NO_2之后直至达到新的平衡状态的过程拆分为两个阶段，每个阶段只考虑一个因素，降低思维的复杂程度。调查问卷二就是在调查问卷一的基础上命制的，采取比较与类比的思维方式。从学生的访谈结果来看，单单只考虑比较与类比的思维方式，这位学生的回答无疑是正确的，但是当涉及假设与建模的思维方式时，学生显然不太理解。

（三）抽象与概括

案例1和案例2使用了$N_2O_4(g) \rightleftharpoons 2NO_2(g)$和$2NO_2(g) \rightleftharpoons N_2O_4(g)$两个反

应，反应物和生成物的系数正好相反，因此当增加反应物时，反应物的平衡转化率变化情况也相反。案例3从另外一个角度考查学生的化学学科思维，即将反应$N_2O_4(g) \rightleftharpoons 2NO_2(g)$中反应物的量增加一倍变成减少一半，考查学生抽象与概括的化学学科思维。

调查问卷四

【案例3】 在容器甲中加入一定量的N_2O_4气体，发生反应$N_2O_4(g) \rightleftharpoons 2NO_2(g)$。$N_2O_4$的平衡转化率是指分解为$NO_2$的$N_2O_4$的量与原有的$N_2O_4$的量的比值。恒温恒容下，将混合气体的物质的量减少一半，则N_2O_4的平衡转化率如何变化？

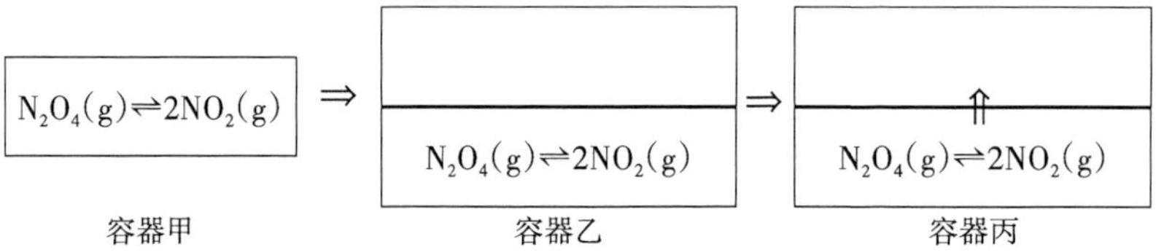

图5　虚拟容器法过程3

【问题12】 如图5，容器乙刚开始与容器甲中气体的状态完全一样，第1步是将容器乙分成体积相等的两部分，再将容器乙上半部分的混合气体全部取出。第2步是将下半部分的混合气体扩散到整个容器中，如图丙所示。此时平衡向正反应方向移动的原因是什么？

【问题13】 最终容器丙中N_2O_4的平衡转化率与容器甲中N_2O_4的平衡转化率相比如何变化？

案例3正好与案例1相反，将“增加反应物”变成“减少反应物”，此时还是运用虚拟容器法和变量控制法分步解决问题。

教师：问题13中提及的N_2O_4的平衡转化率为什么是增大的？

学生1：其实我也不清楚其中的过程。

学生2：我觉得案例3与案例1差不多，具体有什么异同点我也不是很清楚。

虽然案例3与案例1有所不同，但在本质上是没有区别的，影响因素也是浓度和压强。第1步是减小浓度，然后将剩余气体扩散到原来的容器中，所以第2步是减小压强。"增大浓度"与"减小浓度"间存在一定的差异，因此案例3可以用来检验和提升学生抽象与概括的化学学科思维。

（四）归纳与演绎

在案例1、2和3中，无论是反应$N_2O_4(g) \rightleftharpoons 2NO_2(g)$还是反应$N_2O_4(g) \rightleftharpoons 2NO_2(g)$，无论是"增大浓度"还是"减小浓度"，终究是在相似的反应中通过变量控制法和虚拟容器法进行分析。溶液中弱电解质的电离和盐类的水解的相关变化情况与之是没有区别的，可以用来考查学生归纳与演绎的化学学科思维。

调查问卷五

【案例4】 增大或减小CH_3COOH的浓度，CH_3COOH的电离程度如何变化？增大或减小Fe^{3+}的浓度，Fe^{3+}的水解程度如何变化？

【问题14】 $N_2O_4(g) \rightleftharpoons 2NO_2(g)$与$CH_3COOH$的电离平衡$CH_3COOH \rightleftharpoons CH_3COO^- + H^+$在微粒个数变化上有什么相同之处？

【问题15】 向乙酸溶液中加冰醋酸，即增大乙酸的浓度，乙酸的电离程度如何变化？

【问题16】 向乙酸溶液中加水，即减小乙酸的浓度，乙酸的电离程度如何变化？

【问题17】 $N_2O_4(g) \rightleftharpoons 2NO_2(g)$和$Fe^{3+}$的水解平衡$Fe^{3+} + 3H_2O \rightleftharpoons Fe(OH)_3$(胶体)$+3H^+$在微粒个数变化上有什么相同之处？

【问题18】 向Fe^{3+}水溶液中加饱和$FeCl_3$溶液，增大Fe^{3+}的浓度，Fe^{3+}的水解程度如何变化？

【问题19】 向Fe^{3+}水溶液中加水，即减小Fe^{3+}的浓度，Fe^{3+}的水解程度如何变化？

案例4从微粒观角度探究可逆反应$N_2O_4(g) \rightleftharpoons 2NO_2(g)$与弱电解质$CH_3COOH$的电离平衡"$CH_3COOH \rightleftharpoons CH_3COO^- + H^+$"、$Fe^{3+}$的水解平衡"$Fe^{3+}$+

$3H_2O \rightleftharpoons Fe(OH)_3$(胶体)$+3H^+$”的相似之处，这一部分“神似而形不似”的问题能更好地考查学生的思维状况。

教师： 为什么向乙酸溶液中加水，即减小乙酸的浓度，乙酸的电离程度增大？

学生： 因为“越稀越电离”，老师你以前说过。

教师： 你能不能具体说明“越稀越电离”的本质原因？

学生： 这个过程就不太清楚了。

在归纳与演绎的思维方式中，学生的思路从化学平衡迁移到弱电解质的电离平衡和盐类的水解平衡等方面，是在案例1、2和3的思维基础上的提升。虽然从测评结果上看学生的得分情况不差，但从学生访谈来看，结论化的解题模式严重，学生喜欢套用结论，取得短时效果，但从长远来看不利于学生思维的发展。

三、教学启示

假设与建模、比较与类比、抽象与概括、归纳与演绎等学科思维方式虽然不是化学学科独有的，但在“化学平衡移动与平衡转化率的变化”这一内容中都得到了很好的应用。从测评分析来看，假如学生只是浅层次而不是深层次地形成学科思维，则不利于学生思维的发展。测评中出现的典型错误及分析见表1。教师要将学生思维发展引导到正确的学习轨道上来。

表1　典型错误及分析

问题	典型错误	分析
问题4：向 $2NO_2$(g，红棕色)$\rightleftharpoons$ N_2O_4(g，无色)体系加压，为什么气体的颜色先变深后变浅？	增大压强，平衡向正反应方向移动	学生只是简单地记住结论；学生习惯性、机械式地记忆一些规律，不能灵活运用思维方法，如变量控制法等；分不清“化学平衡移动的方向”与“平衡转化率变化趋势”两者之间的关系，认为只要平衡向正反应方向移动则平衡转化率一定增大
问题5：向 $Cr_2O_7^{2-}$(橙色)$+H_2O \rightleftharpoons$ $2CrO_4^{2-}$(黄色)$+2H^+$体系中加水稀释，为什么平衡向正反应方向移动？	“越稀越水解”，增大了 H_2O 的浓度，所以平衡向正反应方向移动	
问题8：最终容器丙Ⅰ中 N_2O_4 的平衡转化率与容器甲中 N_2O_4 的平衡转化率相比如何变化？	没有作答；平衡向正反应方向移动，反应物的转化率一定增大	
问题16：向乙酸溶液中加水，即减小乙酸的浓度，乙酸的电离程度如何变化？	“越稀越水解”，所以乙酸的电离程度变大	

（一）慎用结论化和碎片化的教学方式

教学不能只讲结果而不管思维过程，否则学生对知识只是一知半解，不能了然于心，一旦出现思维变式就只能无所适从，因此，笔者提出建构化学学科思维的教学主张。化学知识繁杂零散，大多数学生感到难以全记清，找不到一条统领整体的思路和方法。诚然，如果只是一堆碎片化的知识呈现在学生面前，尽管它们正确而详细，也是没有多大价值的，因为碎片化的知识难以被理解，无法促进能力的提升。

从学生访谈来看，很多学生采用结论化和碎片化学习方式，主要体现在以下几个方面。一是学生的抽象思维薄弱，遇到理论性较强的问题时难以解决。很多学生会认为若"平衡向正反应方向移动，则反应物的平衡转化率一定增大"，可见抽象思维比较粗糙，不能灵活地运用变量控制法。二是结论化现象。学生的认识较为肤浅，以为只要记住老师教的一些口诀，如"越稀越电离""越稀越水解"等就可以解决问题，思考的积极性显然不足。这些口诀"深入生心"，说明语言越简短学生接受得越快，但是这种教学方式对于学生思维的打造不一定是好事，需要辩证地来看，更需要教师在今后的教学中审慎使用。三是碎片化现象。学生一般对平衡移动过程中浓度因素的影响印象较为深刻，有的甚至达到了"囫囵吞枣"的地步。例如，向$Cr_2O_7^{2-}+H_2O \rightleftharpoons 2CrO_4^{2-}+2H^+$体系中加水稀释，会有学生认为增加了反应物$H_2O$，所以平衡向正反应方向移动，而没有考虑到该反应是一个水溶液体系。当被问到向$C(s)+H_2O(g) \rightleftharpoons CO(g)+H_2(g)$体系中增加碳的物质的量，平衡如何移动时，学生马上能够回答出平衡不移动，因为碳是固体，可见溶剂水有一定的"隐蔽性"。虽然"越稀越电离""越稀越水解"等结论是通过变量控制法得出的，其过程科学有序，在某些题目中可直接使用，对于学生快速答题也很有效，但是在考试中越来越多的题目都将考查学生的思维素质作为出发点，而不仅仅是考查知识和结论。因此，靠记住一些只言片语获得分数越来越困难，甚至是背道而驰的。在教学过程中，要摒弃结论化和碎片化的教学方式，从系统化的教学方式出发，否则学生会觉得化学知识越来越烦琐，很难学。

（二）变量控制法的深度学习

变量控制法的本质是研究变量与变量之间的关系，设计对照实验是化学学科变量控制法常用的一种方法。这种方法适用于当多个变量（因素）影响实验结果时，需要确定其中一种变量对实验结果影响的情况。学生设计对照实验最大的困难是“确定干扰因素”和“设计对照体系”。突破学生障碍点的教学策略是要求学生从微观角度，系统分析实验体系中包含的微粒及微粒间相互作用。确定这一教学策略的根本原因在于反应条件（浓度、溶液酸碱性等）对平衡的影响，本质上是溶液中微粒种类或数量的改变，导致微粒间相互作用发生变化。因此，抓住微观本质进行分析有助于学生找到干扰因素，同时也为学生设计对照体系中所含的微粒种类及数量奠定基础，在课堂教学中应将这一思路以图示的方式显性地表达出来。调查问卷发现学生可以分辨清楚变量控制法的每一步变化因素，但是两者合在一起时又难以分清，说明学生的分析与综合能力欠缺。例如，对于问题8“最终容器丙Ⅰ中N_2O_4的平衡转化率与容器甲中N_2O_4的平衡转化率相比如何变化”，学生还是不能分析清楚。因此在平时教学中要循序渐进地提升学生运用变量控制法的能力。例如，针对“压缩针筒内的红棕色NO_2气体，可以发现颜色先变深后变浅”的现象，就可以用变量控制法，先从浓度角度分析，再从压强角度分析。第1步压缩针筒，即由图6Ⅰ变为图6Ⅱ，暂时只考虑浓度因素变化，即增大浓度，所以容器中气体的颜色变深；第2步由图6Ⅱ变为图6Ⅲ，容器体积缩小了，所以压强增大了，导致平衡向NO_2浓度减少的方向移动，所以第1步变深的颜色又变浅一点。当然，根据勒夏特列原理分析可知，颜色还是要比原来没有压缩时要深。通过图示的方式一步步解析，有助于培养学生在遇到复杂问题情境时的分析能力。

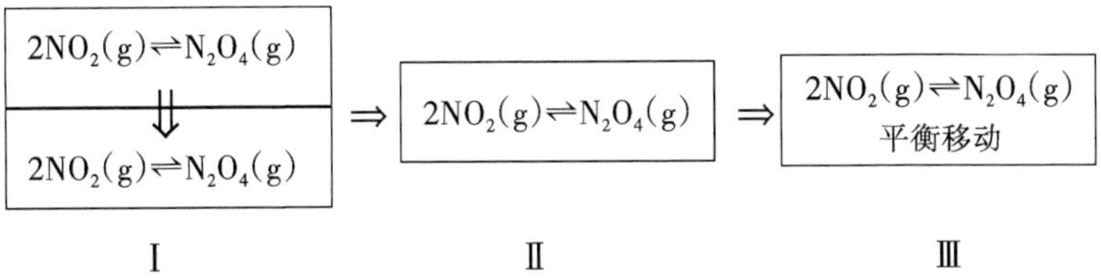

图6 变量控制法的运用

参考文献

[1]经志俊.基于学生发展核心素养的“化学平衡的移动”单元教学创新设计[J].化学教学,2017(1):35-37,92.

[2]徐敏,郑晓红.“影响盐类水解的因素”实验设计及教学策略[J].化学教学,2014(10):41-43.

探究平衡体系中反应物浓度增加其平衡转化率如何变化

摘　要：部分教师认为，可逆反应中，增加某种反应物的浓度则该反应物的平衡转化率减小，另一种反应物的平衡转化率增大。但当问起为什么时，他们往往语焉不详。本文通过化学建模和计算发现，真实的平衡转化率可能增大、不变，甚至减小。

关键词：平衡转化率；化学计算

常有学生问："若可逆反应气态反应物有两种，增加一种反应物的量，另一种反应物的平衡转化率会增大，而此反应物本身的平衡转化率如何变化？"普遍的观点认为：在反应$aA(g)+bB(g) \rightleftharpoons cC(g)+dD(g)$体系中，增加A的量，平衡向正反应方向移动，B的平衡转化率一定增大，而A的平衡转化率减小。即增大一种反应物的用量会提高其他反应物的平衡转化率，而其自身的平衡转化率会降低，即"牺牲了自己成全了别人"。但笔者对此结论并不认同。笔者采用严谨的化学建模和计算方式，另辟蹊径验证此结论正确与否。本文运用的数学思维和计算方式，优点是严谨，缺点是计算量大，其中涉及一元三次方程和一元四次方程，常规计算器无法解决问题，因此笔者采用在线计算器作为计算工具（见表1）。以合成氨反应为例，若在密闭容器中N_2和H_2的物质的量浓度分别是2.0 mol·L^{-1}和6.0 mol·L^{-1}，保持温度不变，分别将N_2和H_2的浓度增大1.0 mol·L^{-1}和3.0 mol·L^{-1}，计算分析两者的平衡转化率变化情况。

表1　本文选用的计算工具

采用的计算器	在线计算器网址	在线计算器页面
一元三次方程求根在线计算器	http://www.99cankao.com/algebra/cubic-equation.php	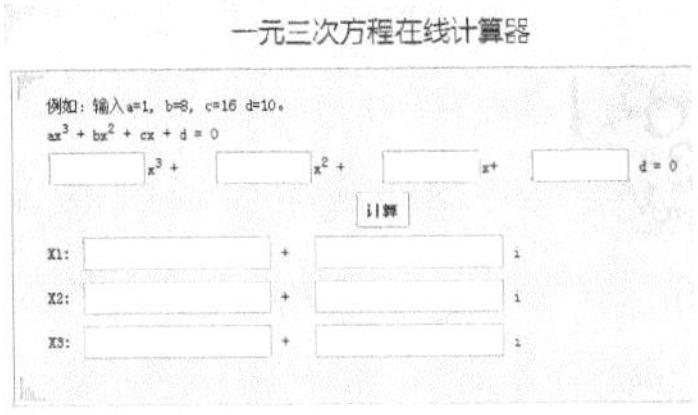
一元四次方程求根在线计算器	http://www.99cankao.com/algebra/quartic-equation.php	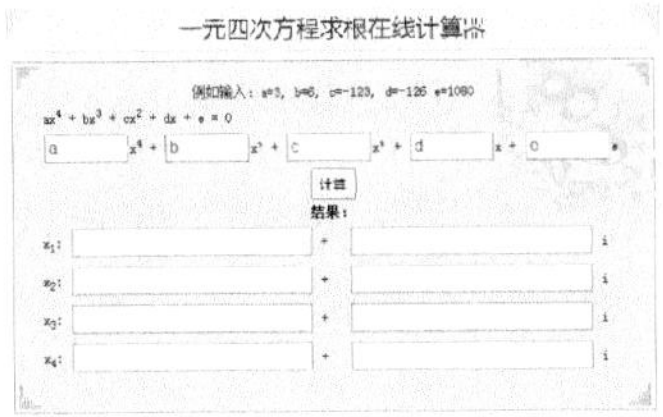

注:选自“九九参考计算网”。

一、分析过程

（一）分析增大N_2浓度时，N_2平衡转化率的变化情况

t ℃时，N_2 与 H_2的物质的量浓度分别是2.0 mol·L^{-1}和6.0 mol·L^{-1}，达到平衡:

	$N_2(g)+3H_2(g)$	$\rightleftharpoons$	$2NH_3(g)$
开始/mol·L^{-1}	2.0	6.0	0
反应/mol·L^{-1}	x	$3x$	$2x$
平衡/mol·L^{-1}	$2.0-x$	$6.0-3x$	$2x$

$$K_1=\frac{(2x)^2}{(2.0-x)(6.0-3x)^3}$$

保持温度不变，N_2的物质的量浓度增加1.0 mol·L^{-1}，达到新的平衡:

	$N_2(g)+3H_2(g)$	$\rightleftharpoons$	$2NH_3(g)$
开始/mol·L^{-1}	3.0	6.0	0
反应/mol·L^{-1}	y	$3y$	$2y$
平衡/mol·L^{-1}	$3.0-y$	$6.0-3y$	$2y$

$$K_2=\frac{(2y)^2}{(3.0-y)(6.0-3y)^3}$$

达到新平衡后，H_2的平衡转化率必定增加，假设N_2的平衡转化率不变，则

$$\frac{x}{2.0}=\frac{y}{3.0}，即\ y=\frac{3x}{2}$$

温度不变，平衡常数不变，$K_1=K_2$，即

$$\frac{(2x)^2}{(2-x)(6-3x)^3}=\frac{(2y)^2}{(3.0-y)(6.0-3y)^3}$$

代入$y=\frac{3x}{2}$，得到方程式$15x^3-36x^2+32=0$，运用一元三次方程求根在线计算器进行计算，得$x=-0.814\ 6\ \mathrm{mol\cdot L^{-1}}$。

上述结果明显不合理，因此当N_2浓度增大1.0 $\mathrm{mol\cdot L^{-1}}$时，不存在N_2平衡转化率不变的情况。为了检验结论是否合理，在原数据的基础上，选取N_2的平衡转化率原来分别是10%、20%、40%、50%、60%和80%的情况，计算N_2浓度增加1.0 $\mathrm{mol\cdot L^{-1}}$时，N_2的平衡转化率变化情况，结果见表2。

表2　增加N_2浓度后，N_2的平衡转化率变化情况

平衡体系	$N_2(g)+3H_2(g) \rightleftharpoons 2NH_3(g)$ 2.0 $\mathrm{mol\cdot L^{-1}}$　6.0 $\mathrm{mol\cdot L^{-1}}$　0 $\mathrm{mol\cdot L^{-1}}$	$N_2(g)+3H_2(g) \rightleftharpoons 2NH_3(g)$ 3.0 $\mathrm{mol\cdot L^{-1}}$　6.0 $\mathrm{mol\cdot L^{-1}}$　0 $\mathrm{mol\cdot L^{-1}}$
N_2的平衡转化率	10%	8.74%
	20%	15.67%
	40%	30.38%
	50%	37.46%
	60%	44.32%
	80%	57.20%

可见，一定温度下，增大合成氨反应中N_2的浓度，H_2的平衡转化率必定增大，而N_2的平衡转化率一定下降。

（二）分析增大H_2浓度时，H_2平衡转化率的变化情况

t ℃时，N_2与H_2的物质的量浓度分别是2.0 $\mathrm{mol\cdot L^{-1}}$和6.0 $\mathrm{mol\cdot L^{-1}}$，达到

平衡：

$$N_2(g)+3H_2(g) \rightleftharpoons 2NH_3(g)$$

开始/$mol\cdot L^{-1}$	2.0	6.0	0
反应/$mol\cdot L^{-1}$	x	$3x$	$2x$
平衡/$mol\cdot L^{-1}$	$2.0-x$	$6.0-3x$	$2x$

$$K_1=\frac{(2x)^2}{(2.0-x)(6.0-3x)^3}$$

保持温度不变，H_2的物质的量浓度增加3.0 $mol\cdot L^{-1}$，达到新的平衡：

$$N_2(g)+3H_2(g) \rightleftharpoons 2NH_3(g)$$

开始/$mol\cdot L^{-1}$	2.0	9.0	0
反应/$mol\cdot L^{-1}$	y	$3y$	$2y$
平衡/$mol\cdot L^{-1}$	$2.0-y$	$9.0-3y$	$2y$

$$K_3=\frac{(2y)^2}{(2.0-y)(9.0-3y)^3}$$

达到新平衡后，N_2的平衡转化率必定增加，假设H_2的平衡转化率不变，则

$$\frac{3x}{6.0}=\frac{3y}{9.0}，即 y=\frac{3x}{2}$$

温度不变，平衡常数不变，$K_1=K_3$，即

$$\frac{(2x)^2}{(2.0-x)(6.0-3x)^3}=\frac{(2y)^2}{(2.0-y)(9.0-3y)^3}$$

代入$y=\frac{3x}{2}$，再用在线计算器计算得x=0.8 $mol\cdot L^{-1}$，即原平衡中H_2的平衡转化率为$\frac{3\times0.8}{6.0}\times100\%=40\%$。进一步计算得$y$=1.2 $mol\cdot L^{-1}$，即新平衡中H_2的平衡转化率为$\frac{3\times1.2}{9.0}\times100\%=40\%$。

因此，当原平衡中H_2的平衡转化率为40%时，H_2的物质的量浓度增加3.0 $mol\cdot L^{-1}$，平衡发生移动，但H_2的平衡转化率保持不变。在原数据的基础上，选取H_2的平衡转化率分别是10%、20%、40%、50%、60%和80%的情况，计算H_2浓度增加3.0 $mol\cdot L^{-1}$时，H_2的平衡转化率变化情况，结果

见表3。

表3　增加 H_2 浓度后，H_2 的平衡转化率变化情况

平衡体系	$N_2(g) + 3H_2(g) \rightleftharpoons 2NH_3(g)$ 2.0 mol·L^{-1}　6.0 mol·L^{-1}　0 mol·L^{-1}	$N_2(g) + 3H_2(g) \rightleftharpoons 2NH_3(g)$ 2.0 mol·L^{-1}　9.0 mol·L^{-1}　0 mol·L^{-1}
H_2 的平衡转化率	10%	11.46%
	20%	25.79%
	40%	40.00%
	50%	48.16%
	60%	55.56%
	80%	65.50%

可见，一定温度下，增大合成氨反应中 H_2 的浓度，N_2 的平衡转化率必定增大，而 H_2 的平衡转化率可能减小、不变，甚至增大。

二、结论

经反复演算，发现“在反应 $aA(g)+bB(g) \rightleftharpoons cC(g)+dD(g)$ 体系中，增加A的量，平衡向正反应方向移动，B的平衡转化率一定增大，而A的平衡转化率减小”的描述是不准确的，应修正为“在反应 $aA(g)+bB(g) \rightleftharpoons cC(g)+dD(g)$ 体系中，增加A的量，平衡向正反应方向移动，B的平衡转化率一定增大，而A的平衡转化率可能减小、不变，甚至增大。到底是哪一种情况，受到反应物的种类、外界条件等因素的影响”。

三、原因探究

合成氨反应 $N_2(g)+3H_2(g) \rightleftharpoons 2NH_3(g)$ 中，反应物系数之比 $\frac{n(N_2)}{n(H_2)}=\frac{1}{3}$，因此，同一时间内 N_2 和 H_2 消耗的浓度是不同的，对体系总浓度变化量的影响程度也是不同的。两种反应物的起始浓度分别为 $c(N_2)=2.0$ mol·L^{-1}，$c(H_2)=6.0$ mol·L^{-1} 时，当向体系中分别增加 H_2 和 N_2 时，根据勒夏特列原理，为了减弱体系中这种由于浓度增加所带来的变化，平衡必定向正反应方向移动，但两种物质的平衡转化率是不同的（见图1）。

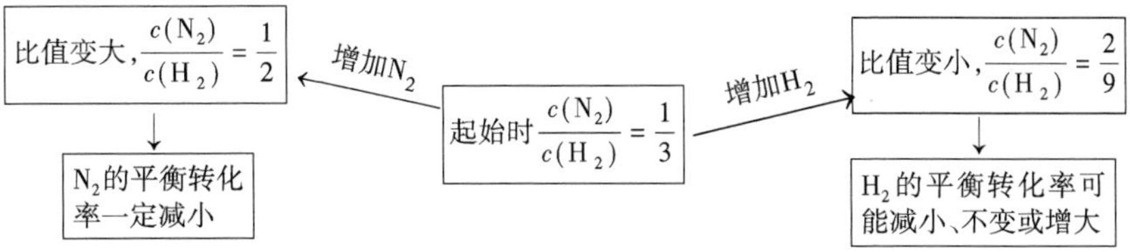

图1　增加N_2或H_2时，N_2、H_2浓度比对反应物平衡转化率的影响

（1）在原化学平衡体系中增加N_2，平衡向正反应方向移动，根据勒夏特列原理，混合体系的浓度之和的变化趋势是“减弱增大”，而不是“逆转”，当建立新平衡后，混合物的总物质的量浓度必定减少，但仍然要比增加N_2前大。由于化学方程式中N_2的系数比H_2的小（1<3），显然H_2不能反应得太多，否则就会“逆转”，使新平衡体系中总物质的量浓度比增加N_2前还要小，这样就会违背勒夏特列原理，所以N_2的平衡转化率必定减小。

（2）在原化学平衡体系中增加H_2，平衡向正反应方向移动，由于化学方程式中H_2的系数比N_2的大（3>1），所以$c(H_2)$的减少已足以减弱体系中气体总浓度增加这种变化，因此无论N_2的平衡转化率如何变化都可以满足勒夏特列原理，即N_2的平衡转化率可能减小、不变，甚至增大。

参考文献

[1]郗丽丽.解析平衡移动方向与反应物转化率的关系[J].中学化学教学参考,2014(8):69.

[2]万寿荣.对化学平衡教学中一些问题的理性思考[J].化学教育,2014(1):74-75.

[3]孙鲁艳.化学平衡中物质转化率探析[J].成才之路,2013(7):78-79.